华东师范大学课程思政研究丛书

丛书主编：梅兵
丛书副主编：戴立益

长三角历史师范生课程思政案例集（第一卷）

徐继玲 主编

东方出版中心

图书在版编目（CIP）数据

长三角历史师范生课程思政案例集. 第一卷 / 徐继
玲主编. 一上海：东方出版中心，2022.12
ISBN 978-7-5473-1973-4

Ⅰ. ①长… Ⅱ. ①徐… Ⅲ. ①思想政治教育－教案
（教育）－高等学校 Ⅳ. ①G641

中国版本图书馆CIP数据核字（2022）第040184号

长三角历史师范生课程思政案例集（第一卷）

主　　编　徐继玲
责任编辑　刘　鑫
封面设计　钟　颖

出版发行　东方出版中心有限公司
地　　址　上海市仙霞路345号
邮政编码　200336
电　　话　021-62417400
印 刷 者　上海盛通时代印刷有限公司

开　　本　710mm×1000mm　1/16
印　　张　28.25
字　　数　385千字
版　　次　2022年12月第1版
印　　次　2022年12月第1次印刷
定　　价　79.80元

华东师范大学课程思政研究丛书总序

　　教育是功在当代、利在千秋的德政工程。培养什么人、怎样培养人、为谁培养人是中国高等教育必须回答的根本问题。从习近平总书记在全国高校思想政治工作会议中提到"要用好课堂教学主渠道，使各类课程与思想政治理论课同向同行，形成协同效应"到《高校思想政治工作质量提升工程实施纲要》《教育部关于深化本科教育教学改革全面提高人才培养质量的意见》等系列文件，明确提出坚持把立德树人成效作为检验高校一切工作的根本标准，把课程思政建设作为落实立德树人根本任务的关键环节，课程思政在为党育人、为国育才中的重要地位不言而喻。

　　课程思政自提出以来，高校在专业建设、教材建设、教学教法、评价与质量保障体系等教学全要素进行了卓有成效的探索，教师从理念到实践已经取得初步的成果，但同时一些重点和难点问题尚未解决且制约着课程思政的深入发展，比如：从理念向实践转化的一般性原则和方法、不同学科课程思政的指标体系与实施策略、"以学为中心"理念下学习成效的评价方法，这些都是课程思政开展中悬而未决、亟待解决的问题。

　　华东师范大学是新中国成立后组建的第一所社会主义师范大学，始终坚持以德立学、以德施教，把为国育英才作为自己的使命与责任。在办学中，学校继承了其前身大夏大学和光华大学爱国主义的优良传统，秉承"智慧的创获，品性的陶熔，民族和社会的发展"的办学理想，持续深化人才培养模式改革，在学分制、通识教育、思政课程、课程思政、师范生培养、拔尖创新人才培养等方面取得了良好的成绩。2017年，学校在已有工作的基础上全面实施课程思政教育教学改革；2018年3月，学校举行第十三次党代会，会议明确了"育人""文明""发展"的新使命；2019年，学校发布《华东师范大学关于一流本科教育建设的实施意见》，强化思想政治教育贯穿教育教学全过程，明确以学生的素质和能力达成为中心，提出以教育模式的深刻转型推动人的全面发展。

学校以顶层设计保障课程思政的有效落实、以分层行动推动课程思政全覆盖、以教研文化激发教师将课程思政作为内在需要、以质保体系促使课程思政的持续改进，形成了思政课程-课程思政、教师思政-学生思政、教师发展-学生发展有机统一、协调发展的课程思政教育教学改革模式，获得了上级教育主管部门和专家同行的认可，2017年入选上海市首批"课程思政教育教学改革整体示范校"，2019年入选上海市首批"高校课程思政整体改革领航高校"，课程思政教学改革的影响力走出校园，辐射其他兄弟高校并与基础教育形成联动与衔接。

在开展课程思政教育教学改革的过程中，学校注重抓关键环节和关键问题。教师在示范课程建设中，精心进行教学设计，在教学内容有机融入课程思政元素、课程思政教学成效的评价方法方面积累了丰富的经验；示范专业和领航学院基于OBE理念，在培养目标-毕业要求-课程体系的完整链条中总结课程思政的一般性规律和共同要素，形成课程思政教学指南；职能部门则以"教育家"和"标准人"为目标，以冯契先生"化理论为方法、化理论为德性"的思想为指导，对课程思政实施中的管理机制、评价体系和质量保障体系进行探索创新。学校出版课程思政研究丛书，既是对课程思政教育教学改革经验的梳理和总结，也是对关键问题的研究和提炼。从实践操作案例到理论研究，聚焦课程思政从理念到实践转化的关键问题，期待以我校课程思政开展的逻辑与脉络、经验与模式、顶层设计与实践方法，为兄弟高校提供一种参考。我们希望这套丛书能够在以下方面对一线教师和教学管理人员有所启发：

一、 课程思政教育教学改革的学理支撑

课程思政的实施需要一般性原则指导。丛书以教育学、汉语言文学、历史学、生物科学、地理科学、生态环境类、体育教育、美术学等不同学科、专业的实证研究，总结出开展课程思政的一般原则和策略，揭示推进课程思政的内在逻辑，为管理部门和一线教师开展课程思政提供学理支撑。

二、 课程思政教育教学改革的体系框架

课程思政实施是管理、教学、教材、质保、评价的全链条、全要素协同。丛书以教师的课题研究成果搭建了管理体系、教学体系、质量保障体系、评价体系的框架，为其他高校开展课程思政提供借鉴与参考。

三、 课程思政教育教学改革的实践指南

课程思政重在实践。丛书内容涵盖不同专业开展课程思政的教学指南，以及映射不同思政点的高质量课程思政案例集，为管理人员和一线教师提供从理念到实践的具体操作参考案例，同时又具有一定的开放性，一线教师和管理者可以根据本校的传统和特色进行拓展。

由于课程思政教育教学改革本身是在摸索中前进，其理念、内涵、方法在不断发展和深化，尽管本套丛书的编写者工作非常努力，撰写数易其稿，但代表的也仅是一家之言，再加上诸多局限性，本套丛书的缺点和不足在所难免，仅以此套丛书跟大家交流华东师范大学的探索和心得，欢迎各位同仁提出宝贵意见和建议。

梅 兵

2020 年 5 月于华东师范大学丽娃河畔

目　录

第二章　新生

第三章　进取

第四章　征程

第 一 章
启 航

案例1
先进中国人的"新选择"
——《五四运动与中国共产党的诞生》教学设计

江苏师范大学　黄豆豆

一、教学设计思路

　　本课介绍了第一次世界大战后，中国社会在内忧外患的形势下做出的反应及其带来的影响。五四运动的爆发促进了马克思主义在中国的传播及其与中国工人运动的结合；中国共产党的诞生使中国革命有了坚强的领导力量，中国革命面貌焕然一新；第一次国共合作的实现，推动了反帝反封建的国民革命运动迅速展开，深刻影响了中国历史的发展。

　　本课设计突显一个"新"字，以先进中国人的"新选择"为主线展开教学，突出在当时的社会背景下一批先进的中国人为实现救亡图存所做出的努力。教学过程共分为三个部分，第一部分为"五四风雷传播新思想"；第二部分为"开天辟地建立新政党"；第三部分为"内忧外患寻找新途径"。

二、教学情况分析

1. 学情分析

　　高一年级学生在初中阶段对"五四运动""中国共产党的诞生""国共合作"等史实有过三节课的系统学习，对于基础史实并不陌生，为本课的学习打下了基础。学习能力上，学生具备了一定的历史学习方法，思维活跃，但是历史学科思维尚未完全形成，可能对原因、影响类内容的学习难以达到要求，学生可能会对"五四运动的历史意义""中国共产党的诞生对中国革命的影响"等内容的学习有较大困难。

2. 课标分析

课标：认识五四爱国运动的意义；认识马克思主义在中国的传播与中国共产党成立对中国革命的深远影响；认识国共合作领导国民革命的历史作用。

课标要求是教学的重点，教学中通过补充史料，帮助学生理解五四运动的意义及马克思主义的传播对中国革命的影响；通过问题设计引导学生理解中国共产党的诞生对中国革命产生的影响；以时代背景为切入点，帮助学生理解国共合作领导的国民革命对中国历史产生的影响。

3. 教材分析

本课是人教版《中外历史纲要（上）》第七单元"中国共产党成立与新民主主义革命兴起"的第一课，主要讲述了五四运动的爆发、中国共产党的诞生及国共合作的开展等内容，在本单元中具有开篇的重要地位。

三、教学目标

通过史料分析，理解五四运动的意义，认识中国共产党成立、国共合作领导的国民革命对中国革命的影响；通过对比新民主主义革命和旧民主主义革命，理解两者的异同，正确阐释五四运动与新民主主义革命兴起的内在联系；从唯物史观角度认识中国共产党成立的历史条件，学会运用时间轴、历史地图认识五四运动的经过，养成时空意识，感受青年学生的爱国情怀。

四、教学重难点

重点：五四运动的意义；中国共产党的诞生对中国革命的影响；国共合作领导国民革命的历史作用。

难点：五四运动、中国共产党诞生及新民主主义革命间的相互联系。

五、教学资源与方法

教学资源：充分利用教材资源，适当补充文字、影视、图片等史料；制作课件，利用多媒体辅助教学。

教学方法：讲授法、讨论法、图示法。

六、教学过程

环节1：导入

播放《建党伟业》中青年学生游行的视频，引导学生观看视频后向学生提出问题：视频描述了哪一事件？这一事件又产生了怎样的影响？

设计意图 视频导入，直观形象，利于激发学生学习兴趣；通过设问，激发学生求知欲。

环节2：学习新课

一、五四风雷传播新思想

导语：1919年1月，中国作为一战战胜国之一，参加了在巴黎举行的"和平会议"。会上，中国代表团提出的合理要求竟遭到了拒绝，会议做出将德国在山东特权转交给日本的无理决定。消息传回后，中国人心中沉寂已久的愤怒爆发了，5月4日，北京学生游行示威，高喊出了"外争主权，内除国贼"的口号，五四运动爆发。五四运动给中国社会带来了怎样的影响呢？

【师生活动】

（1）出示表格，引导学生自主归纳五四运动的过程、结果等基础史实。

表格：

口 号					
	阶 段	时 间	主 力	中 心	方 式
过 程	前期				
	后期				
结 果					

（2）出示材料，引导学生分析材料并结合课本第121页"学思之窗"内容，思考五四运动的性质和意义，初步理解五四运动与中国共产党诞生之间的联系。完成后，教师抽查反馈，并引导学生进一步了解马克思主义在中国的传播。

对外而言，五四运动改变了近代以来中国国际地位不断下滑、国家利权不断丧失的趋势……对内而言，五四运动开始了中国工人阶级走上政治舞台的历程，经由马克思主义的传播和先进知识分子的组织，产生了工人阶级的代表——中国共产党……革命的性质亦由民族资产阶级领导的旧民主主义革命向工人阶级领导的新民主主义革命转变。

——汪朝光：《中国近代通史：民国的初建（1912—1923）（第六卷）》，南京：江苏人民出版社，2009年

> **设计意图** 基于学生已有的知识储备，本部分五四运动的过程、结果，引导学生结合表格自主梳理，使知识条理化，帮助学生形成对五四运动的整体认识。通过补充史料，锻炼学生史料分析及阅读教材提取信息的能力，帮助学生充分理解五四运动的性质及历史意义，培养学生的史论结合意识和历史解释素养。

总结：鸦片战争后，面对日益严重的民族危机，一批批先进中国人不断探求救国救民的真理，主张向西方学习，但最终都失败了。正当中国人民前赴后继地寻找革命真理和新的解放道路时，俄国十月革命取得了胜利。十月革命的成功，使一些中国人开始注意到马克思主义作为一种救国理论的可行性，以俄为师的思想，也在心中萌芽。五四期间，马克思主义在中国得到广泛传播，同时，中国工人阶级作为独立的政治力量登上了历史舞台，自此，中国革命进入新阶段。

二、开天辟地建立新政党

导语：五四运动为中国第一个无产阶级政党——中国共产党的诞生做了思想上和干部上的准备。在当时的社会背景下，都有哪些条件促进了中国共产党的诞生呢？作为一个新政党，她新在哪里？她的诞生为中国革命带来了怎样的影响？

【师生活动】

（1）展示材料，引导学生结合课本第121页第2段内容，归纳中国共产党成立的条件。归纳完成后，教师反馈。

中国工人阶级的成长，是中国共产党诞生的阶级基础。马克思主义在中国的传播，是中国共产党诞生的思想基础。在五四运动的推动下，共产主义知识分子投身到工人群众中去做宣传组织工作，以他们为桥梁，使马克思列宁主义与中国工人运动逐步结合起来，从而产生了中国共产党，而共产国际的帮助，加快了这一进程。

——王桧林：《中国现代史（1919—1949）（上册）》，北京：高等教育出版社，2015年

（2）引导学生观察中国共产党第一次全国代表大会会址和南湖红船的图片材料，向学生讲解"红船精神"，并阅读课本第122页"学思之窗"和第123页"历史纵横"内容，明确中国共产党第一次全国代表大会和第二次全国代表大会的主要内容。

中国共产党第一次全国代表大会会址　　中国共产党第一次全国代表大会闭幕地
（原上海法租界望志路106号）　　　　　　（浙江嘉兴南湖）

（3）问题思考：中国共产党成立后，中国革命的面貌焕然一新。"新"在哪里？（同桌交流后，教师提问并反馈）

总结：中国共产党是以马克思主义思想为指导的无产阶级政党，它的诞生给中国人民带来了光明和希望，让中国革命有了新的领导阶级、新的指导思想、新的奋斗目标以及新的革命方向，中国革命面貌焕然一新。

设计意图　通过补充史料，帮助学生明确中国共产党成立的历史条件。通过讲解"红船精神"，培养学生的家国情怀。通过对比中国

共产党第一次全国代表大会和第二次全国代表大会的主要内容，帮助学生明确中国共产党第二次全国代表大会的进步性。通过问题思考，帮助学生深入理解中国共产党的成立对中国革命的影响，突破重点。

三、内忧外患寻找新途径

导语：中国共产党成立后，积极领导工人运动，推动了工人运动的开展，但在外有帝国主义侵略，内有军阀压迫的背景下，中国共产党逐渐认识到仅靠自身力量难以完成反帝反封建的任务，认识到寻找强有力同盟、建立革命统一战线的必要性。在这种背景下，中国共产党积极寻求新途径——国共合作。

【师生活动】

（1）向学生讲解香港海员大罢工、京汉铁路大罢工的史实，并出示《关于国民运动及国民党问题的议决案》材料，结合讲解帮助学生理解在中国共产党第三次全国代表大会上做出的实行国共合作的决定，源自对革命实践的总结，是为了中国革命前途而做出的新的救国举措。

> 工人阶级尚未强大起来，自然不能发生一个强大的共产党——一个大群众的党，以应目前革命之需要。因此，共产国际执行委员会议决中国共产党须与中国国民党合作，共产党党员应加入国民党。
> ——《关于国民运动及国民党问题的议决案》，载《建党以来重要文献选编（1921—1949）》第1册，北京：中央文献出版社，2011年

（2）引导学生阅读课本了解中国共产党第三次全国代表大会、中国国民党第一次全国代表大会的主要内容及意义，并补充讲解新三民主义的内容。出示教材中的《国民革命军北伐路线示意图》，结合讲解，引导学生归纳国民革命运动的目标、过程及成果。

总结：国共合作是在半殖民地半封建的社会背景下国共两党的必然选择，以国共合作为基础的国民大革命基本上推翻了北洋军阀的统治，加速了中国革命进程。但大革命后期，国民党右派集团叛变革命，第一次国共合作

宣告破裂。

> **设计意图** 通过新三民主义的学习，帮助学生理解新三民主义的提出标志着国民党有了明确的反帝反封建纲领，这是国共合作的重要前提。结合示意图学习国民革命运动，利于培养学生的时空意识。通过了解四一二、七一五反革命政变，使学生明确国民革命的失败对中国革命及中国共产党的影响，为中国共产党开辟革命新道路的学习做铺垫。

环节3：合作学习

问题：为什么说五四运动是中国新民主主义革命的开端？新民主主义革命与旧民主主义革命有何异同？（学生独立思考后，小组交流，最后教师抽查反馈。）

运用毛泽东在《中国革命和中国共产党》一文中对新民主主义革命的论述，即新民主主义革命是"无产阶级领导之下的人民大众的反帝反封建的革命"，引导学生从五四运动的性质、意义方面去认识五四运动。

总结：五四运动是中国近代革命史上具有划时代意义的重大事件，以此为标志，中国进入新民主主义革命阶段。从时代特点来看，它发生在十月革命之后，使中国革命和世界革命联系在一起，成为世界无产阶级革命的一部分；从领导力量来看，它标志着工人阶级作为一支独立的力量登上历史舞台并成为领导阶级；从革命的思想和发展方向看，指导运动的思想是无产阶级的马克思主义，其目标是建立社会主义国家，最终实现共产主义。

> **设计意图** 通过对比新民主主义革命与旧民主主义革命，帮助学生理解五四运动与新民主主义革命间的联系，突破本课难点。

环节4：课堂小结

通过板书结合教师讲解总结本课。教师总结：巴黎和会上中国外交的失败，使得一场以先进知识分子为先锋、广大人民群众参加的彻底反帝反封建的爱国运动爆发，促进了马克思主义在中国的传播以及与工人运动的结合；

中国共产党的成立，给中国人民带来了光明和希望，给中国革命指明了方向；国共合作中，北伐的胜利进军基本上推翻了北洋军阀的统治。由于国民党右派的叛变，第一次国共合作以失败告终，国共合作失败后，国共两党各自走上了一条什么样的道路呢？下节课我们一起学习。

> **设计意图**　通过板书和教师讲解将知识条理化、系统化，提升教学效果；以设问的方式结尾，激发学生求知欲。

七、作业设计

（1）动手绘制本课思维导图。

（2）预习第22课，搜集红军长征的有关材料，课上分享。

八、板书设计

$$
\text{先进中国人的"新选择"}\begin{cases} \text{新思想} \longrightarrow \text{马克思主义} \\ \text{新政党} \longrightarrow \text{中国共产党} \\ \text{新途径} \longrightarrow \text{国共合作} \end{cases}
$$

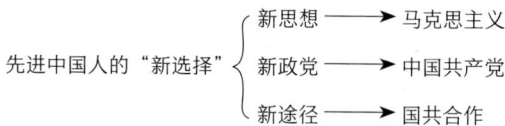

> **设计意图**　图示式板书体系清晰，层次鲜明，突出主线，利于学生对知识的理解。

九、教学反思

通过本次备赛，我锻炼了自己的教学基本功，也使自己更加理解了对教材知识进行合理取舍与整合的重要性。本课在充分分析学情的基础上，以"新"字为主题进行设计，将重点知识置于一条主线之下，以此帮助学生对知识的理解，另外充分利用教材上的已有资源，有意识地去锻炼学生的历史思维能力。经过赛后反思，我也认识到自己的不足：首先，在设计过程中，虽然注重了以学生为主体，但是教师的讲授还是偏多，还应注意增加学生自主思考和合作探究的时间；另外，自己也应加强粉笔字的练习，这是一名合格的教师应具备的基本技能。总之，通过本次比赛，我在收获的同时，也更加认识到了自己的不足，今后我会认真改正，积极学习，不断提升自己。

专家点评：本课最大的亮点在于，设计者着眼于中国近代以来的艰难探索，驻足于第一次世界大战后中国社会所面临的内忧外患，聚焦于五四运动和中国共产党的诞生。将相关历史现象加以整合淬炼，凸显一个"新"——新思想、新政党、新局面和新探索。不仅体现了设计者对课程标准的精准理解，而且将五四运动、中国共产党诞生、国民革命等重大历史现象加以结构化整合，达到了逻辑自洽、执简驭繁、形散神聚的效果，从而使教学流程和学习过程顺达通畅。设计者关注了在教学与学习过程中思维方式和行为方式的转变，在问题驱动下与历史对话，师生对话，合作探究。如果能够将宏观叙事与情节刻画有机结合，让历史的温情转化为教学的温润，这节课将更具教育意义。（点评人：李惠军，上海市历史特级教师）

案例2
从"真正的人"看中国革命新局面
—— 《五四运动与中国共产党的诞生》教学设计

上海师范大学　吕怡然

一、教学设计思路

　　五四运动是中国旧民主主义革命走向新民主主义革命的转折点，中国工人阶级登上政治舞台。中国共产党的诞生，是五四运动思想解放潮流推动下马克思主义广泛传播的历史结果，是开天辟地的大事变。随着第一次国共合作正式形成，出现了席卷全国的国民革命。中国革命虽面临种种磨难，但最终打开了新的局面。

二、教学情况分析

1. 学情分析

　　本课的授课对象为高一年级学生，通过初中阶段的学习，他们已基本掌握五四运动、马克思主义在中国的传播、中国共产党的诞生、国共合作和国民革命等基本史实。但学生的认知还停留在表面，无法准确地把握历史事件之间的内在联系。

2. 课标分析

　　《普通高中历史课程标准（2017年版2020年修订）》对本课的要求是：认识五四爱国运动的历史意义；认识马克思主义在中国的传播与中国共产党成立对中国革命的深远影响；认识国共合作领导国民革命的历史作用。将课标要求指向教学内容，即认识从五四运动到国民革命期间重大事件之间的内在联系与历史意义。

3. 教材分析

本课为第七单元"中国共产党成立与新民主主义革命兴起"的第一课，包括五四运动和马克思主义的传播、中国共产党的诞生以及国共合作与国民革命三个子目。本课上承农民阶级、资产阶级等发动的旧民主主义革命，下启中国共产党领导的新民主主义革命，是中国民主革命进程中浓墨重彩的一笔。

三、教学目标

知道五四运动、马克思主义在中国的传播、中国共产党的诞生，以及国共合作和国民革命等基本史实，思考和认识历史事件之间的内在联系；从史料中汲取信息，从国际、国内等视角理解中国共产党的诞生与国共合作的开展，以史料为依据作出合乎逻辑的历史解释。认同五四运动是中国旧民主主义革命走向新民主主义革命的转折点，中国共产党的诞生是开天辟地的大事变。激荡情感，感悟中国共产党人的初心与使命。

四、教学重难点

重点：五四运动与中国共产党诞生的重要影响。

难点：中国共产党的诞生与新民主主义革命的内在联系。

五、教学资源与方法

教学资源：政府、媒体发布的文章、图像资料等。

教学方法：讲授法、史料教学法。

六、教学过程

环节1：导入

【教师活动】出示李达照片，讲述李达被毛主席称赞为"真正的人"。并提问：这位"真正的人"是一个怎样的人？

李达

设计意图　初步构建李达形象，以"李达这一'真正的人'是怎样的人"为思路展开教学。

环节2：讲授新课

第一篇章：中国传播马克思主义的先驱者——五四运动与马克思主义的传播

- 线索串联：青年李达怀抱实业救国理想，两次东渡日本，攻读理科。

【**教师活动**】提问：当时中国的困境是什么？师生共同梳理回顾民族危机下社会各阶层救亡的尝试。

思维导图：民族危机下社会各阶层救亡的尝试及结果

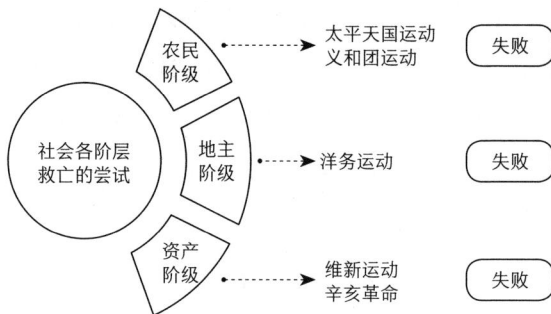

设计意图　知道近代日益深重的民族危机下各阶层救亡图存运动均告失败，民族复兴需要新的思想和道路。

- 线索串联：俄国十月革命的胜利给李达很大鼓舞，他偷偷阅读马克思列宁主义书籍，最终接受马克思主义理论，想为当时的中国寻找一种新的出路。

【**教师活动**】出示材料，师生共同分析五四运动发生的背景。

设计意图　引导学生以史料作为证据来说明自己对问题的看法，最终形成对五四运动背景的分析。

　　学生罢课半月，政府不惟不理，且对待日益严厉。乃商界罢市不及一

十月革命中革命武装攻占冬宫（绘画作品）

《时局图》

《青年杂志》第1卷第1号

巴黎和会会议现场

日，而北京被捕之学生释；工人商界罢工不及五日，而曹、章、陆去。

——《上海学联告同胞书》，1919年6月

1919年以后，有关社会主义的文献进入中国，其数量之多令人吃惊，全国主要报纸、杂志都以大幅版面介绍社会主义思想。

——［日］石川祯浩著，袁广泉译：《中国共产党成立史》，北京：中国社会科学出版社，2006年

五四时进步报刊

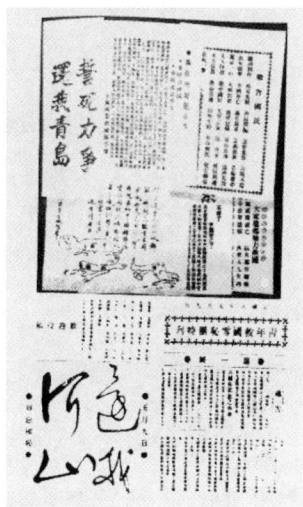

【**教师活动**】教师讲述五四运动的过程，出示材料并提问：如何理解五四运动"是中国从旧民主主义革命走向新民主主义革命的转折点"？

> **设计意图**　以不同类型的史料为依据，说明五四运动的"新"，对五四爱国运动的历史意义作出合乎逻辑的历史解释。

- 线索串联：李达还在日本的时候，就发表作品寄往国内，热情地宣传马克思主义和社会主义。五四运动后，李达抱着"回国寻找同志干社会革命"的目的回到上海，他回国后又做了哪些事情呢？

材料1：参与编辑《新青年》　　　　材料2：创办《共产党》月刊

《新青年》封面

《共产党》第3期第1页

材料3：翻译马克思主义的相关著作

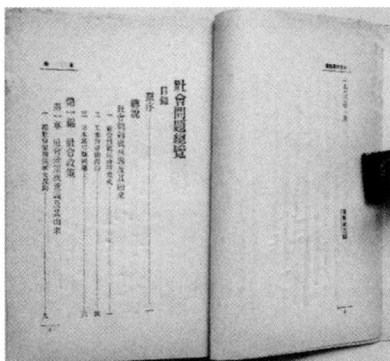

《社会问题总览》

《唯物史观解说》

材料4：与陈独秀、李汉俊等人在上海发起建立了中国第一个共产党组织（出示《各地共产主义小组分布图》）

【教师活动】出示材料，师生共同梳理新文化运动、五四运动的影响和意义，从思想、组织、阶级、干部等视角了解共产党的成立。

> **设计意图** 根据教学内容，重新整合教材。将"马克思主义的传播"和"共产党早期组织的建立"设置在"中国共产党成立的条件"学习环节中，同时又自然地过渡到下一篇章的学习。

第二篇章：中国共产党第一次代表大会的主要召集人——中国共产党的诞生

六月初旬，马林（荷兰人）和尼可洛夫（俄人）由第三国际派到上海来，和我们接谈了以后，他们建议我们应当及早召开全国代表大会，宣告党的成立。于是由我（李达）发信给各地党小组，各派代表二人到上海开会，大会决定于七月一日开幕。

——李达：《中国共产党的发起和第一次、第二次代表大会经过的回忆》，载《"一大"前后——中国共产党第一次代表大会前后资料选编》，北京：人民出版社，1980年

- 线索串联：李达负责中国共产党"一大"的筹备工作。1921年7月23日，中国共产党第一次全国代表大会在上海召开，但由于法租界巡捕突然搜查会场，会议被迫中断。李达的妻子王会悟提出到嘉兴南湖的游船上开会。最终，中国共产党第一次全国代表大会成功召开，中国共产党正式成立。

【教师活动】教师简述中国共产党第一次全国代表大会的召开，介绍中国共产党第一次全国代表大会的主要内容。

> **设计意图** 本部分内容较为简单，通过讲授法帮助学生知道中国共产党第一次全国代表大会宣告中国共产党诞生的相关史实。

（1）革命军队必须与无产阶级一起推翻资本家阶级的政权，必须支援工人阶级，直到社会的阶级区分消除为止；

（2）承认无产阶级专政，指导阶级斗争结束，即指导消灭社会的阶级区分；

（3）消灭资本家私有制，没收机器、土地、厂房和半成品等生产资料，归社会公有；

（4）联合第三国际。

——《中国共产党第一个纲领》，载《建党以来重要文献选编（1921—1949）》，北京：中央文献出版社，2011年

【**教师活动**】出示材料并提问：中国共产党"新"在何处？

设计意图　深入分析中国共产党的"新"，感悟中国共产党的成立是开天辟地的大事变。

第三篇章：国共合作的爱国将士——国共合作与国民革命

- 线索串联：1923年夏，李达的孩子还在襁褓之中，初为人父的李达专程从长沙赶到上海，会见陈独秀，对国共合作事宜提出自己的看法。

我们应始终站在完全独立的立场上，只维护无产阶级的利益，不同其他党派建立任何关系。

——《中国共产党第一个决议》，载《建党以来重要文献选编（1921—1949）》第1册，北京：中央文献出版社，2011年

中国现有的党，只有国民党比较是一个国民革命的党，……工人阶级尚未强大起来，自然不能发生一个强大的共产党——一个大群众的党，以应目前革命之需要。因此，共产国际执行委员会议决中国共产党须与中国国民党合作，共产党党员应加入国民党。

——《关于国民运动及国民党问题的议决案》，载《建党以来重要

文献选编（1921—1949）》第1册，北京：中央文献出版社，2011年

【教师活动】出示材料，提问：中国共产党对国民党的政策有何转变？师生共同分析国共合作的原因。

设计意图 通过具有矛盾性的两则材料，引导学生理解国共合作的必要性与可能性。

国民革命运动时间轴

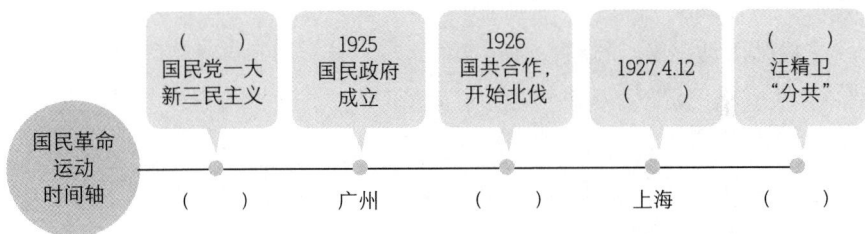

国民革命运动时间轴 — ( ) 国民党一大 新三民主义 — 1925 国民政府成立 — 1926 国共合作，开始北伐 — 1927.4.12 ( ) — ( ) 汪精卫"分共"

( ) 广州 ( ) 上海 ( )

【教师活动】出示《国民革命军北伐路线示意图》，设问：研读材料与课本，完成时间轴（也可根据学生的学习状况引导他们自主画出时间轴，不予提示）。

设计意图 从历史课堂教学实际出发，根据学生学习状况调整教学策略。时间和空间是历史构成的基本要素，通过时间轴与示意图帮助学生掌握国民革命运动过程。

打倒列强，打倒列强，除军阀！除军阀！努力国民革命，努力国民革命，齐奋斗！齐奋斗！工农学兵，工农学兵，大联合！大联合！打倒帝国主义，打倒帝国主义，齐奋斗！齐奋斗！

——《国民革命歌》歌词（节选）

我们这次革命的成功（武汉革命政府收回汉口、九江英租界），完全是工农群众的力量，并不是兵士的力量。我们在北伐的时候，在衡阳，在醴陵，在粤汉路，都得着农工运动的帮助，才得狠（很）顺利的

杀却敌人。

——《民国日报》，1927 年 2 月 19 日

　　这一壮举（指武汉革命政府收回汉口、九江英租界）不但把当时中国人民的反帝反封建运动推向一个新的阶段，同时也鼓舞了世界被压迫民族谋求民族独立和民族解放的斗争。

——薛国中、谢显清、曾宪林：《1927 年收回汉口九江英租界的斗
争》，载《江汉论坛》，1962 年第 9 期

【教师活动】出示材料，引导学生比较、分析三则史料的证史价值。并提问：为什么国民革命运动被称为"大革命"？

設计意图　认识不同史料的证史价值，理解国民革命运动的历史意义，感悟国民大革命饱满的革命精神。

环节 3：课堂小结

　　李达，这位"真正的人"身上，闪烁着五四精神、红船精神与革命精神的耀眼光芒。他不是一个个体，而是一个群体。正是这些"真正的人们"，打开了中国革命的新局面。那么，学完本课后，大家知道李达这位"真正的人"是一个怎样的人了吗？

設计意图　总结全课，情感升华，首尾呼应，契合板书。

七、作业设计

　　以四人学习小组为单位，收集有关图文、视频资料，了解五四运动前后中国先进知识分子研究、传播马克思主义理论的情况。选择一个感兴趣的人物或团体，撰写文章或者制作 PPT 介绍，在课堂上交流汇报。

八、板书设计

李达——"真正的人"
群体：共产党人

→ 中国传播马克思主义的先驱者 ▸ 五四精神　新

→ 中共一大的总召集人 ▸ 红船精神　局

→ 国共合作的爱国将士 ▸ 革命精神　面

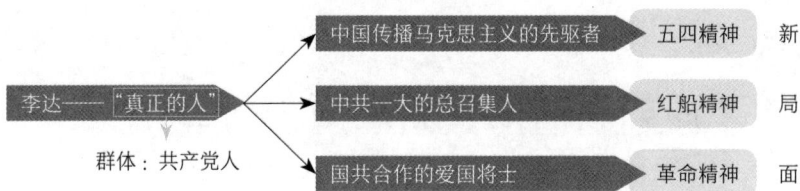

设计意图　帮助学生在与历史人物的交互中回到历史现场，认识从五四运动到国民革命期间重大事件的历史意义与深远影响，激荡情感。

九、教学反思

本课以历史人物李达为线索，叙史以人、以人系事，既是本课教学设计的亮点，也是实施的难点。在试讲的过程中发现，这种设计思路如果没有恰当可靠的史料与严谨的逻辑支撑，很容易产生空洞与"两张皮"的问题。"求真"的重要性再次凸显。此外也应在教学设计的改进方面再下功夫，即根据教学内容，整理、辨析、选取恰当的史料，帮助学生在与历史人物的交互中回到历史现场。

专家点评：从教材单元视角回看本课内容的定位与作用，彰显了设计者观察"五四运动与中国共产党的诞生"的视野和尺度，也是新课程得以实施的重要策略。本课在内容组合和流程规划上，充分关注了在核心要义——"历史转折点"的统领下进行关于五四运动、中国共产党诞生、国共合作、北伐战争，以及国民革命遭到挫折等历史事件的内容检索和逻辑编程，尝试借助史料阅读与解析，理解中国共产党诞生的国际背景和历史必然，及其重大影响。尤其是将"李大钊"的个人经历与特定时代相关历史事件加以勾连，叙史见人、生动鲜活，是一个很好的创意。如果在材料选择和植入上进一步适切、简约，将重点聚焦于对材料的深度破译和拓展联想，这节课则更具有哲思和情感色彩。（点评人：李惠军，上海市历史特级教师）

案例3
中国革命的新时期、新局面、新合作
——《五四运动与中国共产党的诞生》教学设计

苏州科技大学　　何燕

一、教学设计思路

　　第一次世界大战结束后，中国以战胜国的身份出席了巴黎和会，会上，中国代表提出的合理诉求遭到拒绝，外交失败引发了国内的五四运动。在"三罢"的推动下，五四运动取得初步成功，掀起了中国新民主主义革命的帷幕。十月革命一声炮响，为中国送来了马克思主义。在思想基础、群众基础等均成熟的条件下，中国共产党成立，从此中国革命焕然一新。随后，第一次国共合作实现，国民革命运动如火如荼，但在北伐战争的紧要关头，蒋介石发动四一二政变。

二、教学情况分析

1. 学情分析

　　高一学生已经掌握了历史学习的一些基本方法，形象思维和抽象思维进一步发展，对历史发展的时序和规律有了一定的了解。在史料分析与解读能力、时空观念等方面也有了进一步提高。

2. 课标分析

　　知道五四运动的基本史实，认识五四运动是新民主主义革命的开端。了解李大钊传播马克思主义的史实；了解中国共产党第一次全国代表大会召开的史实，认识中国共产党成立的历史意义。简述第一次国共合作和北伐战争胜利进军的主要史实。

3. 教材分析

　　《五四运动与中国共产党的诞生》是《中外历史纲要（上）》第七单元"中国共产党的成立与新民主主义革命兴起"的第一课，上承北洋军阀统治时期的政治、经济、文化，下启南京国民政府的统治与共产党开辟新道路。共有三个子目 :（1）五四运动与马克思主义的传播 ;（2）中国共产党的成立；（3）国共合作与国民革命。其中五四运动与中国共产党的成立为重点内容，所占篇幅较大。

三、教学目标

　　通过比较新民主主义革命与旧民主主义革命，深入理解五四运动是新民主主义革命的开端；分析中国共产党建立的国内外条件，在一定的时空背景下全方位多角度理解历史；从唯物史观的角度看待中国革命的发展，并对历史发展做出符合逻辑的解释；通过对事件的解读，感受五四精神、红船精神和革命精神，激发家国情怀。

四、教学重难点

　　重点 : 五四运动的过程与意义，中国共产党的建立，国共合作。

　　难点 : 五四运动与中国共产党之间的内在关系，中国共产党成立的意义。

五、教学资源与方法

　　教学资源：教材、相关专著、多媒体等。

　　教学方法：讲授法、小组讨论法、材料分析法。

六、教学过程

环节1：导入

　　以杜威在中国旅行时说的一段话开始。提问：这是一场什么运动？这场运动与"新中国"之间有何联系？

　　讲述：1919年，美国著名教育家杜威来到中国，一场运动让他停住脚步，决定在中国看个究竟。杜威动情地说道："我们正在目击一个'国家'的诞生，但通常一个'新国家'的诞生并不是一件简单的事。"这是一场什么运动？这场运动与"新国家"又有何联系？让我们进入今天的学习《五四运动与中国共产党的诞生》。

> **设计意图**　用杜威的话激发学生兴趣，同时引起思考。贴合设计立意。

环节2：讲授新课

一、五四运动与马克思主义的传播

（一）五四导火线——巴黎和会

介绍法国诺莱特华工墓园，点出一战中协约国的胜利离不开华工。

讲述：墓园门楼上刻着一副对联：我欲多植松楸生长远为东土荫，是亦同赓袍泽勋劳宜媲国殇名。走进园内，842块墓碑静默无语，842名英烈长眠于此。一战中，我们的14万华工用生命为中国赢得了战胜国的地位。但是一场巴黎和会却将胜利付之一炬，巴黎和会上发生了什么呢？

学生回答。

播放视频：《我的1919》片段。播放音乐，读一战华工的一封信。

> **设计意图**　借助电影营造历史场景，渲染课堂氛围。

（二）五四风雷——学生运动

请学生讲述邵飘萍、谢绍敏的爱国表现。朗读《告北京学界全体宣言》。从宣言中思考运动对象、情感诉求与时代特点。

> **设计意图**　材料与问题结合，提高学生的归纳总结能力；帮助学生初步理解五四运动的性质。

讲述五四学生的爱国举动。

杜威在写给女儿的信中说道："昨天晚上我们听说大约有一千名学生在前天被捕了。北京大学已经做了临时监狱，法学院的房子已经关满了人，现在又开始关进理学院的房子。"

讨论：如果你是当时的学生，你愿意参加这场运动吗？从中能感受到什么样的精神力量？

列举早期马克思主义者在五四运动中的爱国行动。

讲述：恽代英开展反帝爱国斗争；毛泽东、蔡和森创办新民学会，驱逐湖南军阀张敬尧，宣传新思想；陈独秀声援学生，写下《北京市民宣言》，号召市民阶级支持学生的爱国运动，很快各个阶层的人们都加入这场运动。

> **设计意图** 列举早期马克思主义者在五四运动中的爱国行动，传达爱国情怀；体会五四运动与早期马克思主义者的内在联系。

（三）各界齐心——初步成功

随着五四运动的扩大，越来越多的城市燃起五四之火（展示图片）。讲述上海的三罢风潮。

> 据《新青年》调查，1919年上海有各类工厂2 291家，工人18万多人。上海从事交通运输业的工人也有近12万人。两者相加已达30万人。上海还有手工业工人21万；服务业工人3 000多，有店员10万。此外，还存在没有确切数据但数量相当可观的都市杂工，包括码头工、清道夫、人力车夫等。综合而言，到中国共产党成立以前，在全国，上海已是工人阶级最集中的城市；在上海，工人阶级已是城市中最大的群体。
>
> ——熊月之：《上海城市与红色革命》，载《东方早报》，2013年

> **设计意图** 以数据说明上海工人阶级力量的强大，让学生认识到工人是这场运动的主力军。

北洋政府释放了学生，罢免三个卖国贼，拒绝在巴黎和会上签字，五四运动取得初步成功。

小组讨论：为什么五四运动能够取得初步成功？

（四）革命新篇章

分析材料，理解材料中的新方向与新时期。列出表格，比较新旧民主主义革命。

　　　　五四运动……开始了中国革命的新方向。这新方向便是社会中最有革命要求的无产阶级参加革命，开始表现它的社会势力。

　　　　——陈独秀：《二十七年以来国民运动中所得教训》，载《新青年》季刊，1923年

	旧民主主义革命（1840—1919）	新民主主义革命（1919—1949）
指导思想	三民主义	马克思主义
领导阶级	资产阶级	无产阶级
革命方向	资本主义	社会主义

整理自教育部：《普通高中教科书·历史必修·中外历史纲要（上）》，北京：人民教育出版社，2019年

设计意图　通过与旧民主主义革命的比较来加深对五四运动性质的认识，培养学生的历史解释素养。

（五）马克思主义的传播

过渡：五四运动开启了新民主主义革命，新民主主义革命的指导思想就是马克思主义。教师讲授陈望道翻译《共产党宣言》的故事。学生回答：还有哪些人也投入传播马克思主义的运动？

代表人物	地　点	组　织
李大钊	北京	马克思学说研究会
陈独秀	上海	马克思主义研究会
恽代英	武昌	互助社
毛泽东、蔡和森	湖南	新民学会
周恩来	天津	觉悟社

整理自李侃、李时岳：《中国近代史》，北京：中华书局，1999年

通过展示丰富的马克思主义团体、马克思主义刊物，加深学生对于马克思主义成为新思潮的理解。

二、中国共产党的成立

（一）诞生条件

请学生从思想基础、群众基础、组织基础、国际环境条件，来思考建立一个马克思主义革命政党的条件是否成熟。

讲述：思想基础——马克思主义广泛传播；阶级基础——工人运动逐渐壮大；组织基础——全国各地的马克思主义团体；国际环境——共产国际有力支持。

设置问题，锻炼学生的信息归纳、整合能力，培养学生的历史全局眼光。

（二）一大建党

请学生扮演记者，报道一大建党，包括一大的时间、地点、内容。

讲述：本次大会确立了政党名称——中国共产党；颁布《中国共产党第一个纲领》；确立了奋斗目标——推翻资产阶级，建立无产阶级，实现社会主义与共产主义；选举领导——陈独秀。

1922年，中国共产党第二次全国代表大会召开，通过了《中国共产党宣言》，对《中国共产党纲领》进行了具体与补充。列表格比较两个文件，从而理解中国共产党的成立使中国革命焕然一新。

	中国共产党一大（1921）	中国共产党二大（1922）
社会性质	未阐述	半殖民地半封建社会
革命目标	推翻资产阶级	最低纲领：打倒军阀，打倒帝国主义，统一中国为真正的民主共和国 最高纲领：渐次到达共产主义社会
革命对象	资产阶级	帝国主义与封建军阀

整理自教育部：《中外历史纲要（上）》，北京：人民教育出版社，2019年

设计意图 设置对比，锻炼史料分析能力，帮助学生从史料中提取核心观点。通过讲解中国共产党第二次全国代表大会，让学生真正理解中国共产党成立的意义，体会无产阶级革命家无私奉献、锐意进取、睿智先进、追求民主的伟大精神。

（三）千钧红船

展示南湖游船、国民运动、武昌起义、红军长征等图片。

讲述："小小红船承载千钧，播下了中国革命的火种，开启了中国共产党跨世纪的航程。"漂浮在烟雨疏疏的南湖上，搏击在枪林弹雨的革命中，力挽狂澜，激流勇进，最终缔造新国家。

"什么是红船精神？"请学生回答。

教师总结：开天辟地、敢为人先的首创精神，坚定理想、百折不挠的奋斗精神，立党为公、忠诚为民的奉献精神。

三、国共合作与国民革命

（一）国共合作

展示军阀势力图，带领学生读图。

设计意图 锻炼学生读图能力，直观感受军阀势力和军阀统治。

解读孙中山与毛泽东的话。

> 南北军阀如一丘之貉尔。
> 国民党在堕落中死亡，因此养活他，就需要新鲜血液。
> ——孙中山（摘自《孙中山全集》，北京：中华书局，1981年）

> （无产阶级）虽然是一个最有觉悟性和最有组织性的阶级，但是如果单凭自己一个阶级的力量，是不能胜利的。而要胜利，他们就必须团结一切可能的革命阶级和阶层，组织革命的统一战线。
> ——毛泽东（摘自《毛泽东选集》，北京：人民出版社，1991年）

　通过解读孙中山与毛泽东的话，让学生体会国共合作的必要性。

（二）国民革命

播放国民革命的视频。配合课本图片"国民革命军北伐路线示意图"，说一说国民革命的准备、高潮与结果。讲述四一二政变。

　通过视频，活跃课堂氛围，将北伐战争视觉化，拉近学生与历史的距离。

（三）革命精神

理解毛泽东的话，提问：为什么中国共产党有如此旺盛的生命力？

> 1927年，老蒋够厉害！他把我们像鸡蛋一样摔在地上。可他没想到，当时国外的许多智者也没有想到，我们还会孵出小鸡来！
>
> ——毛泽东（摘自《毛泽东选集》，北京：人民出版社，1991年）

学生回答。教师总结：这就是革命精神。虽然我们现在生活在和平年代，但是仍然需要这些精神，在生活上艰苦奋斗，在学业上坚定理想……

　联系生活实际，加强对学生的革命精神教育，联系生活实际，让革命精神照进现实。

环节3：课堂小结

从五四惊雷到一大建党，风云际会、开天辟地！国民革命，道阻且长，坚忍不拔！中国共产党在五四精神中孕育，在红船精神中诞生，在革命精神中成长，为人民开辟一个崭新的国度，100年风雨兼程，100年峥嵘岁月；仍不忘初心，继续前行。我们作为社会主义建设者与接班人也将牢记使命，努力奋斗！

七、板书设计

五四精神 ◄—— 五四运动 ——► 新民主主义革命的开端

↓

红船精神 ◄—— 一大建党 ——► 中国革命焕然一新

↓

革命精神 ◄—— 国民革命 ——► 道阻且长　展望新机

↓

……

↓

新中国

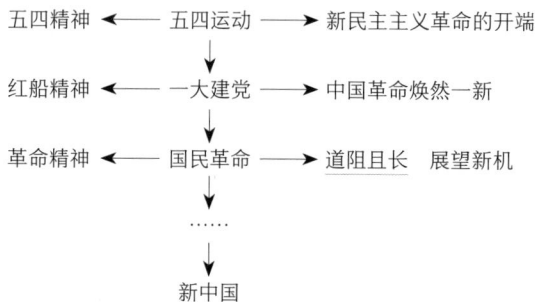

> **设计意图**　运用简明的线条与文字，勾画出本课重要内容与意义，家国情怀层层递进，升华主题。

八、教学反思

在这次教学比赛中，我收获颇丰。思考如何进行教学设计的过程亦是我学习的过程。我认识到每框内容过渡衔接都需要流畅自然，开始思考如何最准确地运用材料，意识到一篇优秀的教学设计的"魂"非常重要。在录制比赛视频时，发现了自己的语言还不够准确简练。比赛结束已经数月，我重新整理了我的教学设计，才发现其实有很多不足。比如对国共合作与国民革命这部分内容挖掘不足，亮点和新意也不足，各部分内容的整合与设计比较常规。

专家点评：从旁观者杜威对五四运动的观感——一个"新国家"正在诞生的视角生成问题，在问题驱动下呈现五四运动的爆发与发展，分析五四运动对于"新国家"诞生的漫长岁月的发端作用，进而揭示了新、旧民主主义革命的联系与区别。设计者试图在"新民主主义革命"历史大概念的统摄下，将五四运动、马克思主义传播、中国共产党的诞生、国共合作和国民革命等内容，整合为一个结构化整体，从而突出中国共产党的诞生，不仅是"开天辟地"的大事件，而且使中国革命的面貌"焕然一新"，这种整体设计基于对课程标准学习目标的全面把握，也体现了历史发展的内在逻辑，同时也有利于教学流程布局的顺畅。建议设计者在五四运动的性质的解读方面，除了要关注"爱国革命运动""思想启蒙运动"以外，进一步体会"社会革命运动"的微言大义。（点评人：李惠军，上海市历史特级教师）

案例4
历史的选择
——《五四运动与中国共产党的诞生》教学设计

杭州师范大学　韩文杰

一、教学设计思路

　　本课教学的立意点为——"选择"。围绕"选择"，明确：历史选择了中国共产党来领导新民主主义革命，推动中国社会的进步与发展。面对外辱内乱，青年们选择了轰轰烈烈的反帝反封建革命，选择了在中国传播马克思主义为中国革命开辟新道路；中国共产党的诞生是历史的选择，中国共产党诞生使得中国革命焕然一新；国共两党选择合作，国民革命运动推动了中国革命的新高潮。

二、教学情况分析

1. 学情分析

　　高一学生在初中时学过五四运动、中国共产党诞生和国共合作等相关史实，对五四运动的过程和达成国共合作的过程等较为熟悉，因此教师在讲解时会侧重于帮助学生认识到史实之间的逻辑关联，在情感的共鸣中理解五四运动和中国共产党诞生的伟大意义。

　　高一学生的生理和心理特征决定了他们偏爱具体生动的学习内容，教学中采用对话教学时应注重情感的渗透，并且适当选用与本课相关的直观图表、照片、史料等，激发学生自主探究的兴趣，调动学生思维，引发学生的深入思考。

2. 课标分析

　　课标要求学生学完本课后能够认识五四爱国运动的历史意义，认识马克思主义在中国的传播与中国共产党成立对中国革命的深远影响，认识国共合作领导国民革命的历史作用。

3. 教材分析

本课是必修《中外历史纲要（上）》第七单元"中国共产党成立与新民主主义革命兴起"的开篇，在中国近代史上占有重要地位。

本课上承第六单元的《北洋军阀统治时期的政治、经济与文化》一课，下启本单元第22课《南京国民政府的统治和中国共产党开辟革命新道路》，讲述的是整个新民主主义革命的发端时期，也是北洋军阀统治的基本终结时期，具有承上启下的作用。五四运动、中国共产党的成立、中国共产党第二次全国代表大会、国民革命等重大历史事件构成本课内容，三者内容上联系紧密，时序性较强。

三、教学目标

结合史料分析探究，认识五四运动与新民主主义革命兴起的内在联系，知道五四运动在思想、政治、文化等方面所具有的革命意义；利用文字、图片等史料，了解中国共产党诞生的史实，提升史料实证能力，从史料中认识到中国共产党诞生是中华民族历史上开天辟地的大事变，中国革命的面貌从此焕然一新的伟大历史意义，培养论从史出、史论结合的能力。

借助历史地图掌握北伐战争的过程，构建国民革命时期中国民主革命的时空观念，了解新民主主义革命兴起的时空特征；通过学习"五四运动"中学生的先锋作用，从多个角度感悟和理解五四运动所体现的爱国、进步、民主、科学的精神，激发努力报效中华的家国情怀，体会近代先进的中国人积极探索救国救民道路的爱国精神。

四、教学重难点

重点：理解五四运动的历史意义、中国共产党成立的深远影响和国民革命的历史作用。

难点：认识无产阶级的革命先进性，理解"历史选择了中国共产党"。

五、教学资源与方法

讲解时运用史料分析、看图论史等方法，帮助学生更形象更准确地理解历史事件，避免单纯地用概念来解释。

展示多种史料，补充历史细节，以便学生从不同的角度全面、客观地认识五四运动、中国共产党诞生，形成合理的历史解释，从中落实学科核心素养培养。

六、教学过程

环节1：导入

观察南湖红船图，同时讲解习近平同志发表在《光明日报》上的《弘扬"红船精神" 走在时代前列》一文，进而提出问题：你知道在红船上发生过什么伟大事件吗？

教师讲解：浙江嘉兴南湖烟雨楼前的水面上停泊着一只游船，这条船被称为"南湖红船"。中国共产党第一次全国代表大会在红船上闭幕，有细心的同学注意到了这里是闭幕的场地，那么中国共产党第一次全国代表大会的开幕地点又在哪里呢？接下来，就让我们一起来学习第21课《五四运动与中国共产党的诞生》，解开这一疑团。

> **设计意图** 上课伊始用浙江嘉兴南湖的游船及其背后的"红船"精神为切入点，引导学生关注中国共产党成立时的历史，把握立德树人的育人总目标。采用师生对话的形式，激发学生自主思考中国共产党第一次全国代表大会地点转变的原因，培育学生历史解释的核心素养。

环节2：讲授新课

一、青年的选择

教师利用多媒体设备，展示五四运动相关背景的史料，然后向学生提问，引导学生从史料中分析提取五四运动的历史背景。学生自主发言，归纳表达五四运动的历史背景。

设计意图 依据史料，引导学生多角度关注五四运动的背景，基于初中的知识横向拓宽，认识到由青年学生掀起的这场彻底的反帝、反封建运动，是西方入侵、民族资本发展、军阀割据混战、巴黎和会不公对待、科学民主思想广泛传播等多重因素合力推动下发生的。培养获取和解读信息的能力，以及发展论从史出、史论结合的素养。

补充顾维钧在巴黎和会上力争主权的细节史实，体会近代先进的中国人积极救国的爱国精神；带领学生用表格梳理五四运动的过程和结果，学生回顾旧知结合预习成果完成表格笔记的填写。

	第一阶段	第二阶段
时 间	1919年5月4日—6月初	1919年6月初开始
中 心	北京	上海
主 力	学生	工人、学生、商人
口 号	"外争国权，内惩国贼"等	
方 式	罢课	罢工、罢课、罢市
结 果	学生被捕	释放学生，拒绝和约签字

结合材料和五四运动时"誓死力争，还我青岛"的口号，引导学生思考"五四运动的意义与时代价值"。学生思考讨论后回答问题，进而询问学生："五四运动为中国共产党的诞生提供了哪些历史条件？"加深学生对于五四运动历史意义的理解。

设计意图 依据习近平在纪念五四运动100周年大会上的讲话内容，从当下和当时两个历史时空来理解五四运动的意义，认识到这场彻底反帝反封建的伟大爱国运动是中国旧民主主义革命走向新民主主义革命的转折点，推动了中国社会的进步，为中国共产党成立做了思想上和干部上的准备，感悟和理解五四运动所体现的爱国、进步、民主、科学的精神，激发学生努力报效中华的家国情怀。

教师借助《新青年》"马克思研究专号"和1920年8月陈望道翻译的马克思主义基本著作《共产党宣言》的第一个中文全译本出版发行，讲解"十月革命一声炮响，给中国送来了马克思列宁主义"的具体内涵。学生根据教师的生动讲解，理解马克思列宁主义从俄国十月革命后在中国得到广泛传播，并与中国国情相结合。

> **设计意图**　引导学生站在历史的高度去理解马克思列宁主义在中国的传播过程与现实意义，从而坚定唯物史观。

二、历史的选择

补充南陈北李相约建党的史实。五四运动前后，陈独秀和李大钊都受到十月革命影响，接受马克思列宁主义，并很快就从研读革命的理论，转向革命的实践。

教师结合材料以及上海市望志路106号、浙江嘉兴南湖红船这两个地点，补充讲解中国共产党第一次全国代表大会会址改变的原因所在，丰富历史细节，学生跟随所补充的历史情节进入历史情境，理解会址改变的缘由。

> **设计意图**　历史细节的补充有助于学生理解这一时期中国共产党建党之艰，体会爱国志士救国的坚定决心。

学生阅读材料《中国共产党党史》、王桧林《中国现代史（1919—1949）》，结合课本思考"中国共产党的成立是中国近代社会经济、政治发展和思想演变的必然结果"。从马克思列宁主义的广泛传播、中国工人运动的持续发展、共产国际的帮助和共产党早期组织的建立等角度，来理解中国共产党建立是历史的必然，历史选择了中国共产党。

> **设计意图**　结合史料，有效培养学生发现历史问题，论证历史问题的能力；史料研习的方法，有助于本课难点的突破，促进学生自主思考感受早期共产党人的政治抱负、革命信仰，培育家国情怀核心素养。

运用多媒体展示《中国共产党第一个纲领》的内容，结合具体条例引导学生分析"当时中国共产党对中国革命方向的思考"。

设计意图　结合《中国共产党第一个纲领》的内容开展史料研习，从中认识到中国共产党从建党之初就以马克思主义来观察和分析中国的问题，并深入工人群众中做宣传组织工作，这是中国以往的政党不曾有的。中国共产党的诞生是马克思主义在中国传播后的历史必然。中国共产党是用马克思主义武装起来的政党，马克思主义是中国共产党人理想信念的灵魂。

结合课本"历史纵横"栏目，讲解中国共产党第二次全国代表大会的具体内容，引导学生思考：中国共产党从一大到二大的变化是什么？学生对比中国共产党两次代表大会的成果，认识到中国共产党第二次全国代表大会明确提出反帝反封建的革命纲领。基于上述结论探究"中国共产党成立是一个开天辟地的大事变"。

设计意图　基于对中国共产党第一次、第二次全国代表大会的理解，认识到中国共产党的诞生使中国革命的面貌焕然一新。感悟中国共产党成立，给灾难深重的中国人民带来了光明和希望，指明了中国革命方向的历史意义。

三、政党的选择

教师简要讲述，学生根据教师出示的材料，得出这一时期的工人运动充分显示工人阶级的巨大革命能量；但是材料也展示出了工人阶级单枪匹马、革命敌人异常强大这一力量上的对比，引导学生认识到两党合作的必要性。

教师讲解中国共产党第三次全国代表大会制定的建立革命统一战线、实行国共合作的方针政策，学生结合史料理解中国共产党第三次全国代表大会的召开对于第一次国共合作的建立进而推动中国革命的发展，具有重大意义。

> **设计意图**　通过工人运动失败的史实，认识到这一时期中国革命需要两党走向合作的道路，中国共产党第三次全国代表大会的召开极大地加快了国共合作的进程。

结合国共合作必要性和可能性的表格内容，讲解中国国民党第一次全国代表大会召开的史实，询问学生："如果当时你身处中国国民党第一次全国代表大会会议现场，你会听到什么内容？"学生根据史实合理作答，认识到此次会议是在共产党人推动下成功召开，由孙中山主持召开，并提出了新三民主义的主张；大会实际上通过了联俄、联共、扶助农工三大政策，第一次国共合作正式形成。

> **设计意图**　合理创设历史情境，帮助学生理解国共合作标志着革命统一战线建立，加速了中国革命的进程，推动了以"打倒列强，除军阀"为目标的国民革命席卷全国。

教师借助《北伐路线图》简要讲述北伐战争的过程，学生结合教材说出北伐战争的成果。引导学生思考："为何北伐战争硕果累累，国民革命却以失败告终？"过渡到讲解"四一二反革命政变"和"分共会议"。

> **设计意图**　通过国民革命进程的学习，教师引导学生自主归纳国民革命失败的原因，促使学生反思早期共产党人的革命经验不足，为下一节课《中国共产党开辟工农武装割据的道路》埋下伏笔，做好铺垫。

环节3：课堂小结

本节课我们通过"青年的选择""历史的选择""政党的选择"三部分的学习，了解并掌握了五四运动和马克思主义的传播、中国共产党的诞生、国共合作和国民革命等相关史实，深刻认识到"五四"爱国运动与中国共产党成立对中国革命的深远影响，认识到国共合作领导国民革命的历史作用。

> **设计意图**　教师结合板书口述，带领学生回顾本课要旨。

七、作业设计

运用知网、图书馆等途径了解"红船精神"的内涵与意义，绘制"红船精神"手抄报，谈谈"红船精神"在中国革命史上的体现及其对今日中国的意义。

八、板书设计

五四运动与中国共产党的诞生

↓

历 史

青年 { 五四运动 / 马克思主义在中国传播 } 选 择 { 国共合作 / 国民革命 } 政党

↓

中国共产党的诞生
条件
标志
意义

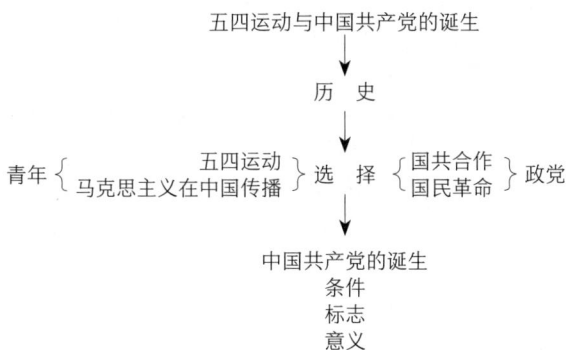

设计意图 围绕"选择"展开本课的板书设计，凸显教学主题，便于学生理解记忆所学知识，构建完整的知识体系。

九、教学反思

本课的设计紧扣历史教学课程标准，设定教学目标。教学设计主线明显、重点突出，针对学生已知的历史知识，对教材内容进行了适当处理，详略得当。在传授知识的同时，注重学生历史思维能力和核心素养的培育，尤以家国情怀为重，师生互动环节设计充分。但是，文字史料选取过多，加重了学生的阅读负担，未来会注意选择多样的史料，力求生动讲解史实。

专家点评：将本课的立意聚焦于"选择"——青年的选择、历史的选择、政党的选择，并由此贯通从五四运动的爆发到国民革命的兴败期间波澜壮阔的历史镜像和核心要义，体现了设计者的历史理解和教学创意。在教学内容布局方面，设计者将重心置于中国共产党的诞生，尤其是中国共产党早期的理论探索与超越，及其在国共合作和国民革命中的历史作用，从而彰显了在民主革命转折的时间节点上，中国共产党与中国革命"焕然一新"的关系。从"红船精神"的情境和问题引入本课，到"红船精神"作业设计和任务驱动结束本课，并将这种内心情结和价值判断引向课外，无疑是一个值得咀嚼的设计艺术。但是，如何精准、全面地凝练"选择"的关键要目和逻辑关系，尚待进一步精雕细琢。（点评人：李惠军，上海市历史特级教师）

案例5
中国革命的焕然一"新"
——《五四运动与中国共产党的诞生》教学设计

安庆师范大学　万磊

一、教学设计思路

　　1919年巴黎和会上，西方列强罔顾中国所应有的权利，将山东的主权出卖给日本，由此爆发了五四运动。工人阶级登上政治的舞台，极大地促进了马克思主义在中国的传播，1921年中国共产党第一次全国代表大会召开，中国共产党正式成立，中国革命面貌焕然一新。中国共产党成立后不久，以国共合作为基础的革命统一战线建立，1926年国民政府挥师北伐，但随着蒋介石发动的四一二政变和汪精卫发动的七一五"分共"，国民革命以失败告终。

二、教学情况分析

1. 学情分析

　　学生对于五四运动、中国共产党的成立和国民革命等史实有基本的了解。在高中学习阶段，根据高中生的思维特点，注重对相关问题的思考，培养学生的思辨能力。

2. 课标分析

　　了解五四运动的相关背景及经过，马克思主义在中国的传播及中国共产党的诞生的相关内容。还要具体了解中国共产党成立对中国革命的深远影响，国民革命失败的原因及教训。

3. 教材分析

　　本课为高中历史部编版新教材《中外历史纲要（上）》第七单元第21课，

在内容上，从五四运动和马克思主义在中国的传播，到中国共产党的成立，再到国共合作及国民革命失败，内容上环环相扣。从内容上，让学生更加充分地了解这一时期的历史。

三、教学目标

通过了解五四运动的背景及相关史料，理解五四运动爆发的原因及新民主主义革命的开始，通过教材中马克思主义在中国的传播的内容，了解中国共产党成立的历史背景，从唯物史观视角梳理中国共产党成立的经过。在当时国内背景下认识到第一次国共合作及国民革命的必要性。通过本课的学习，了解五四运动、中国共产党的成立以及国民革命的相关历史。同时联想到百年前国家与民族的不幸，及中国共产党成立带给国家民族的希望，培养家国情怀。

四、教学重难点

重点：五四运动的意义、马克思主义的传播的历史意义及国共合作的历史作用。

难点：中国共产党成立的历史意义。

五、教学资源与方法

讲授法、问题探究法，多媒体辅助教学。

六、教学过程

环节1：导入

以本课课题开始，带领学生观看影音材料《我的1919》中顾维钧先生参加巴黎和会时讲话的片段。进而提出问题：我国外交使团在巴黎和会上遭受的待遇是怎样的？观看后的感受是什么？我国为什么会遭受这样的结果？

教师讲述：同学们大家好！今天我们要学习的是第七单元第21课《五四运动与中国共产党的诞生》。首先请同学们观看一段视频，视频中是1919年巴黎和会上顾维钧先生讲话的片段。顾先生的讲话慷慨激昂，却没有改变最后的结局。那么，请同学们说出自己的感受，并思考为何当时的中国会遭受这样的结果。

设计意图　结合视频，让学生通过影视录像了解当时的历史，感受相关历史背景。通过分析材料，结合所学知识，了解五四运动爆发的相关背景。

环节2：讲授新课

一、五四风雷响神州

问题设计：阅读下面一段史料，并思考五四运动的相关过程，同学们认真思考，老师随机展开提问。

> 全省议会、教育会、商会、农会、工会暨全国公民均鉴北京政府反民好恶，任用内奸，视爱国行动为煽惑……共和国家主权在民，安能任其压制而不思抵抗？
>
> ——《申报》，1919年5月31日

教师讲解：刚才几位同学都给出了自己的见解，接下来老师带大家一起了解五四运动的经过、结果及最后的意义。

	时　间	中　心	主　力	斗争形式
第一阶段	1919年5月4日起	北京	学生	学生罢课、游行示威
第二阶段	1919年6月5日起	上海	工人、商人	工人罢工、商人罢市

结果：

① 北洋政府释放了被捕学生。

② 参加巴黎和会的中国代表拒绝在和约上签字。

意义：

① 五四运动是一场人民群众直接参与的彻底的反帝反封建的爱国运动。

② 五四运动极大促进了马克思主义在中国的传播，为中国共产党的成立奠定基础。

③五四运动中工人阶级登上政治舞台，是中国新民主主义革命的开端。

问题设计与教师讲解：前面我们说到五四运动是新民主主义革命的开端，为何叫新民主主义革命？与旧民主主义革命相比，它新在哪呢？请同学们结合所学知识进行思考。

区　别	旧民主主义革命	新民主主义革命
领导力量		
指导思想		
革命前途		
革命发展和群众发动的深度、广度		
结果		
与世界革命的关系		

问题设计：前面我们讲到五四运动的意义时，有一点是它促进了马克思主义在中国的传播。那么马克思主义是怎样在中国传播的？它有哪些代表人物？

教师讲解：马克思主义在中国的传播

时间：俄国十月革命后

代表人物：李大钊与陈独秀

传播的表现：

① 李大钊于1919年发表了《我的马克思主义观》，系统地介绍了马克思主义学说。

② 1920年3月，马克思学说研究会成立。

③ 1920年5月，陈独秀在上海组织了马克思主义研究会。

④ 1920年陈望道翻译的《共产党宣言》出版，这是这部马克思主义经典著作在中国出版的第一个中文全译本。

> **设计意图** 通过对上小节内容的思考，引出本节内容。系统地梳理了马克思主义在中国的传播经过，帮助学生掌握相关知识点。

二、中国共产党诞生开新篇

中国共产党的成立，是中国近代社会经济、政治发展和思想演变的必然结果，是马克思列宁主义同中国工人运动相结合的产物。中国工人阶级的成长，是中国共产党诞生的阶级基础。马克思列宁主义在中国的传播，是中国共产党诞生的思想基础。在五四运动的推动下，共产主义知识分子投身到工人群众中去做宣传组织工作，以他们为桥梁，使马克思列宁主义与中国工人运动逐步结合起来，从而产生了中国共产党，而共产国际的帮助，促进加快了这一进程。

——王桧林：《中国现代史（1919—1949）》，北京：高等教育出版社，2010年

问题设计：请同学们仔细阅读这段材料，思考从这段材料中可以得出，中国共产党成立的条件有哪些？

教师讲解：中国共产党成立的条件与中国共产党第一次全国代表大会的内容

阶级基础：工人阶级的不断壮大，工人运动的持续发展。

思想基础：马克思主义在中国的传播

组织基础：各地共产主义小组等共产党早期组织的成立

国际支持：共产国际派代表来到中国，先后与李大钊、陈独秀等商议建党事宜。

教师讲述：如此多的条件为中国共产党的成立奠定了充分的基础，那接下来我们一起来看看中国共产党诞生的标志——中国共产党第一次全国代表大会的召开。

时间：1921年7月23日

地点：上海，大会最后一天转移到了浙江嘉兴南湖的游船上举行。

出席代表：毛泽东、董必武等13人

共产国际代表：马林、尼克尔斯基

主要内容：

① 会议确定了党的名称：中国共产党。

② 明确党的奋斗目标：推翻资产阶级，建立无产阶级专政，实现社会主义和共产主义。

③ 会议选举了党的领导机构，陈独秀任书记。

问题设计：一大召开后，中国共产党正式成立，中国共产党的诞生有怎样的意义呢？请同学们结合教材进行思考。

教师讲解：中国共产党诞生的意义

① 中国共产党的成立，给灾难深重的中国人民带来了希望，给中国革命指明了方向。

② 中国共产党的成立，使中国革命有了坚强的领导力量和正确的前进方向，中国人民有了强大的凝聚力量，中国命运有了光明的发展前景，从此中国革命面貌焕然一新。

> **设计意图**　学生结合过去所学进行思考，增强课堂的互动性，更好地总结中国共产党诞生的意义。

问题设计：自从有了中国共产党，中国革命面貌焕然一新了。那么究竟

"新"在哪里？请同学们结合所学知识进行讨论。

教师讲解：中国共产党诞生的"焕然一新"

新的领导核心：中国共产党

新的指导思想：马克思主义

新的奋斗目标：实现共产主义社会

> **设计意图** 总结中国共产党诞生之"新"的意义，便于学生更好地理解中国共产党成立的意义。

教师讲述：中国共产党第一次全国代表大会胜利召开后，1922年7月召开了中国共产党第二次全国代表大会。请同学们一起来看看中国共产党第二次全国代表大会的相关内容。

时间：1922年7月16日至23日

地点：上海

内容：大会通过的宣言实际上制定了中国共产党的最低纲领和最高纲领。

问题设计：与中国共产党第一次全国代表大会的内容不同，中国共产党第二次全国代表大会制定了党的最低纲领，结合所学知识，思考这样制定的相关依据。

教师讲解：与中国共产党第一次全国代表大会相比较，中国共产党第二次全国代表大会正确地分析了中国的国情与社会性质，指出了中国革命要分两步走，在中国近代史上第一次明确地提出了彻底的反帝反封建的民主革命纲领，为中国各民族人民的革命斗争指明了方向，对中国革命具有重大的深远意义。

> **设计意图** 在讲解相关内容时，对比中国共产党第一次全国代表大会、中国共产党第二次全国代表大会在内容上的差异，以便于学生思考与对重点的掌握。

三、国共合作齐北伐

教师讲解：国共合作的背景与过程

中国共产党成立后，积极投身工人运动，在大力开展工人运动的同时，中国共产党认识到建立革命统一战线的必要性，于是拉开了国共合作的序幕。

① 必要性：中国共产党认识到建立革命统一战线的必要性。

② 外力推动：共产国际的帮助。

③ 主要原因：国共两党一致的反帝反军阀的目标。

问题设计：同学们，与旧三民主义相比，新三民主义究竟新在何处？请结合所学知识思考。

教师讲解：刚刚同学们都给出了自己的见解，大家的积极性值得鼓励。接下来请大家看下面这个表格，表格很好地展现出二者的联系与区别。

	三民主义	新三民主义
内容	1. 民族主义（民族革命），即"驱除鞑虏，恢复中华"。 2. 民权主义（政治革命），即"创立民国"（核心）。 3. 民生主义（社会革命），即"平均地权"。	1. 民族主义：中国民族自求解放。反对帝国主义侵略，中国境内各民族一律平等。 2. 民权主义：凡反帝之个人和团体均享有民权。 3. 民生主义：平均地权，节制资本，"耕者有其田"。
实践	是辛亥革命的指导思想，《中华民国临时约法》的理论基础。	成为国共合作的政治基础，推动了国民革命的发展。
评价	进步性：三民主义是比较完整的资产阶级民主革命纲领。推动了资产阶级民主革命运动的发展。 局限性：没有明确提出反对帝国主义的要求，也没有彻底的土地革命纲领。	进步性：和中国共产党的民主革命纲领的若干基本原则是一致的，是国共合作的基础，实际上确立了"联俄、联共、扶助农工"的三大政策（解决了革命的依靠力量问题），推动了大革命的高涨。 局限性：没有超出资产阶级民主主义革命范畴。
联系	都是资产阶级民主革命纲领，前者是后者的基础，后者是前者的扬弃和发展。	

设计意图　通过展示表格，对比分析新旧三民主义的区别，让学生较为直观地感受到新旧三民主义的差别，并更好地了解新三民主义。

教师讲解：国民革命经过

以国共合作为基础的革命统一战线的建立后，以"打倒列强，除军阀"为最终目标的国民革命席卷全国，请同学们跟随老师，通过《北伐战争形势示意图》来一起探寻这段历史。

问题设计：随着革命高潮的到来，争夺领导权的斗争加剧，国民革命在蒋介石发动的四一二政变和汪精卫发动的七一五"分共"下，以失败告终。同学们，你认为国民革命失败的原因有哪些呢？

教师讲解：国民革命失败的原因和教训

客观方面：帝国主义的破坏及国民党右派背叛革命。

主观方面：中国共产党处于幼年阶段，缺乏理论和实践经验，陈独秀等人犯了右倾错误。

教训：中国共产党要领导中国人民取得革命胜利，就必须坚持无产阶级对革命的领导权，必须坚持武装斗争。

> **设计意图** 通过地图和相关文字的方式，认识国民革命的经过。以展示地图的方式让学生更直观地了解到这段历史，并增加学生的时空观念。讲解国民革命失败的相关内容，让学生更好地了解到国民革命失败的相关历史，掌握国民革命失败的原因及相关知识。

环节3：课堂小结

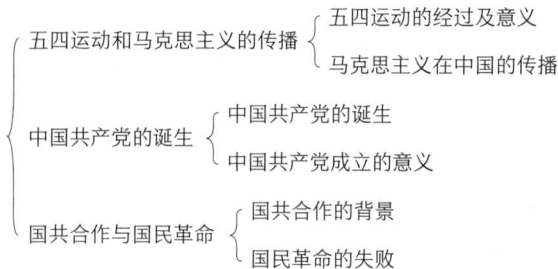

五四运动和马克思主义的传播 ┤ 五四运动的经过及意义 / 马克思主义在中国的传播

中国共产党的诞生 ┤ 中国共产党的诞生 / 中国共产党成立的意义

国共合作与国民革命 ┤ 国共合作的背景 / 国民革命的失败

七、作业设计

中国共产党成立后，中国革命面貌焕然一新。请同学们结合所学知识思考，有哪些历史事件可以表现中国革命面貌的焕然一新，结合相关历史事件分析。

八、板书设计

五四风雷响神州 ——→ 新民主主义革命

中共诞生开新篇 ——→ 新的领导力量 ——→ 新

国共合作齐北伐 ——→ 新三民主义

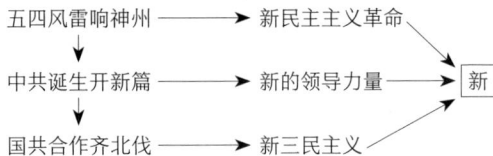

> **设计意图**　帮助学生搭一个思维框架，便于学生对课堂内容的理解，突出对"新"的理解，升华主题。

九、教学反思

非常感谢老师的指导，我在准备比赛的过程中，对于教案与课件的制作，前期有很大的不足。在老师的指导后得到相应的改进。对于授课技巧，特别是在无生课的情况下，学会如何模拟与学生互动就表现得极为重要。在多次观看自己上课视频后逐步调整，授课能力也随着调整而提高。在授课时还表现得不太自然，所以我要做以下几方面的改进：一是需要熟练地记住教材上的基础知识及更深层次的知识；二是平时多注重练习，降低自己的恐惧感与适应能力；三是多注重与学生互动，在互动中发现问题，根据学生的实际情况找到一个最适合学生的教学方法。

专家点评： 从文本解读而言，设计者关注了本课内容在本单元的地位和价值，也注意到了本课在中国近代以来的探索与抗争历程的转折意义。从流程安排而言，设计者严格遵循教材的谋篇布局序列和历史的沿革逻辑，将五四运动到国民革命期间的历史事件加以平顺梳理、丝丝入扣。从目标要求而言，设计者充分关注了课程标准对本课相关内容不同水平层次的要求。从教学方法而言，设计者运用多种资源（文献、地图、实物等）设计了一些合作探究活动。应该说，这是常态教学状态下的一节比较规范的教学设计。建议设计者进一步关注两点：一是要洞察新教材文本表达的新变化，如五四运动的性质与意义；二是要将"历史的温情"转化为"教学的温润"。（点评人：李惠军，上海市历史特级教师）

案例6
开启"国宝档案"中的崭新时代
——《五四运动与中国共产党的诞生》教学设计

淮阴师范学院　　曹舒心

一、教学设计思路

运用多种教学手段引导学生认识五四运动和中国共产党诞生的历史意义，了解国共合作、国民革命运动等相关史实。

二、教学情况分析

1. 学情分析

学生在初中历史课堂上已学过该内容，因此本课着重探究五四运动的历史意义和家国情怀产生的历史背景，意在让学生理解五四运动和中国共产党的诞生是历史发展趋势下的必然。

2. 课标分析

认识五四爱国运动的历史意义，认识马克思主义在中国的传播与中国共产党成立对中国革命的深远影响，认识国共合作领导国民革命的历史作用。

3. 教材分析

本课是必修《中外历史纲要（上）》第七单元中的第一课，本课内容上承《辛亥革命与中华民国的建立》，下启新民主主义革命，在中国近代史上占有重要地位。

三、教学目标

从唯物史观视角认知中国共产党的诞生与国民革命中的国共两党关系；在

时空背景下解读五四运动、中国共产党成立等20世纪中国近代史上的重大历史事件；运用史料实证探究五四运动的意义；明确历史解释，认识到国共合作推动了国民革命的发展；在课程实施过程中渗透家国情怀，感悟五四精神。

四、教学重难点

重点：中国共产党成立的深远影响。

难点：五四运动的历史意义、中国共产党诞生的历史意义。

五、教学资源与方法

运用多媒体现代信息技术手段对教学空间进行开发，引导学生积极思考、主动探究，灵活运用任务引导教学法、小组合作讨论法等多种教学方法。

六、教学过程

环节1：导入

观看视频《青春的逆行》片段。

教师讲解：在刚才的视频中，我们可以看到在如今抗击新冠肺炎疫情的斗争中，以"90后"为代表的青年成了抗疫的主力军之一，视频里出现的他们具有怎样的精神？

学生以小组的形式自主交流，并说出自己的想法。

教师讲解：他们在国家危难之际，挺身而出，担当奉献，可谓之五四精神的体现！而在一百年前的中国，也有着这样一群热血沸腾的青年，他们又做了什么，让我们一起走进今天的学习之旅，了解五四精神的起源，探索一百年前那个动荡的年代。

设计意图　与时事结合，贴合生活实际，导入本课学习内容。

环节2：讲授新课

一、五四运动和马克思主义的传播

（一）五四运动爆发原因

教师展示材料（略），提出问题：阅读材料，总结五四运动爆发原因。

学生解读材料，提取有效信息：材料1中巴黎和会上中国外交的失败，中国人民反帝情绪高涨（导火索）；材料2中俄国十月革命开辟了世界无产阶级社会主义革命的新时代，指明了革命方向；材料3中中国无产阶级力量的成长壮大（阶级基础）；材料4中新文化运动为五四运动准备了群众基础和骨干力量。

> **设计意图** 培养学生的概括归纳能力，总结利用史料的相关有效信息，进而形成自己的历史解释。在内容上，认识到五四运动爆发的原因以及导火索。

（二）五四运动爆发的过程及结果

教师出示材料和图片，并结合教材介绍五四运动的过程及结果。

1. 出示学生罢课游行以及被捕入狱的图片。

2. 展示工人罢工、商人罢市的图片。

3. 展示释放学生、罢免三贼的图片。

> **设计意图** 通过文字和图片的展示，使学生更直观地感知到五四运动中青年的先锋作用，引导学生认识到工人阶级的巨大力量，感受五四运动中各阶层的爱国热情。

（三）五四运动的意义

教师出示有关五四运动历史意义的材料，引导同学以分组的形式选择不同的材料，并结合教材所学知识，理解材料中蕴含的五四运动的意义。

教师播放习近平总书记在纪念五四运动100周年大会上的讲话，并向学生提出问题：结合自身所处的生活环境，今天的五四精神是怎样的？

学生自主探究交流，发表自己的看法。

> **设计意图** 使学生通过小组交流探究的模式，认识到不同时期，五四运动的意义在不断地发展；同时把五四精神与自身生活相联系，培养学生的历史责任感，践行五四精神，树立家国情怀。

二、中国共产党的诞生

教师导入：如果不是这批箱子里的档案开启，也许中国共产党诞生的无数细节仍将尘封于历史之中，让我们一起走进国宝档案，一起探索中国共产党诞生的那个伟大时代。

> **设计意图** 通过讲述故事，设置悬念，激发学生的学习兴趣，导入内容。

（一）中国共产党诞生的条件

教师开启档案，引导学生根据档案中所蕴藏的信息回答问题：陈独秀是《新青年》的主编，也是新文化运动的发起者。

教师讲解：陈独秀也是共产主义运动的先行者。五四运动之后，有识之士认识到用马克思主义结合工人运动改造中国，就要建立一个无产阶级政党，这是历史发展的必然。

教师继续开启下一份档案，提出问题：通过这些材料可以找寻到哪些有利于中国共产党诞生的条件？

学生自主思考，回答问题：从档案中可看出无产阶级是革命的主力军，中国工人运动与马克思主义相结合发展。从档案中可看出共产国际的大力援助。

教师展示共产主义早期组织分布图，介绍共产主义组织建立与早期发展情况。

教师根据所列档案内容总结中国共产党诞生的有利历史条件，并与学生合作探究这些条件为中国共产党的诞生提供了什么基础。

教师解读：中国共产党正是因为有了这些基础才得以产生发展，中国共产党的诞生是时代的必然要求。

> **设计意图** 通过文字材料和图片的引导，激发学生的探索欲，在内容上更清晰地展示了中国共产党诞生的有利历史条件；通过对共产党早期组织分布图的解读，培养学生的时空意识。

（二）中国共产党的诞生

教师讲解：正是在这样有利的历史背景下，中国共产党第一次全国代表大会召开，中国共产党由此正式成立。

教师开启档案，并提问：通过这些档案可以找寻到哪些与中国共产党第一次全国代表大会有关的有效信息？

学生自主思考，回答问题：可以找寻到会议召开时间是1921年7月23日，地点是上海，后转至浙江嘉兴南湖，党的中央机构为中央局，总书记为陈独秀。

教师讲解：如果没有档案的启封，我们也无法得知中国共产党的第一个纲领，以及中国共产党第一个决议的内容。

教师开启档案文件，引导学生根据档案与课本相关知识找寻有效信息。

学生回答：从中可以了解到中国共产党第一次全国代表大会上确立了党的名称为中国共产党；奋斗目标是推翻资产阶级，建立无产阶级专政，实现社会主义和共产主义。中心工作为组织工人阶级，领导工人运动。

教师采用表格形式简短归纳总结中国共产党第一次全国代表大会的相关知识内容。

设计意图 阅读与理解档案史料的记载，使学生建立起唯物史观的概念，有助于把比较抽象的知识点内容具体化；然后用表格的形式来清晰地展现中国共产党第一次全国代表大会相关知识点，促使学生对于该部分内容的掌握更具有条理性。

（三）中国共产党诞生的意义

教师展示材料，提问：开辟的新天地"新"在什么地方呢？

学生通过教师引导，对材料与教材相关的中国共产党诞生的历史意义部分做出探讨：中国共产党的诞生是开天辟地的大事变，使中国革命面貌焕然一新。之后在教师的引导下探究该问题，分点列出"新"的地方，完成解答。

设计意图 该内容让教师引导学生来完成思考问题的探究解答，旨在让学生理解中国共产党诞生的历史意义。

三、国共合作与国民革命

（一）国共合作的变化历程

教师讲解：中国共产党成立后，积极开展工人运动。展示工人运动相关图片材料，并提出问题：第一次工人运动高潮的失败给中国共产党带来的教训是什么？

学生结合教材史料，回答问题：第一次工人运动高潮的失败，使得中国共产党越来越清楚地认识到：必须团结广大农民以及民族资产阶级建立革命统一战线，才能取得革命的胜利。

教师讲解：这时孙中山也认为有必要对国民党进行改造，因此第一次国共合作就此现出雏形。现请同学们阅读教材，找出：为实现国共合作，中国共产党做了哪些准备？国共第一次合作实现的标志是什么？

学生阅读教材，回答问题：中国共产党第三次全国代表大会通过了关于国共合作问题的决议，决定采取共产党人以个人身份加入国民党的方式实现国共合作。

教师讲解：这样的合作方式促使国民党获得新生，共产党因此也可以迈上更为宽阔的政治大道，得到发展锻炼。那么标志又是什么呢？

学生回答：中国国民党第一次全国代表大会，重新解释了三民主义，确定了联俄、联共、扶助农工三大政策，标志着国共第一次合作正式形成。

> **设计意图** 通过材料阅读与教材知识结合，训练学生自主阅读历史资料、提取有效信息的能力。

（二）革命统一战线的建立

教师讲解：在国共两党的推动下，国民革命在全国开展起来。这组图片（略）反映的是国共两党合作的北伐战争。它所取得的重要成果有哪些，又具有怎样的意义呢？

学生结合教材，回答问题。

教师讲解：为了配合北伐战争，在中国共产党领导下，工农运动不断高涨。展示材料并提问：从中我们可以得出什么样的教训？请同学们分组自由讨论，谈谈自己的看法。

设计意图 通过提问讨论的方式，增强学生自主探究知识、归纳总结的能力。在内容上，让学生更清晰地了解国民革命运动相关史实。

环节3：课堂小结

设计意图 用流程图直观展示重点知识，明确本节课的教学目标与教学内容，并升华教学主题，渗透家国情怀，感悟五四精神、红船精神。

七、作业设计

搜集有关五四运动与中国共产党诞生的有关史料，上课前请同学来进行分享。

八、板书设计

开启"崭新时代"

五四运动
新思想的觉醒　⟹　中共诞生
新天地的开辟　⟹　国共合作
新主义的诠释

设计意图 以事件发展为序，帮助学生总结、概括本课重点内容，有利于学生对于知识体系的理解，和整个教学框架的铺展延伸。

九、教学反思

在比赛过程中，我首先对学情、课标、教材进行细致分析后展开教学设计。教学设计是课程实施的基础，而本课内容理论性强，比较抽象，因此我围绕这些难点，在教学设计中引导学生从历史的角度思考问题，尝试用多种教学法调动学生的热情，让学生更好地理解。之后，我开始进行微课演练，在这个阶段我要十分感谢我的指导教师，一次次地对我讲解中的语言手势、教姿教态提出宝贵的改正意见，并帮助我在教学过程中发掘新颖点，使我明白了如何引导会更有利于教学的展开与推进，进而得以在众多优秀的参赛者中拥有自己的独到之处。赛后我对自己在这次比赛中的表现进行了深刻的教学反思：整体的教学设计在时间安排上稍显急促，没有考虑到具体实施状况；在微课教学录制中，本来熟练的讲课却在镜头下略显生疏。因此在今后的历史教学中，需注意备课要更加细致，注重教学时间的合理安排，努力做到把握课堂游刃有余，体现教师的主导作用与学生的主体地位。所谓"征途漫漫，惟有奋斗"，在成为一名优秀历史教师的过程中我还应继续努力前进。

专家点评：从上承辛亥革命，下启国民革命的视角回看本课中五四运动和中国共产党的诞生，及其在中国革命从旧民主主义革命向新民主主义革命发展中的转折意义，我们不仅找到了大历史的契合点，还找到了大单元的结合点。从现实生活中的《青春的逆行》片段及其内在精神，回溯百年前的五四运动，将历史与现实加以链接，从中体悟永恒的五四精神，都体现了设计者对历史的理解和对教学的体悟。在教学环节推进和教学内容的呈现与解读方面，设计者关注了对学生"历史思维"的涵养，如材料研读、问题导向；也充分意识到了学习方式的转变，如问题驱动下的学生阅读、师生互动和合作探究。如果能够在历史知识、历史思维的基础上，充分发掘那些感人的故事和细腻的情节，将历史的"事情"转化为教育的"情事"，则"党史"教育的感化意义和导向价值定将沁人心肺。（点评人：李惠军，上海市历史特级教师）

案例7
敢问路在何方
——《南京国民政府的统治和中国共产党开辟革命新道路》
  教学设计

浙江师范大学　陈宁

一、教学设计思路

中国共产党从国民革命的失败中总结出掌握武装力量的重要性，从几次城市起义失败中探索出农村包围城市的道路，从国民党"围剿"中放弃原定计划开始长征……以毛泽东为代表的共产党人在国民革命受挫的情况下，借鉴苏俄经验加上自身反思，通过从城市到农村的革命探索开辟了革命新道路，通过长征打开了革命新局面。因此革命与人生一样，从来就没有一帆风顺。只有积极与正在经历的环境发生深刻的联结与互动，具体问题具体分析，才能不断进步勇往直前。就像恩格斯所说，最好的道路就是从本身的错误中，从痛苦的经验中学习。

二、教学情况分析

1. 学情分析

本课的授课对象为高一学生。通过初中阶段的学习，他们了解相关知识，教师在本课的任务是带领学生深入探究中国共产党转变革命道路的原因与结果，并在此基础上告诉学生革命与人生一样从来就没有一帆风顺，我们需要不断尝试不断总结，最后才能获取新的成就。

2. 课标分析

课标要求"了解南京国民政府的成立；认识中国共产党开辟革命新道

路的意义；认识红军长征的意义"。通过课标我们可以得出课堂任务主要为带领学生认识中国共产党开辟革命新道路与打开革命新局面的历史。而南京国民政府的成立以及其他次要知识，可以作为中国共产党开辟革命新道路的背景。

3. 教材分析

本课是《中外历史纲要（上）》第七单元第22课。无论在时间还是空间上，其相对于古代史课程来说范围要小。但是本课难在理解何为"工农武装割据""井冈山精神"以及"长征精神"。故而教师在上课过程中要根据当时的一些会议记录与文献留存，深化课本知识。尽量用最少的材料换取学生最深层的理解、最轻松的记忆。

三、教学目标

以共产党探索革命新道路为主线，国民党建立南京政府以及镇压革命为副线，勾勒出这一时期中国共产党发展以及国共两党之间的时空对峙；通过分析历史细节和历史结果的转变，理解并解释党在探索革命道路过程中的转变以及为何会发生这种转变；了解战略大转移的艰难与其中人物的故事，探究长征精神，认识长征的困难与伟大。体会中国共产党人能够为了信仰不怕牺牲、具体问题具体分析、克服困难的精神。

四、教学重难点

重点：了解开辟农村包围城市、武装夺取政权道路的原因、过程与结果。认识长征的意义所在。

难点：感悟中国共产党开辟革命新道路历程中体现出来的不屈不挠、具体问题具体分析的精神。

五、教学资源与方法

本课为一课时，课型为新授课。相应的教法有直观演示法、情景教学法、媒体演示法。相应的学法为材料分析法、合作学习法、探究学习法。

六、教学过程

根据以上教学目标的制定。重点难点的确定与学法的选择，本课的教法流程如下：

环节1：导入

让学生回忆《西游记》中的歌曲《敢问路在何方》，引导他们了解人生的历程只有经历了"一番番春秋冬夏"的非凡经历、"一场场酸甜苦辣"的艰难奋斗，才能最终踏平坎坷成大道。顺势过渡，引出中国共产党在国民革命失败之后不断调整方式、遇到问题解决问题、朝着既定目标奋勇前进时的精神风貌和行动，进而进入本课正题。

环节2：讲授新课

一、黄鹤知何去（1927年春）

【材料分析】

菩萨蛮·黄鹤楼（1927年春）

茫茫九派流中国，沉沉一线穿南北。烟雨莽苍苍，龟蛇锁大江。

黄鹤知何去？剩有游人处。把酒酹滔滔，心潮逐浪高！

1957年毛泽东曾为"心潮"作注："一九二七年，大革命失败的前夕，心情苍凉，一时不知如何是好，这是那年的春季。夏季，八月七号，党的紧急会议，决定武装反击，从此找到了出路。"

——《毛主席诗词三十七首》，北京：文物出版社，1966年

【问题设置】

在1928年的春天，毛泽东创作了这首词。其成为毛泽东诗词中情绪最压抑的一首词作。究竟是怎么样的环境，使得青年毛泽东感到心情苍凉和迷惘？其后中国共产党找到了什么样的道路挽救革命？

【问题讲解】

用"茫茫、沉沉"等引出武汉风暴眼，"锁"字引出政治形势的严峻以及以武汉地区为中心的大革命的失败，以至于诗人会提出一问——"黄鹤知何去？"接着用"把酒酹滔滔，心潮逐浪高"引出诗人深信尽管革命事业会遇到阻力，但终究会如滔滔长江滚滚向前。国民革命失败以后中国共产党认识到掌握武装力量的重要性，决定用武装起义来反抗国民党反动派的屠杀政策。如此便有了其后的南昌起义与秋收起义。

【表格归纳】

南昌起义、秋收起义过程表				
起义与时间	军队与人数	前　期	后　期	意　义
南昌起义，1927年8月1日	起义军（国民革命军）20 000多人	全歼守敌，占领南昌城。后遇汪精卫进攻，3日起分批撤出南昌	几经转战后，起义军剩800余人。1928年4月28日井冈山会师，成立中国工农红军第四军	其打响了武装反抗国民党反动派的第一枪
秋收起义，1927年9月9日	起义军（工农革命军）4 000余人	由于敌强我弱，在进攻长沙途中受挫	29日到达三湾村时不足1 000人。决定改向敌人统治力量薄弱的山区进军	在井冈山开展游击战争，进行土地革命，建立红色政权，创立了第一个农村革命根据地

整理自教育部：《中外历史纲要（上）》，北京：人民教育出版社，2019年

【环节过渡】

讲述南昌起义、秋收起义虽然失败了，但都是探寻革命之路的必经征途。其后以毛泽东为代表的中国共产党开始反思现有道路的正确性。接下去，中国共产党的路又在何方呢？

设计意图 从诗词分析当时国民革命失败的现实以及共产党人不怕失败勇往直前的精神，引出其后的南昌起义、秋收起义。这样一条线索既有情境又有问题，双向结合，能够帮助学生进入历史情境，在史料阅读中结合课本捕捉历史信息，完整分析历史事实发生的原因、经过和结果。

二、红旗终不倒（1928年11月）

【教师讲解】

仍以前面南昌起义、秋收起义的表格入手，分析秋收起义受挫之后毛泽东决定改向敌人统治力量薄弱的山区进军，开始开辟属于中国自己的革命道路。

【材料分析】

边界红旗子始终不倒，不但表示了共产党的力量，而且表示了统治阶级的破产，在全国政治上有重大的意义。

——毛泽东：《井冈山的斗争》，载《毛泽东选集》第一卷

注：《井冈山的斗争》是毛泽东在1928年11月写给中国共产党中央的报告。这时候的井冈山革命根据地已经建立一年了。

【问题设置】

边界的红旗子是如何建立又是如何做到始终不倒的？井冈山革命根据地建设期间，"统治阶级"发生了何事？为什么说这代表了统治阶级的破产？

【问题讲解】

教师讲解共产党开辟属于自己的革命道路是边界红旗建立之始。其后联合工农进行土地革命，点燃了星星之火并发展出燎原之势。这样的成果是在蒋介石认为中国共产党已经不足为患的基础上做出的。到1928年底，南京国民政府虽形式上统一全国，对边界成长力量有一定的限制，但是终究没能严重破坏根据地。因此共产党力量的增强，从另一侧面也反映出统治阶级的逐渐破产。

设计意图 用《井冈山的斗争》中的一段话，让学生了解在数次起义失败以后中国共产党探索的革命新道路是怎样的。通过边界的红旗子，展

开井冈山革命根据地的内容，以全局视角整体看待共产党与国民党的力量角逐，把南京国民政府这一板块融入课堂。这一环节让学生接触到部分原典，从而更好深入理解当时的革命，培养学生论从史出、史论结合的历史思维。

三、今日向何方（1930年1月）

【问题设置】

结合农村革命根据地分布示意图与"如梦令"诗词意象，请同学们谈谈：看到了共产党怎样的革命策略？革命党人从古田到江西，是怎样开辟革命新道路并不断发展的？此处红旗意象的再次出现说明了什么？

【材料分析】

如梦令·元旦（1930年）

宁化、清流、归化，路隘林深苔滑。

今日向何方，直指武夷山下。山下山下，风展红旗如画。

注：1930年春毛泽东率领红四军一部从古田出发，越过武夷山到达江西。当时正值农历正月初一，毛泽东回想一个月从闽西到赣南的经历，写下了这首诗。

——《毛主席诗词三十七首》，北京：文物出版社，1966年

【课件展示】

《1929—1932年农村革命根据地分布示意图》。见教育部：《中外历史纲要（上）》，北京：人民教育出版社，2019年

【问题讲解】

中国共产党的农村革命根据地都避开城市，建立在几省交界处，说明党坚持农村包围城市、武装夺取政权的道路。教师展开讲述中国共产党通过建立根据地、实行土改等方式不断开辟拓宽革命新道路。联系红旗意象承前启后，体现出红旗是革命的火种、心中的希望。此外，教师在此部分仍可以南昌起义、秋收起义的表格展开，引导学生注意从国民革命军到工农革命军再到工农红军的军队名称变化，帮助学生进一步体会红旗的意义。

设计意图 通过解读地名、分析旅途，让学生感受历史。借助农村革命

> 根据地分布示意图与之前整理的城市起义过程表，帮助学生理解农村包围城市道路的意义。此外，通过与前面环节"红旗"意象的呼应，增加课堂有机性，促使学生体会红旗的意义。

四、迈步从头越（1935年2月）

【自主阅读】

让学生结合课件自主阅读课本，知晓蒋介石因为忙于中原大战而无暇顾及共产党。而共产党革命力量的进一步发展引起国民党的大规模"围剿"。分析第五次反"围剿"失利的原因，以及中国共产党所做出的应对策略。

【课件展示】

红军五次反"围剿"情况			
次 序	国民党军队	中央红军	结 果
第一次	10万	4万多	胜利
第二次	20万	3万多	
第三次	30万	3万多	
第四次	50万	7万多	
第五次	100万	8万多	失败

整理自金一南：《苦难辉煌》，北京：华艺出版社，2008年

【问题设置1】

长征之路上究竟发生了什么使得红军得以打开革命新局面？

【问题讲解1】

结合长征地图并通过毛主席的《忆秦娥·娄山关》[1]带领学生重走长征路，讲解飞夺泸定桥、爬雪山、过草地等，体会当时的困苦与艰辛。明晰以毛泽东为代表的共产党人不是看不见革命的困难，而是看得见也不怕这些困难，点出第四环节"迈步从头越"。

【问题设置2】

根据刚才所学，结合以下材料以及课本探究与拓展板块，探讨你对长征

1　见《毛主席诗词三十七首》，北京：文物出版社，1966年。

精神的理解。

【材料分析】

在漫漫征途中，红军将士同敌人进行了600余次战役战斗，跨越近百条江河，攀越40余座高山险峰，其中海拔4 000米以上的雪山就有20余座，穿越了被称为"死亡陷阱"的茫茫草地，用顽强意志征服了人类生存极限。红军将士上演了世界军事史上威武雄壮的战争活剧，创造了气吞山河的人间奇迹。

——习近平《在纪念红军长征胜利80周年大会上的讲话》，见教育部：《中外历史纲要（上）》，北京：人民教育出版社，2019年

【问题讲解2】

结合课本131页的问题探究，讲解"坚持独立自主、实事求是，一切从实际出发"等都是长征精神的体现。正是因为有了这样的精神，共产党才能在如此艰辛的长征中打开革命新局面。

【问题设置3】

结合表格的梳理，提问：共产党能开辟革命新道路、打开革命新局面的最根本力量在哪里？

【表格归纳】

敢问路在何方		
遇到的困难	解决的方法	最后的结果
国民革命失败	认识到掌握武装力量的重要性	发动南昌起义、秋收起义
起义因为进攻大城市而受挫	改向敌人统治力量薄弱的山区进军，创立了第一个农村革命根据地	点燃了"工农武装割据"的星星之火
第五次反"围剿"因脱离中国革命实际而失利	中央红军放弃原定计划，改向敌军力量较薄弱的贵州挺进	遵义会议改组中央领导机构，挽救了中国革命
遇国民党围追堵截	采取灵活多变战术，声东击西	使国民党军队疲于奔命

整理自教育部：《中外历史纲要（上）》，北京：人民教育出版社，2019年

【问题讲解3】

结合表格分析，共产党人取得这一成功的最根本力量来源在于他们敢于反思，敢于打破陈规，敢于从不断的失败中寻求前进的方向。而这一切都在告诉我们，革命和人生一样从没有一帆风顺。只有积极地与所处环境发生深刻的联结与互动，具体问题具体分析，才能开辟新道路、打开新局面。

> **设计意图** 本环节教师适时培养学生自主阅读、整理信息的能力，并且在问题链的串联过程中培养学生的问题意识与逻辑能力。最后帮助学生提炼出育人价值，即最好的道路就是从本身的错误中，从痛苦的经验中学习。我们如今在现实生活中也应该吸收这样的精神，不断进取不断开拓。

七、板书设计

22. 南京国民政府的统治和中国共产党开辟革命新道路

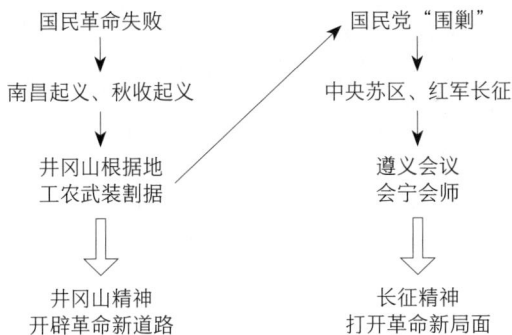

国民革命失败
↓
南昌起义、秋收起义
↓
井冈山根据地
工农武装割据
↓
井冈山精神
开辟革命新道路

国民党"围剿"
↓
中央苏区、红军长征
↓
遵义会议
会宁会师
↓
长征精神
打开革命新局面

> **设计意图** 帮助学生梳理清楚中国共产党开辟革命新道路的具体过程，以及我们究竟为何会得出开辟革命新道路、打开革命新局面的结论。在前因后果的理性脉络中，我们试图探寻历史的真实。

八、教学反思

本教学设计采用"以学定教，以教促学"的设计理念，根据学生已有知识与经验以及课文内容选定教学重难点——中国共产党如何开辟革命新道路、打开革命新局面。在讲授本课时，笔者教授内容更侧重于现象背后的概念、观念与规律，更多挖深细节与提炼本质。在《中外历史纲要》与新课标背景下力图用细节和内在的因素进一步促进学生的发展，打造"生"动课堂。在此基础上引导学生主动探索丰富生动的历史知识，并启发学生主动思考，形成教与学的有效互动机制以达到教学目标。就改进策略来说，笔者认为本次教学设计环节之间的连贯程度可能还是不太够，用诗词来贯穿全课需要更多的打磨与联系。这方面笔者今后会更加注意与改进。

专家点评：这是一个有格局、有情怀的教学设计！设计者先从"黄鹤知何去"的叩问，折射出大革命失败后的苍凉与迷茫，从而引出南昌起义、秋收起义；再从"红旗终不倒"和"今日向何方？"统领井冈山的斗争和革命道路的探索，及其"风展红旗如画"的革命形势；又从"迈步从头越"折射出在革命的困境中，中国工农红军被迫长征那段"雄关漫道真如铁"的史诗般经历，到"六盘山上高峰，红旗漫卷西风"的豪情。如此设计，既体现了课标要求，又整合了教材内容；既关注了历史的脉络，又蕴含了感人的场景。建议设计者在以共产党探索革命新道路为主线，国民党建立南京政府以及镇压革命为副线的同时，深入研究两者之间的历史逻辑关系，并进一步关注"南京国民政府的统治"一目文本的微言大义。（点评人：李惠军，上海市历史特级教师）

案例8
理想·道路·抉择
——《南京国民政府的统治和中国共产党开辟革命新道路》
教学设计

安庆师范大学 刘进

一、教学设计思路

吸取国民大革命失败的教训后，中国共产党认识到掌握武装力量的重要性，开始组建自己的武装力量。毛泽东从具体的革命实践中，探索出了一条符合中国国情的"工农武装割据"的新道路。而年轻的中国共产党犯了"左"倾错误导致革命受挫，第五次反"围剿"失败，红军被迫长征。随后，中国共产党召开了具有重大转折意义的遵义会议，挽救了党，挽救了红军，挽救了中国革命。教学过程中，从"抉择"立意，统摄全课，中国共产党、国民党都面临不同的抉择，而中国共产党站在人民的角度，做出了符合历史潮流的抉择。

二、教学情况分析

1. 学情分析

学生在初中阶段学过这一时期的史实，因此本课应该简化教师对史实的讲解。此外，学生的基础参差不齐，对历史事件背后的评价缺乏理性的认知。本课教学中的问题是史实较多，学生容易混淆史实，对内容的理解还不够透彻。因此，在教学过程中应注重历史思维力的培养，凸显历史的张力，升华历史情感，达到培育历史核心素养的目标。

2. 课标分析

了解南京国民政府的成立，正确认识南京国民政府的性质；认识中国共产党从中国具体国情出发，开辟革命新道路的意义；认识红军长征的意义，弘扬长征精神。

3. 教材分析

　　本课共三个子目，第一子目"南京国民政府的统治"，主要讲述了南京国民政府在形式上统一中国及其统治状况。它和后两个子目"工农武装割据开辟革命新道路""红军长征"既是并列关系，又是因果关系。

三、教学目标

　　全面分析南京国民政府的统治，正确认识南京国民政府的性质，从而理解中国共产党从中国具体实际出发，做出符合中国国情的历史抉择，开辟了革命的新道路；通过两党比较，凸显历史的张力，结合史料、地图、时间轴，增强时空观念和历史解释的能力；通过道路的抉择，认识到中国共产党维护人民的根本利益，培育家国情怀和唯物史观。

四、教学重难点

　　重点：开辟农村包围城市、武装夺取政权道路的过程，红军长征。

　　难点："工农武装割据"思想的意义，红军长征的意义。

五、教学资源与方法

　　教学资源：多媒体、黑板。

　　教学方法：自主探究法、讲授法。

六、教学过程

环节1：导入（问题导入）

　　师：首先，老师问大家一个问题，新民主主义革命由哪些人领导？

　　生：无产阶级（或工人阶级）。

　　师：指导思想呢？

　　生：马克思主义。

　　师：那革命的发展方向呢？

　　生：社会主义。

师：1923年，中国共产党第三次全国代表大会召开，通过了一个关于国共合作问题的决议；1924年，中国国民党第一次全国代表大会召开，第一次国共合作正式形成，掀起了轰轰烈烈的国民大革命。

设计意图 联系之前学过的内容，有助于学生复习与巩固，从一开始就为理解国共合作破裂及两党之后的历史抉择埋下伏笔。

环节2：讲授新课

一、南京国民政府的统治

师：1926年北伐；1927年4月12日发生震惊中外的反革命政变；1927年4月18日，蒋介石在南京另立国民政府；1927年9月，"宁汉合流"；1928年5月，济南惨案；1928年12月29日，张学良实行"东北易帜"，国民政府在形式上基本统一了全国。

设计意图 结合北伐战争示意图，分析北伐战争路线，培育学生历史时空观念。

学习任务：教材第131页，南京国民政府为何只是在形式上统一了中国？南京国民政府发动的"北伐"与国民革命时期的"北伐"有何不同？

生：国民革命时期的"北伐"以反帝反封建为宗旨，北伐的对象是实行反动统治的北洋军阀，组织基础是国共合作，是一场国内革命战争。南京国民政府的"北伐"，是一场争夺地盘和统治权力的战争，实现了全国形式上的统一。

设计意图 结合历史地图，对比分析两次北伐战争的差异，认识到南京国民政府的性质仍然是代表大地主、大资产阶级利益，其北伐的目的是争夺地盘和统治权力。

二、工农武装割据开辟革命新道路

学习任务：1927年，中国共产党为挽救革命而采取的重大行动有哪些？

试简要说明它们的概况和意义。南昌起义和秋收起义有何相同点？说明了什么？

生：1927年8月1日南昌起义，南昌起义用实际行动武装反抗国民党反动派的屠杀（打响了武装反抗国民党反动派的第一枪）；1927年8月7日，在汉口召开八七会议（概况）；1928年，朱毛会师。

生：南昌起义和秋收起义的异同点（比较）。

> **设计意图** 结合时间轴，引导学生结合教材，总结教材要点知识，培育学生阅读教材、概括内容的能力。

学习任务：根据材料，概括指出关于中国革命道路的不同观点，并分析其分歧的实质；从理论上是如何总结的？

生：一种主张走农村包围城市的道路，另一种主张反对走农村包围城市的道路。

生：分歧的实质：是从中国实际出发，还是照抄照搬俄国十月革命的经验。（理论总结……）

过渡：在工农武装割据思想的指导下，革命根据地面积不断扩大，革命形势得到发展。

> **设计意图** 结合教科书和上述材料，认识中国革命道路抉择的艰难过程，培育学生"论从史出""史论结合"的思维方式。

分任务1：请尝试解读，何为工农武装割据？

生：工农+武装+割据三部分。

师：三方面解读得比较准确。

> **设计意图** 结合教科书与地图，认识工农武装割据新道路的内容包括土地革命、武装斗争和根据地建设。

分任务2：材料中哪些信息分别反映"工农武装割据"思想的三方面内

容？三方面有何内在联系？工农武装割据道路的可行性何在？

生：根据地建设、武装斗争、土地革命；分析三者的联系。

生：工农武装割据道路的可行性（具体分析）。

> **设计意图** 解读"工农武装割据"的思想，认识到武装斗争、根据地建设、土地革命三者之间的关系，让学生深入理解历史概念，通过研读分析史料，使学生认识到中国革命新道路选择的必然性，中国革命依靠广大人民群众的力量，培育学生的唯物史观。

三、红军长征

分任务3：结合材料，前四次反"围剿"因何而胜？第五次反"围剿"因何而败？

生：前四次反"围剿"是因为工农支持；利用地理条件进行游击战，正确的战略战术（诱敌深入）；根据地发展壮大也提供了物质基础；红军规模扩大。第五次因"左"倾错误而败。

> **设计意图** 通过史料和时间轴，分析党内关于军事道路的分歧，进一步认识到中国共产党的另一次抉择，也认识到中国革命的艰难与曲折。

师：第五次反"围剿"失败以后，红军被迫长征；1935年1月，红军攻克贵州北部重镇遵义，在遵义召开了遵义会议，集中解决军事和组织问题。

分任务4：为什么说遵义会议事实上确立了以毛泽东为核心的党中央的正确领导？遵义会议是党的历史上生死攸关的转折点，有哪些史实可以证明？

> **设计意图** 长征内容是本课的重点，不过学生了解较多，所以结合教材和历史地图，认识到长征的不易，感悟红军的长征精神，培育学生的时空观念和家国情怀。

师：1927年反革命政变，同年南京国民政府建立；1931年九一八事变后，在民族的危亡时刻，蒋介石提出"攘外必先安内"的策略；1937年日本全面侵华；1945年抗日战争取得胜利，在人民渴望和平建国的时候，蒋介石邀请毛泽东前往重庆谈判，签订《双十协定》。

1927年国民党屠杀共产党人，共产党是选择妥协、屈服还是武装反抗？1927年攻打大城市失败，共产党是选择留在城市还是转战农村？1935年遵义会议召开，是选择独立自主解决自己问题还是迷信盲从于共产国际的教条？1945年抗战取得胜利，蒋介石邀请毛泽东去重庆谈判，去还是不去？去了可能会有危险，不去就会被蒋介石集团利用，被指责不愿走和平建国之路。面对诸多抉择，中国共产党似乎每一步都走得铿锵有力，方向正确。我们选择抗争，是一种武装反抗必胜的信念；我们选择走农村包围城市的道路，是一次结合国情的创新；我们选择独立自主地解决自己的路线、方针、政策问题，这是中国共产党从幼稚走向成熟的标志；抗战胜利，我们前往重庆谈判，这是对其他党派的高度信任；最终在1949年4月，蒋介石败退台湾，结束在大陆的统治，而1949年10月，中华人民共和国成立。共产党基于国情挽救了革命，人民也做出了必然的选择。所以，国家在抉择，党派在抉择，人民在抉择，我们每个人的人生都面临着不同的抉择。

设计意图　通过时间轴和教材，让学生体悟国民党和共产党面临的诸多历史抉择，每一次抉择背后似乎都蕴含着深层次的原因，也让学生领悟到中国共产党始终站在人民的立场，做出了正确的历史抉择，紧扣本课的"课魂"，也让学生感悟到中国共产党最终取得中国革命胜利的历史必然性，培育学生的唯物史观和家国情怀。

师：正如习近平总书记所说，"历史总是要前进的，历史从不等待一切犹豫者、观望者、懈怠者、软弱者。只有与历史同步伐、与时代共命运的人，才能赢得光明的未来"。

设计意图　本课的进一步升华，结合习近平新时代中国特色社会主义思想，个人、政党、国家都会有抉择，而我们的抉择要顺应历史大潮流，才会有未来的光明。

七、作业设计

材料1：湘赣边界的秋收暴动是在共产党的旗帜下进行武装斗争的伟大尝试，它在开始时也是以攻占大城市为目标的，在暴动遭到严重挫折时，毛泽东能够坚持从实际出发，实事求是，在实践中开始闯出一条与农民相结合，在农村建立革命根据地以保存和发展革命力量的道路。这条道路代表了1927年大革命失败后中国革命的发展方向。

——黄允升等：《红色档案：毛泽东与中央早期领导人》，北京：西苑出版社，2012年

材料2：1927年11月9日至10日，瞿秋白在上海召集了中央临时政治局扩大会议，会议做出《中国现状与共产党的任务决议案》，强调了"暴动"的重要性：城市工人暴动的发动非常之重要；轻视城市工人，仅仅当作一种响应农民的力量，是很错误的……城市工人的暴动是革命的胜利在巨大暴动内得以巩固而发展的先决条件。当然，最激烈地主张暴动的，是共产国际新任全权代表罗明纳兹。会后以瞿秋白为首的中共新中央，向各地党组织发出了一系列要求组织暴动的指令，但都一一痛遭失败。

——叶永烈：《历史选择了毛泽东》，成都：天地出版社，2014年

材料3：遵义会议集中全力纠正了当时具有决定意义的军事上和组织上的错误，是完全正确的。这次会议开始了以毛泽东同志为首的中央的新的领导，是中共党内最有历史意义的转变。遵义会议后，党中央在毛泽东同志领导下的政治路线，是完全正确的。"左"倾路线在政治上、军事上、组织上都被逐渐地克服了。

——中共中央委员会：《中国共产党关于若干历史问题的决议》，北京：中共党史出版社，2020年

阅读材料，完成下列问题。

（1）结合材料1、2及所学知识，概括分析当时中国共产党党内在探索革

命道路上存在什么样的分歧。

（2）结合材料3及所学知识，概括分析遵义会议召开的背景和意义。

（3）结合三则材料及所学知识，概括中国共产党在探索革命道路的过程中所获得的宝贵工作经验。

八、板书设计

相同的战争，不同的理想
相同的理想，不同的道路 ⟹ 理想·道路·抉择
相同的愿景，不同的抉择

> **设计意图** 运用简洁的重点词语，分层次、按部分地列出本课设计的结构提纲，围绕本课立意和课魂展开，条理清楚，从属关系也会分明，能达到给人清晰完整的印象的目的。便于学生对教材内容和知识体系的理解与记忆。

九、教学反思

本课重点围绕1927年至1937年十年间中国政治、经济、社会发生的重要变化，从南京国民政府的统治和中国共产党开辟革命新道路两个方面，探寻历史发展变化的过程及趋势；由于内容较多，需要对教材进行一定的处理。不同的政党、不同的道路、不同的选择关乎国家的前途、民族的命运、人民的幸福。通过讲授本课，要注重引导学生分析中国共产党"工农武装割据"开辟革命新道路的必然性，思考为什么这条道路是符合中国国情的，为什么这条道路会指引着中国人民取得革命的胜利，我们要用历史事实增强青年学生的道路自信、理论自信。

专家点评：基于对本课三个子目关系的揭示——既是并列关系，也是因果关系——设计者在内容整合和环节布局中，强调了大革命失败后，在南京国民政府统治的白色恐怖下，中国共产党从城市武装斗争的经验教训中，探索"工农武装割据"新道路的历程；以及第五次反"围剿"失败后，尤其遵义会议挽救了党，挽救了红军，挽救了中国革命的新局面。整个设计环环相扣、首尾相顾，在"抉择"这个关键要目的统合下，行云流水、顺达流畅。

课后作业的设计紧紧围绕课标要求和教材重点，材料、情境鲜活，设问指向明确。但是，如何在"党史"教育中，特别是事关中国革命道路的探索的重大历史问题中，更加充分渗透"革命传统教育"，并从价值和情感取向达到入脑、入心，是一个值得进一步思考的课题。(点评人：李惠军，上海市历史特级教师)

案例9
困境中开辟新天地
——《南京国民政府的统治和中国共产党开辟革命新道路》教学设计

江苏师范大学　陈文欣

一、教学设计思路

根据课标、教材分析和学情，本课确定以"中国共产党开辟革命新道路"为中心点，将史事按照逻辑线索重构，分为"为什么要开辟革命新道路"（即开辟新道路的背景）、"如何开辟革命新道路"（即开辟新道路的内容）、"开辟革命新道路后中国革命的发展"（即开辟新道路的影响）三个部分。通过对中国共产党开辟革命新道路的探索历程的讲解，培养学生的学科素养，提升家国情怀。

二、教学情况分析

1. 学情分析

授课对象为高一年级学生，经过了解，学生在初中历史的学习中，对北伐、南昌起义、秋收起义、长征、遵义会议等重要史事已经有初步的了解和认识。但是对于工农武装割据理论、红军长征和遵义会议的意义等比较复杂概念的理解，对于革命实践与革命理论关系的认识，对于开辟革命新道路的历史发展脉络的分析与把握等更高的能力要求，高一学生都还存在诸多欠缺，需要教师在教学中不断培养。

2. 课标分析

了解南京国民政府的成立，认识其专制统治的本质；掌握武装起义和革命根据地相关的主要史实，认识中国共产党开辟革命新道路的意义；描述红军长征的过程，了解遵义会议的内容和意义，认识红军长征的意义。

3. 教材分析

本课教学内容为统编版高中教材《中外历史纲要（上）》第七单元第22课《南京国民政府的统治和中国共产党开辟革命新道路》。主要讲述了国民大革命失败后，国民党反动势力对中国共产党人进行大肆捕杀，中国革命和中国共产党面临严峻危机，中国共产党经过实践和理论探索，开辟了一条符合中国国情的革命新道路的历程。本课包含"南京国民政府的统治""工农武装割据开辟革命新道路"和"红军长征"三个子目，内容包括国民党的专制统治、民族工业在夹缝中发展、南昌起义、八七会议、秋收起义、井冈山革命根据地的创建、红军长征、遵义会议等重大史事。涉及工农武装割据理论、农村包围城市道路等重要概念，以及实践与理论之间的辩证关系。历史事件繁多，概念理解难度较大。

三、教学目标

通过学习，立足唯物史观，了解南京国民政府成立及其统治的基本情况，运用辩证分析看待历史的理论，认识工农武装割据开辟革命新道路的历史意义，培养用历史唯物主义和辩证唯物主义分析历史问题的能力。通过本课的教材内容和课件学习，认识中国共产党开辟革命新道路所处的特定时空环境，抓住其特定时空背景和阶段特征；运用图片和文字探究红军长征和遵义会议的意义，提高史料实证的素养；运用文献资料提供的有效信息，概述工农武装割据理论的内涵以及其提出的合理性，培养有效解读材料、自主分析归纳知识的能力。通过本课的学习，认识到理论联系实际的重要性，培养勇于创新的意识和大胆实践、艰苦奋斗、乐观进取的精神；培养爱国情怀和历史责任感。

四、教学重难点

重点："工农武装割据"理论开辟革命新道路和红军长征。

难点："工农武装割据"理论开辟革命新道路。

五、教学资源与方法

教学资源：教材、多媒体等。

教学方法：讲授法、史料分析法、归纳比较法、合作探究法等。

六、教学过程

环节1：导入

首先，展示"星星之火，可以燎原"的图片，并提出问题：同学们，你们知道这里的星星之火指的是什么吗？毛主席为什么要写下这篇文章呢？带着问题导入新课。

设计意图　以图片导入，能够引起学生的学习兴趣，唤起学生在初中阶段所学过的关于井冈山革命根据地的旧知，同时设置的思考问题又增加了课程的悬念，引发学生的思考，从而进入新课的学习。

环节2：讲授新课

一、中国共产党开辟革命新道路的背景——南京国民政府的统治

（一）政治

展示武汉国民政府、南京国民政府和张作霖势力的地图。并设置问题：国民大革命失败后，当时的中国政局是怎样的状况？宁汉合流具体指的是什么？

设计意图　以直观的图示让学生了解国民大革命后的局势，从而明白宁汉合流、继续北伐的必然趋势，培养学生的历史时空观念。并且用简单的设问了解学生掌握历史事件的基本情况。

让学生阅读教材，简单概括南京国民政府统一全国的基本过程，包括"济南惨案""皇姑屯事件"和"东北易帜"。并展示皇姑屯事件、五色旗、青天白日旗图片。再设置小思考题：张学良东北易帜的意义有哪些？

设计意图 探究张学良东北易帜背后的含义，领悟东北易帜的意义，培养学生的家国情怀。

（二）经济

让学生阅读教材，概述南京国民政府建立后，民族资本主义的发展状况以及特点，并展示这一时期国统区经济成分图。

设计意图 培养学生阅读图表、提取材料信息的能力。

过渡语：通过上面的学习，我们可以知道南京国民政府基本在形式上统一了中国。此时民族资本主义经济虽有所发展，但遭受官僚资本的压迫。除此以外，南京国民政府对中国共产党人实施屠杀政策。面对白色恐怖的中国，以及党内遭受惨重损失的情况，中国共产党人还敢不敢坚持革命？又该如何继续投身革命呢？

二、中国共产党开辟革命新道路的内容——"工农武装割据"

（一）武装起义

学生自主学习，阅读教材，并在小组内讨论，合作完成PPT上南昌起义和秋收起义相关知识的表格。

设计意图 学生通过自主学习，小组讨论，合作学习，可以培养概括信息的能力和合作学习的能力。通过表格整理历史事件的时间、地点、内容，也有利于学生清晰地认识基本史实，培养时空观念。

（二）八七会议

用PPT展示八七会议的时间、地点、内容，简要解释"右倾""政权从枪杆子中取得"的含义，带领学生认识到八七会议的意义。

设计意图 对于一些概念的理解需要以教师讲授为主，把抽象的概念用教学语言表达，有利于学生的理解。

（三）探究

展示几次武装起义的目标与结局表格，并设置问题：这些武装起义有什么共同点？为什么都以夺取城市为目标？为什么俄国坚持城市中心道路成功地夺取了政权，而中国共产党走同样的道路却行不通？在学生思考并回答问题后，认识到行不通的原因是中国国情与俄国不同。再进一步引导学生思考，当时的中国国情是什么。最后总结学生发言。

设计意图 层层递进地设问，有助于学生历史思维的培养，提升学生的问题分析能力和史学思考能力。同时，能够让学生认识到国情实际与理论之间的辩证关系，培养唯物史观和历史思辨能力。

（四）井冈山革命根据地

学生结合教材内容了解井冈山革命根据地建立的相关史实和历史意义，解决课前导入时的"星星之火"问题。图片展示中国共产党对革命根据地的建设。最后带领学生回顾复习工农武装割据理论的内容与历史意义，深化记忆。

设计意图 深化学生对于工农武装割据理论的认识和理解，培养学生理论与实践相结合的辩证唯物主义历史观。

过渡语：工农武装割据开辟革命新道路，中国共产党也因为找到了这条正确的道路而重新发展壮大。然而，国民党反动派决不会坐视中国共产党做大做强，便调集重兵剿杀红军。在成功地击退四次"围剿"之后，由于王明的"左"倾错误，第五次反"围剿"失败，红军被迫进行战略大转移，开始了长征。

三、中国共产党开辟革命新道路的影响——红军长征

（一）遵义会议

PPT展示红军长征路线示意图，学生结合示意图和教材，找到长征路线的几个重要时间点和地点，了解长征的基本路线。展示遵义会议的会址图片，让学生结合教材指出遵义会议的内容和重要意义。

设计意图 通过展示图片和设置问题，引发学生对遵义会议内容和意义的思考，让学生认识到遵义会议是党史上生死攸关的转折点的含义。

（二）长征精神

展示红军翻雪山、过草地以及过金沙江、大渡河、泸定桥的图片，展示毛泽东的《七律·长征》和《忆秦娥·娄山关》两首诗词，让学生齐声诵读，体会长征精神。再设置问题：红军长征带给我们的启示是什么呢？

设计意图 通过图片直观感受红军长征的艰苦与困难，通过诗词诵读让学生体会长征中红军战士的革命乐观主义精神、不怕吃苦的精神和坚定的信念。最后设置的开放性讨论题可以引导学生积极思考，培养家国情怀。

环节3：课堂小结

通过展示本课的图示总结，带领学生一起填空，回顾本课所学知识。最后，展示长征精神在新时代的体现组图，进行情感升华。

结束语：同学们，这节课我们一起学习了党开辟中国革命新道路的历程。在党对于革命新道路的探索中，既有外部的磨难，也有内部的曲折。但是，中国共产党经受住了考验与磨难，并且坚持实事求是，既能及时地发现错误、纠正错误，挽救党的危机与中国革命的命运；又能勇担历史重任，在磨难与考验中成长，成为任何敌人和困难都压不倒、摧不垮的坚强政党。我们要学习红军先辈们可贵的长征精神，也要向我们的党学习，坚持马克思主义和中国实际相结合，坚持一切从实际出发，用理论去联系实际，为祖国建设更好的明天。

设计意图 回顾本课的主要知识与学习内容，让学生形成更完整的知识体系。同时也进行情感升华，培养学生的家国情怀和个人素养，达到立德树人的目标。

七、作业设计

查阅红军长征中令人感动的故事。

八、板书设计

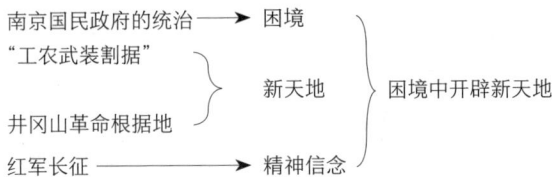

九、教学反思

在老师的悉心指导下，我收获了很多有用的教学经验，特别是在与学生进行有效互动方面，学到了一些新的教学方法。本课的设计也存在一些不足，一是关于理论和概念的讲授较多，作为新手，不容易调动课堂氛围、充分激发学生学习的积极性；二是教学时间的安排不容易把控，引导学生感悟长征精神时，时间可能会不充裕，情感升华达不到预期效果。

专家点评：在初中阶段学习中，学生已对相关内容（南昌起义、秋收起义、井冈山的斗争、长征和遵义会议）有所了解，设计者在此基础上将教学目标定位为理解中国革命道路探索的背景与意义，揭示和体悟"井冈山精神"和"长征精神"，以期借助本课进行革命传统教育。而在教学内容整合方面，将"南京国民政府的统治"作为中国革命道路探索的历史背景，从而达到了执简驭繁、突出重点的效果。建议在注重历史逻辑和宏观叙事过程中，理解简单化和概念化的说教，要充分发掘教材内容背后的历史细节和感人故事，在情境中感受中国革命道路探索和中国工农红军长征中的精神内涵。（点评人：李惠军，上海市历史特级教师）

案例10
"统一战线"之中坚，外御其侮
——《从局部抗战到全面抗战》教学设计

安庆师范大学　黄婉婷

一、教学设计思路

1931年日本侵略者发动九一八事变，中国局部抗战由此开始。1936年张学良、杨虎城受中国共产党抗日民族统一战线政策的感召，发动西安事变，逼蒋抗日。中国共产党促进西安事变的和平解决，全国团结抗战局面初步形成。1937年卢沟桥事变爆发后，中国全民族抗战，国共合作抗日局面形成。中国共产党在极端艰难的条件下坚持抗战，起到了全民族抗战中流砥柱的作用。

二、教学情况分析

1. 学情分析

学生在初中阶段，对于抗日战争的过程进行过基础学习，比如对九一八事变、七七事变等史实，已经具备一些基本的认识。本课的教学对象是高中学生。根据高中学生的认知特点，注意运用史料引入与问题分析的方式，培养学生的思辨能力。

2. 课标分析

了解日本军国主义的侵华罪行，不仅在于掌握其发动的诸多侵略战争，还要把握其对中国政治、经济等方面实施的诸多暴行，从中感悟中华民族英勇不屈的精神。面对国内危机的日益加深，中国共产党最终促进了抗日民族统一战线的建立，从中认识到中国共产党是全民族团结抗战的中流砥柱。

3. 教材分析

本课是高中《中外历史纲要（上）》第八单元第23课。对于本课在该教材中的地位，一方面，本课上承第七单元"第一次国共合作全面破裂"的重要内容；另一方面，本课为下一课"正面战场、敌后战场和抗日战争的胜利"奠定基础。教材内容方面，本课共分为三个子目，即"局部抗战""全面抗战的开始""日军的侵华暴行"。三个子目相互关联，为抗日战争的胜利提供了背景。

三、教学目标

通过抗战发生的背景及相关史料，理解日本发动侵华战争的原因，从史料实证视角对日本侵华的原因做出合理的历史解释；通过教材中日本侵华的史料，了解日本发动九一八事变、卢沟桥事变等重要史实，从唯物史观视角梳理日本侵华的时空脉络；从日本侵华、国内危机日益加深的背景，认识到抗日民族统一战线建立的必然性；从日本侵华暴行的史实，认识到全民族团结抗战是抗日战争胜利的基石，理解中国共产党在全民族抗战中发挥的中流砥柱作用，涵养家国情怀。

四、教学重难点

重点：日军侵华的诸多暴行，抗日民族统一战线的形成。

难点：抗日民族统一战线形成的原因，中国共产党在抗战中的作用。

五、教学资源与方法

教学资源：教材、多媒体等。

教学方法：讲授法、问题探究法。

六、教学过程

环节1：导入

以本课课题开始，带领学生观察两幅图片。提出问题：这两幅图片有什么内在联系，中华民族又是如何抵抗日军侵略的？

第一张图片是1927年6月，日本首相田中义一主持召开的制定侵略中国总方针的东方会议。第二张图片是1931年9月18日夜，日本制造的九一八事变。

设计意图 以两幅图片的对照吸引学生兴趣，引起学生思考，同时进一步发问，引出下一部分内容。

日本东方会议会场图　　　　　　　　　日军轰炸东北军兵营图

环节2：讲授新课

一、局部抗战

（一）问题设计：请同学们迅速阅读教材内容，并结合所学知识，指出日本侵华有怎样的历史背景。

（1）经济背景：1929年秋，世界性经济危机爆发，严重影响日本。日本统治集团为缓和国内矛盾，急于发动侵略中国的战争。

（2）政治背景：明治维新时期，日本走上了军国主义道路，制定了以中国、朝鲜为主要攻击对象的"大陆政策"。1927年6月的"东方会议"对中国问题进行了精心策划。

设计意图 以问题吸引学生的注意力，引发学生思考并自主总结，提高学习效率。

（二）教师讲述：日本侵华初期的暴行。

（1）九一八事变：1931年9月18日夜，日本关东军炸毁沈阳北郊柳条湖附近南满铁路的一段路轨，反诬中国军队所为，对中国东北军驻地北大营和沈阳城发动突然袭击，制造了九一八事变。

（2）一·二八事变和伪满洲国：1932年1月28日，日军又在上海挑起侵略战争。3月，日本扶植清废帝溥仪做傀儡，建立伪满洲国。

设计意图　通过讲述，创设历史情境，带动学生思考，并运用时空观念理解日本侵华初期的暴行。

（三）教师讲解与问题设计：日本侵华初期国民政府的方针政策和中国共产党的态度对比。

国民政府推行"攘外必先安内"方针，对日本侵略实行不抵抗政策。中国共产党方面，东北人民革命军在极端困苦的环境下坚持抗战。观看《东方主战场》一段视频，思考：杨靖宇为抗战做出过什么突出贡献，中国共产党又在抗日战争中发挥了怎样的作用？

设计意图　通过观看视频，引导学生思考杨靖宇为抗战做出的贡献，激发学生学习兴趣。

（四）问题设计与讲解史料：

阅读下面一则史料，思考：从这则史料中能得出什么历史信息？

> 到1933年，在中国共产党满洲省委的领导下，已先后建立起磐石、海龙、汪清、延吉、珲春、和龙、安图、密山、绥宁、宁安、饶河、珠河、巴彦、海伦、汤原等十几支抗日游击队，这些抗日武装虽然人数少、武器低劣、缺乏战斗经验，但战斗意志坚强，有不怕牺牲、前仆后继的坚定信念……计有11个军，最盛时达3万余人，活动的主要游击区达到70多个县，成为日伪当局的心腹之患。
>
> ——荣维木、步平主编：《中华民族抗日战争全史》，北京：中国青年出版社，2010年

在中国共产党满洲省委的领导下，东北抗日游击队发展壮大起来，数量逐渐增多，规模也越来越大。

设计意图 通过解读史料，引导学生认识东北抗日联军形成的过程，提高学生的思维水平。

（五）教师讲述：东北抗日联军在抗战中的作用。

仔细观察下面两幅图片。第一幅图片是杨靖宇领导的东北抗日联军坚持战斗的情景；第二幅图片是杨靖宇牺牲后，日军对其割头剖腹的情景。

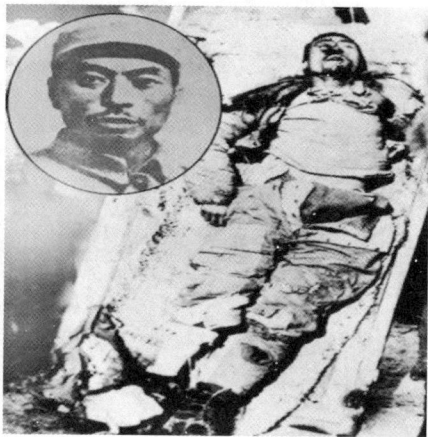

设计意图 通过教师的讲述，认识到中国共产党在抗日战争中发挥的重要作用，增强对党的敬意和拥护。

（六）教师讲述：日军侵华的高潮。

日本侵略者占领东北三省后，又将侵略矛头指向华北，蓄意制造一连串事件，总称"华北事变"。1935年12月9日，北平学生大规模游行示威，即一二·九运动。抗日救亡运动也就此掀起高潮。

设计意图 通过了解日军侵华的过程，运用时空观念梳理日军侵华脉络，提高学习能力。

（七）活动设计、问题设计与讲解史料：西安事变发生的背景及原因。

阅读下面一则史料，分小组进行讨论：蒋介石的训话表明了他怎样的主张，这与张学良发动西安事变有什么内在联系？

> 1936年10月21日，蒋介石亲抵西安，为的是督促张、杨加紧"剿共"。蒋介石在训话中一再强调，要"分清敌人的远近，事情的缓急"，"我们最近的敌人是共产党，为害也最急。日本离我们很远，为害尚缓"，"不积极剿共而轻言抗日，便是是非不明，本末颠倒，便不是革命"。
>
> ——［美］傅虹霖著，王海晨、胥波译：《张学良的政治生涯》，沈阳：辽宁大学出版社，1988年

此时蒋介石的主张是积极"剿共"。中华民族危机日益加深，蒋介石却把主要精力放在"剿共"上，这使张学良十分气愤，最终发动西安事变。因此，蒋介石的这番训话是张学良发动西安事变的诱发因素。

设计意图　通过小组讨论、师生互动的方式，培养学生多角度思考历史问题的能力。

（八）教师讲述：西安事变的过程。

观察下面这幅图片，这是《西北文化日报》对于西安事变的报道。1936年12月12日晨，张学良和杨虎城扣留蒋介石，以武力逼蒋抗日。

通过观察图片并提取相关历史信息，从史料实证视角对西安事变的过程做出合理的历史解释。

（九）教师讲述、讲解与活动设计：中国共产党和平解决西安事变的途径及意义。

西安事变爆发后，经过各方努力，蒋介石被迫接受停止内战、联共抗日的主张，西安事变得到和平解决。学生分组讨论：中国共产党和平解决西安事变有什么历史意义？

西安事变的和平解决成为扭转时局的关键，促进了中国共产党联蒋抗日方针的实现。从此，十年内战的局面基本结束，全国团结抗战的局面初步形成。

设计意图 通过理解中国共产党和平解决西安事变的途径及意义，认识到中国共产党从全民族利益出发，最终促进西安事变的和平解决，涵养家国情怀。

二、全面抗战的开始

（一）问题设计：阅读教材内容，总结卢沟桥事变是如何发生的。

1937年7月7日晚，日军借口一名士兵失踪，要求进入宛平城搜查。遭到拒绝后，日军向宛平城射击，炮轰卢沟桥。这就是卢沟桥事变，又称"七七事变"。中国全面抗战由此开始。

设计意图 教师提问，引导学生自主学习，提高学习能力。

（二）问题设计：观察下面一幅图片，指出卢沟桥事变发生后，抗日民族统一战线是如何正式形成的。

为了早日促成国共两党合作抗日，周恩来向蒋介石递交了《中国共产党为公布国共合作宣言》。9月22日，国民党承认中国共产党的合法地位。至此，在中国共产党推动下，国共第二次合作实现，抗日民族统一战线正式形成。

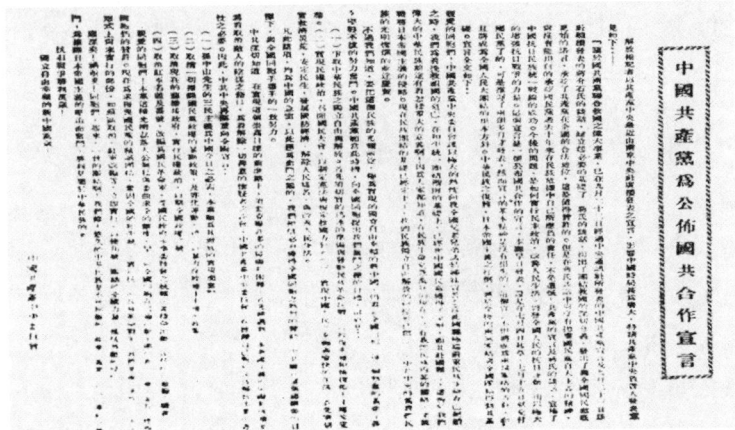

> **设计意图**　通过观察图片，提取有效历史信息，认识到中国共产党在推动抗日民族统一战线的巩固和发展中发挥了巨大作用。

三、日军的侵华暴行

问题设计与教师讲述：观察以下几幅图片，思考：这几幅图片分别是日军在中国实施的什么惨绝人寰的行径呢？

第一和第二幅图片是日军进行的惨绝人寰的南京大屠杀。

第三幅图片是日军在抗日根据地修筑的碉堡和封锁沟。日军还对敌后抗日根据地实施野蛮的烧光、杀光、抢光的"三光"政策。

第四幅图片是日本731部队对中国人进行鼠疫实验。日军践踏国际公法，违反人道主义，实施细菌战和"慰安妇"制度。

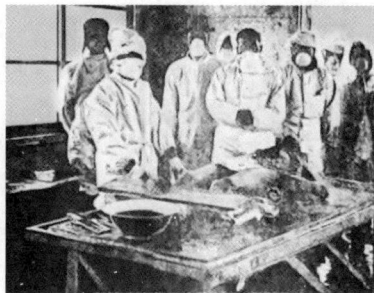

设计意图 通过观察图片，了解日军的侵华暴行，体会中华民族不屈不挠的斗争精神，涵养家国情怀。

环节3：课堂小结

让同学们自主总结本节课主要学习了哪些内容。

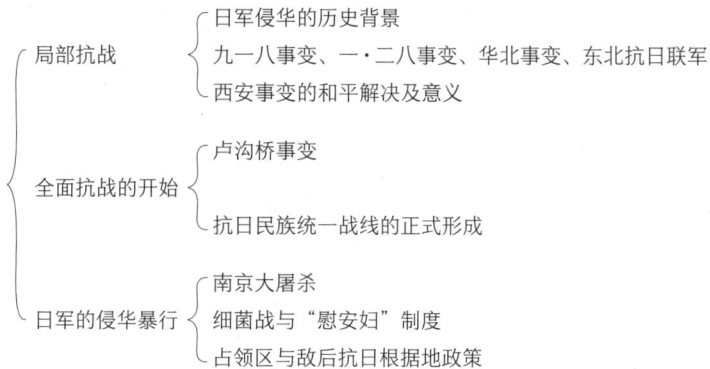

局部抗战
- 日军侵华的历史背景
- 九一八事变、一·二八事变、华北事变、东北抗日联军
- 西安事变的和平解决及意义

全面抗战的开始
- 卢沟桥事变
- 抗日民族统一战线的正式形成

日军的侵华暴行
- 南京大屠杀
- 细菌战与"慰安妇"制度
- 占领区与敌后抗日根据地政策

设计意图 学生自主总结本节课所学内容，有利于加深记忆、促进理解。

七、作业设计

课后收集九一八事变后国际联盟派遣李顿调查团来中国东北进行调查的材料和史实，进一步认识九一八事变后中国的国际处境。

八、板书设计

$$\left\{\begin{array}{l}\text{五个"事变"}\\\text{抗日民族统一战线的形成}\\\text{日军的暴行}\end{array}\right.$$

设计意图   运用简洁的重点词句，有条理地列出本课的知识结构，便于理解和记忆。

九、教学反思

在指导老师耐心的指导下，我学会了一些新的授课技巧，对于如何在无生课堂中做到和学生积极互动等方面，也有了较深的感悟。赛后观看自己上课的视频时，对于如何更好地做到教师主导、学生主体，有了更深层次的理解。我反思教学中存在的问题，查找努力方向，一是推敲、凝练课堂授课语言；二是锤炼表述技巧；三是关注各个环节之间的自然衔接。

专家点评：设计者从单元视角确定本课的地位，从中华民族抗日战争的全过程出发，讲授从局部抗战到全面抗战的历程，揭露日军的侵华暴行，不仅清晰勾勒出了本课的历史脉络，而且建构了单元教学的知识框架。在三个环节教学内容的处理和教学资源的整合方面，设计者充分运用教材素材，并适度植入一些真实的历史图片、报道、日记等相关资料，不仅鲜活呈现了中华民族浴血抗战的历史场景，而且从材料中提出问题，在问题导向下研读材料，在问题的驱动下感悟从全国团结抗战局面初步形成，到抗日民族统一战线的最终形成，以及日本帝国主义的累累暴行。建议设计者在本课导入、教学小结或者板书设计等方面，将14年抗战做一个简要的阶段勾勒，进一步彰显大历史和大单元的总体格局。（点评人：李惠军，上海市历史特级教师）

案例11
"光明"源于民心
——《人民解放战争》教学设计

浙江师范大学　姜方文

一、教学设计思路

本课以描绘抗日战争胜利后形势的一幅漫画作为导入，意在说明抗战后全国人民渴望和平，但老百姓没有看到希望的曙光，国民党政权的腐败使其尽失民心。

第一子目是重庆谈判，主要回答重庆谈判为何发生、失败原因及失败对两党的影响；

第二子目是全面内战的爆发，结合正文国民党军队在数量、军事装备等方面都明显超过共产党军队，为后文埋伏笔；

第三子目是国民党政权的统治危机，正文叙述国统区在经济方面崩溃的种种表现及其原因，并强调第二条战线和爱国民主运动等有力配合了人民解放军军事战线的斗争；

第四子目的两则史料，补充1948年底国共双方军队数量的对比。

二、教学情况分析

1. 学情分析

本课的授课对象为高一学生。学生通过初中"中国革命的胜利"第一课《两种命运的决战》的学习，已经对重庆谈判、内战的爆发、三大战役等有初步了解，因此，可以进行一定的历史探究活动。但他们还未完全具备科学的历史思维和历史分析能力。因此需要教师提供更多的相关史料，引导学生运用历史方法探究历史。

2. 课标分析

通过展现中国共产党争取和平民主的斗争以及解放战争的进程和主要战役，凸显中国共产党的政策与战略决策的果断与英明，分析中国新民主主义革命获胜的主要原因，帮助学生感悟，赢得民心是一个政党取得执政地位的根本原因。

3. 教材分析

本课是《中外历史纲要（上）》第八单元第三课，是新民主主义革命取得伟大胜利的重要组成部分。包括争取和平民主的斗争，解放战争爆发的原因、过程及其意义。本课有助于学生了解中国共产党在全国的领导地位逐渐确立的历史，这也是新民主主义革命斗争史的一个重要阶段，对中华人民共和国的成立具有重大意义。因此，本章内容无论是在近代还是今天，都有着无比深远的影响。

三、教学目标

通过文字、地图史料，了解人民解放战争的时空脉络；

通过阅读梳理教材中国民党反动派坚持政治独裁以及国统区经济崩溃的史实，分析国民党政权在大陆统治灭亡的原因；

通过阅读梳理教材，从中国共产党所做的努力，分析党领导中国革命取得胜利的原因和意义；

感悟先进的中国共产党人为国家和民族的前途命运奋斗的精神，认识"民心"是政党取得执政地位的关键。

四、教学重难点

重点：重庆谈判，中国共产党领导人民取得革命胜利的原因。

难点：国民党政权在大陆统治覆灭的原因。

五、教学资源与方法

本课为一课时，课型为新授课。教法有讲授法、讨论法及多媒体演示法等。

六、教学过程

环节1：导入

〔提问〕回顾前篇所学。抗战胜利之后，人们盼望和平，那么和平是否真的到来了？

> **设计意图** 通过漫画表达战后人民呼唤和平的情绪，引导出人民解放战争，吸引学生兴趣。

环节2：讲授新课

一、人民的命运

〔讲述〕展示漫画《端赖合作》，这幅漫画想表达的是什么意思？

〔讲述〕对漫画做简要分析，解释抗战后的政治形势有利于建设新中国。但事实是建立新中国的道路并没有一帆风顺，这主要归因于抗战胜利以后中国社会出现了什么矛盾？

〔学生回答〕共产党和国民党之间的矛盾。

〔讲述〕矛盾的根本在于双方出现了两种不同的建国方针。它们分别是？

〔讲述〕共产党主张"和平、民主、团结"，国民党推行独裁和内战。【板书：共产党 国民党 美】除此之外当时美国的对华政策是怎样的？

〔讲述〕美国对华施行"扶蒋反共"。在这一背景之下，为了发动内战，蒋介石给毛泽东发送了两封电报，制造了强大的政治舆论。【板书：扶 反 重庆谈判】

〔PPT展示〕蒋介石发送的两封电报

〔讲述〕除此之外，蒋介石在军事上又做了另一手准备。国民党政府在美国政府的支持下用飞机空运大量的军队，从战争的后方运到战争的前线，抢占各大城市和交通要道。这些图片都充分说明了蒋介石在军事上已经做好了充分的准备。（图片展示）

蒋介石为何要三次电邀毛泽东赴重庆参与谈判？

〔PPT展示〕

想用软的一套手法，把共产党吃掉谈何容易！可是，国内有厌战情绪，国际形势也不允许中国打内战，打起来我们更被动，利用谈判拖一拖也好。共产党拒绝谈判，我们更有文章好做！

——蒋介石谋士陶希圣原话

［讲述］（结合材料分析意图。）问：你认为毛泽东应该去重庆参与谈判吗？

［PPT展示］1945年8月26日毛泽东在政治局会议上的讲话

［讲述］分析毛泽东选择赴约的意义，讲述重庆谈判的内容及成果，简要讲解政治协商会议。结果是中国共产党进一步赢得人心，这是政治上的一个重大胜利，为日后取得解放战争胜利埋下伏笔。

> **设计意图** 突出体现中国共产党始终代表人民利益这一观点，学生对重庆谈判有完整认识。

二、人民的斗争

［讲述］全面内战爆发。出示表格反映当时国共双方力量的对比，分析毛泽东认为"我们必须打败蒋介石，而且能够打败他"的理由。（学生回答）

［PPT展示］

1946年7月全面内战爆发时国共双方力量对比

项　　目	共产党方面	国民党方面
总兵力	127万人	430万人
地区面积	228.58万平方公里	731.172万平方公里
城　　市	446座（中小城市）	1 545座（大中城市）
人　　口	13 606.7万人	33 893.3万人
武器装备	小米加步枪	飞机、大炮、坦克

数据来源：《中国现代史统计资料选编》

〔讲述〕到1947年3月，国民党又将进攻的重点转移到延安一带的陕北解放区和济南一带的山东解放区，对共产党发起重点进攻。（填写表格）

〔PPT展示〕

阶　段	全面进攻中原解放区	重点进攻陕北、山东解放区
时间	1946年6月—10月	1947年3月—6月
方针	自力更生、以自卫战争粉碎国民党军队的进攻	中国共产党中央和解放军总部主动撤离延安，转战陕北
结果	人民解放军共歼灭国民党军队约30万人，粉碎了国民党的全面进攻	彭德怀带领西北野战军先后取得青化砭、沙家店等战役的胜利；华东野战军在山东孟良崮消灭国民党王牌主力整编第七十四师

〔讲述〕国民党将重点进攻选择在这两个地方的原因？（分析）这场反攻，共产党从军事、政治、经济上都获得了民众相当程度的支持，国民党政府陷入全民的包围之中，逐步走向困境。1947年6月，刘邓大军千里跃进大别山揭开战略反攻的序幕。

〔PPT展示〕

1947年6月军事力量对比

时　　间	国民党军队	人民解放军
总兵力	从430万减少到373万人	从127万增加到195万人
正规军	从200万减少到150万人	从61万增加到100万人

〔讲述〕分析为何选择大别山——内线和外线战场相互配合。这对于中国共产党来说是极大的军事胜利。这缘于共产党作出了土地改革的正确决策。

问：阅读《中国土地法大纲》原稿，共产党的具体举措有哪些？

〔过渡〕与共产党获得大量民众支持相反的是，国民党大大丧失了民心。总结当时国民党政府的主要表现，并分析其陷入困境的原因。

〔PPT展示〕

材料1：官发复员财，民遭胜利秧。

盼中央，望中央，中央来了更遭殃。

材料2：

国民政府财政赤字简况（法币）

时　间	财政总收入	支　出	赤　字	赤字占支出总额百分比
1946	近2万亿元	5.5万亿元	3.5万亿元	64%
1947	13万亿元	40万亿元	27万亿元	67.5%

法币100元购买力的变化

1937年	可买两头牛
1945年	可买两个鸡蛋
1946年	可买六分之一块肥皂
1947年	可买一只煤球
1948年	可买五百分之一两大米
1949年	可买五十亿分之一两大米

材料3：

1946年11月，在没有共产党、民盟等民主党派参加的情况下，国民党一手包办的"国民大会"召开。

材料4：三"洋"开泰（爱东洋、捧西洋、要现洋）

就是仰仗和投靠西洋美英力量，喜爱东洋日本的"敌产"，搜刮银圆美钞等现洋。

请同学们根据上述材料，分析国民党统治区陷入政治、经济危机的原因。

设计意图　通过材料，了解国民党反动派坚持独裁和经济崩溃的史实，分析国民党政权在大陆统治逐步走向灭亡的原因。加强学生对材料的提取与把握，加强学生的史料分析能力。

［讲述］人民解放战争的第二条战线，以学生为中心的爱国民主运动，台湾人民"二二八"起义，民盟与美蒋反动派彻底决裂等事件。国民党政府在军事、政治、经济上都打了败仗。

［过渡］1948年，国共军事力量对比发生根本性逆转。共产党人认为时机成熟，连续进行了辽沈、淮海和平津三大战役。国共之间进入了战略决战阶段。

［PPT展示］（视频播放）（展示表格，学生填写）

［讲述］三大战役后，国民党的有生力量已基本被消灭。蒋介石试图挽回残局。为了迅速结束战争，中国共产党中央表示愿意同国民党进行和谈。最终国民党拒绝在双方代表达成的《国内和平协定》上签字，谈判破裂。

［过渡］随着国民党的这一举动，战争进入敲响国民党政权的丧钟、促使全国解放的渡江战役。

［PPT展示］

南京总统府

［讲述］讲述渡江战役的胜利过程；分析渡江战役胜利的意义。

［思考］解放战争前国民党的实力远远强于中国共产党，然而四年后结果却是以弱胜强，那么中国革命胜利的原因是什么？（小组讨论）

［学生回答］（学生自由回答）

［师生共同总结］略

设计意图 提出问题，学生讨论并发表自己的见解。一方面帮助学生梳理脉络；另一方面解决中国共产党领导中国革命取得胜利原因的问题，升华主旨。

三、人民的胜利：结尾

[讲述] 人民解放战争中，中国共产党在军事上经过战略防御、战略反攻、战略决战、渡江战役等取得重大胜利，在政治上进行谈判、召开会议争取和平民主，在经济上开展土地改革，最终赢得民心，带领中国人民走向胜利；而国民党则在军事上不断遭到打击，政治上不顾人民利益坚持腐败独裁，经济上又使得国统区陷入了重重危机之中，最终失去民心，走向失败。因此，一个国家想要走向繁荣，就必须要有一个政党的领导，同时这个政党必须是始终代表全国人民根本利益的，如此方能获得民众的全力支持。

七、作业设计

针对重庆谈判，选择其中一个代表人物（毛泽东或蒋介石），结合谈判的成败及各党派的主张，谈一谈你对该人物的看法。

八、板书设计

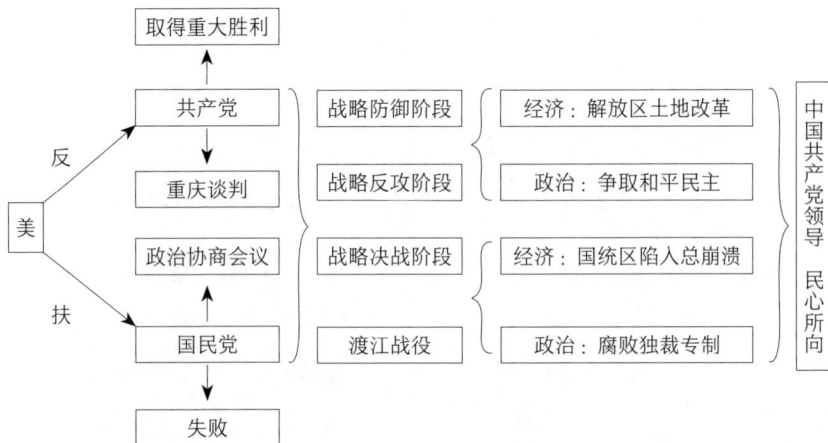

九、教学反思

在老师的精心指导下，我明白本课需要站在历史和时代的高度，来重新审视和反思这场战争，分析探讨国共两党在这场战争中的得与失及留给我们的启示。当下中华民族正走在伟大复兴的征程上，所以更应该让学生通过本课的学习感知海峡两岸的有识之士期望早日实现中华民族的统一的心愿。我反思教学过程中存在几方面问题，一是教学过程中有些衔接部分不够恰当；二是有些问题的提出相对来说比较难，很难从学生那里立马得到想要的回答；三是还需要进一步对教学语言加以精炼。

专家点评： 以描绘抗日战争胜利后的漫画导入，在观察和解读漫画中透析抗战胜利后全国人民渴望和平的愿望。由此转入国共双方两种不同的建国方针，继而讲述重庆谈判的博弈和全面内战的爆发。设计者运用图片、文献和视频资料，清楚地梳理了人民解放战争的大体过程，引导学生从国民党政权的统治危机和中国共产党顺应时代发展潮流，代表中国最广大人民的根本利益，最终领导人民取得新民主主义革命胜利的历程中，感悟历史沧桑巨变。建议设计者在教学设计的细节中进一步精雕细刻。例如，对漫画的解读不仅要善于观察画面信息，而且要参悟漫画作者的价值取向。（点评人：李惠军，上海市历史特级教师）

案例总评

"问苍茫大地，谁主沉浮？"100年前，他们从五四中走来，他们向信仰走去！从上海望志路石库门和嘉兴南湖红船的暮鼓晨钟到"天翻地覆慨而慷"的28年，是一段中国共产党带领中国人民矢志践行初心使命和筚路蓝缕奠基立业的峥嵘岁月，是中国人民赢得新民主主义革命胜利，并从根本上改变中国社会发展方向的悲壮时光。

上述11篇关于课程思政的教学案例，以《中外历史纲要（上）》第七、第八单元为基础文本，为我们呈现了各具特色、各有千秋的教学创意和实施方案，彰显了新一代大学生的学科功力、创意灵感和设计风格，展现了未来教育者对学科素养目标的理解和立德树人宗旨的追求。

设计者充分关注了历史课程的育人价值，历史教育的核心素养，以及历史教学的情感取向，凸显了中国共产党这28年探索中国革命道路的艰难历程，及其披荆斩棘、砥砺前行、浴血奋战的豪情壮志。充分关注了课程标准关于学业质量和学科素养的基本要求，依标据本、聚焦要义、紧扣要目，运用教材资源，挖掘相关素材，梳理教学流程，关注学情特点，注重思想方法。充分关注了五四运动到人民解放战争胜利的历史大脉络，并将其置于鸦片战争以来中国近代历史演绎的长时段中加以考量，从教材单元本体和单元界面出发，回看备课内容的地位与作用，将宏观叙事与微观洞察有机结合。充分关注了教学流程的顺畅性和教学环节的相关性，及其与历史沿革逻辑、学生思维节律之间的适切结合，尤其是在材料植入与研读、问题驱动与导向、师生互动与合作等方面的设计，不乏精彩的亮点。

建议案例设计者在完善设计方案过程中关注、思考几个重要问题：

其一，课程思政的内容，原本是历史课程题中应有之义。在创意、设计、实施、评价环节中，如何处理好近代史与中国共产党28年奋斗史之间的逻辑互动关系，并彰显其教育价值？

其二，中国共产党28年的探索与实践，是一部充满鲜血、汗水、泪水、勇气、智慧、力量的往事。如何在历史解释的思维过程中，激活那些感人的细节，让历史的温情转化为教育的温润，让家国情怀油然而生？

其三，《中外历史纲要》内容博大、微言大义、叙事宏观。如何淬炼内容主旨，提炼核心要义，锤炼关键要目，在灵魂的统摄下对教材进行梳理检索和逻辑编程，达到简约其外、隽永其中、执简御繁？

上述三点，既是对11篇案例设计者的提示，也是我们需要共同叩问、思考、践行的课题。（点评人：李惠军，上海市历史特级教师）

第 二 章
新　生

案例1
换了人间，芙蓉国里尽朝晖
——《中华人民共和国成立和向社会主义的过渡》教学设计

江苏师范大学　戴畅

一、教学设计思路

"情景—探究—感悟"是本课教学的主要模式。在教学中以教材为基础，以课程标准为导向，把课文四个子目（中华人民共和国的成立、人民政权的巩固、开创独立自主的和平外交和社会主义基本制度的建立）整合成有序的知识信息，辅助多种手段并用文字、图片和视频等材料，让学生结合已有的知识观点、看法、认识和态度、情感，最后得出结论，获取历史的启迪，激发学习的积极性和主动性。

二、教学情况分析

1. 学情分析

本课的教学对象是高一的学生，这一部分内容初中教材有所涉及，因此拟简单处理学生已经掌握的知识，根据教材内容，借助文字、图片和视频等资料，帮助学生更好地理解各个知识点的联系，实现知识体系化。2019年10月1日是中华人民共和国成立70周年，利用学生较为熟悉的内容能拉近学生与历史之间的联系，让学生真切地感受历史。

2. 课标分析

课标主要表现新中国的国家性质及其成立的伟大意义，阐述巩固人民政权的重要举措以及新中国为民主政治建设和向社会主义过渡所做出的努力。

3. 教材分析

在教材编排上，第26课具有"承上启下"的特殊地位：第25课《人民解放战争》是新中国成立的历史背景，而"向社会主义过渡"则为第27课《社会主义建设在探索中曲折发展》揭开了历史序幕。本课从"中华人民共和国的成立"到"社会主义基本制度的建立"，设计了四个子目，相对完整地展现了1949年到1957年中国历史的概貌，涉及了政治、经济、文化、外交、军事等多个领域，范围广、容量大。因此，拟立足落实历史学科核心素养，以"家国情怀"为出发点，突出重难点，帮助学生实现知识体系化，达到"立德树人"的教学目标。

三、教学目标

立足落实历史学科核心素养，以"家国情怀"为出发点，认识到中华人民共和国成立的伟大意义，认识到新中国为向社会主义过渡所做出的努力，认识到人民群众是历史的创造者，形成对祖国的认同感和正确的国家观，形成对社会主义制度和走中国特色社会主义道路的认同。通过文字、图片和视频等资料，认识新中国成立的伟大意义和为巩固政权采取的措施等。通过图表和地图史料，认识新中国初期的外交背景和采取的措施。通过文字史料等分析认识《中华人民共和国宪法》规定的民主法治原则。

四、教学重难点

重点：中华人民共和国成立的意义，巩固新生政权的主要措施，独立自主的和平外交。

难点：社会主义基本制度在中国全面确立的深远意义。

五、教学资源与方法

教学资源：视频资料、文字材料、图片资料。

教学方法：问题教学法、史料分析、自主学习、课堂讲授与教材阅读相结合。

六、教学过程

环节1：导入

播放2019年新中国成立70周年的阅兵图片，展示中国的实力与富强。

教师：中国获得今日的成就，蓬勃发展，不断富强，转眼新中国成立已经过去70多年，同学们了解我们新中国刚刚成立时的面貌吗？

> **设计意图** 展示学生比较熟知的2019年大阅兵的图片，营造学生熟知的环境，让学生感受现代中国富强的同时，引发学生兴趣，了解新中国成立的基本情况。

环节2：讲授新课

一、一声宣告：新纪元

1. 展示1945—1946年的"旧政协"会议的参会人员。

提问：新旧政协会议参会人员发生了怎样的变化？

2. 引导学生阅读第155—156页内容，了解新中国成立的前期准备工作，包括新政协会议召开的筹备工作，《共同纲领》的各项规定以及作用。

提问：为什么说《共同纲领》具有临时宪法的性质？

3. 播放《中华人民共和国中央人民政府成立典礼》原始影像的截取片段（2分钟）。

提问：你们观看新中国成立的原始影像，有何感想？（教师适当补充近代以来中国遭受的磨难和屈辱，与新中国成立形成强烈对比。）让学生分小组讨论，选小组代表表述对于新中国成立的感想。结合教材，引导学生总结归纳新中国成立的意义。（展示新中国国旗、国徽以及国歌相关图片。）

> **设计意图** 通过新旧政协会议的参会成员对比，学生能够更直观地了解新中国的成立是全中国人心所向。学生通过阅读政协会议的具体内容及开国大典的前期准备工作，自主找到《共同纲领》相关内容，加深印象。烘托新中国的最终成立，顺理成章。回顾近代以来我国遭受的磨难与屈辱，对比新中国成立的视频，让学生感受新中国成立的不易与艰难，认识新中国成立的伟大意义，对学生进行爱国主义教育。

二、同心共筑：新中国

（一）人民政权的巩固

过渡：新中国成立后，前景无量，但是新生的人民政权仍处在内忧外患之中。一方面新中国经济面临严峻形势，物价飞涨，土地制度也急需改革。另一方面，美军将战火烧到鸭绿江边。如何巩固政权，消除内忧外患呢？

提问：新中国成立后面临怎样严峻的经济形势？

提醒学生分两个方面进行讨论，先讨论国家财政问题，再过渡到农民土地问题。

> **设计意图** 掌握必备基础知识；先分析国家财政困难，再过渡到土改，让学生有一定的逻辑顺序。

1. 国家财政危机问题

展示当时投机商人的所作所为的相关史料，附以投机商人的叫嚣：

> "解放军进得了上海，人民币进不了上海。""只要控制了两白一黑，就能置上海于死地！"
> ——《中国共产党历史》（第二卷）上册，北京：中共党史出版社，2011年，第50—51页

提问：面对这种情况，新政府采取了哪些措施？有什么特点？结果如何？

过渡：稳定物价是从城市经济领域巩固政权。虽然"米棉之战"中我们战胜了资本家，但也暴露了农业生产落后的问题，农产品不能满足社会需要。党和政府为巩固人民政权必然要将眼光转向农村，改变土地制度，发展农村经济就成了当务之急。

引出国家财政危机的第二个问题：农民土地问题。

> **设计意图** 培养学生阅读史料、提取信息、客观理性辩证分析问题的能力；让学生意识到经济基础决定上层建筑，反之政治对经济也有一定的反作用。建国初严峻的经济形势影响着政权的稳定。

2. 农民土地问题

学生阅读课本自主学习并回答问题：农民问题的原因和解决办法。

展示土改后分到土地的农民的图片，以及土改后粮食产量增加量图表，引导学生归纳土地改革的影响。

提问：毛泽东说土地改革"是中国人民民主革命继军事斗争后的第二场决战"。如何理解？教师辅助学生，引导学生，认识土改具有双重意义。

> **设计意图**　土改问题对于学生可能会有点难，故通过图表引发学生深入思考，意识到土改的双重意义。

3. 中国为什么要进行抗美援朝？结果如何？有什么影响？

结合当时时事，认识中朝关系。

三、和而不同：创外交

提问：新中国是在怎样的背景下开创了独立自主的和平外交？

表格展示新中国成立之初的三个外交方针及其具体的解释。

> **设计意图**　表格展示三项外交原则，清晰有逻辑。

新中国成立后通过三个外交方针交到了许多朋友，但是也面临着许多阻碍。

提问：阅读相关材料，思考中国面临着怎样的阻碍。提醒学生结合抗美援朝，回答：美国孤立中国。

以"和而不同"为主题，周恩来为主人公，展现50年代中国外交成就：日内瓦会议、和平共处五项原则、亚非会议。问学生：日内瓦会议的概况，以及有何特别之处。

> **设计意图**　补充介绍美国对中国的态度，让学生做到心中有数，了解相关历史背景。

提问并引导学生背诵和平共处五项原则的内容。播放习近平总书记对于和平共处五项原则的相关谈话视频。（29秒）提问：和平共处五项原则在今天有何意义？回答：和平共处五项原则得到国际认可，国际影响力不断扩大，历久弥新。

问学生：亚非会议概况，以及提出求同存异方针的意义。展示周恩来总理解释求同存异方针的相关史料。

> 周恩来在亚非会议补充发言中说：中国代表团参加会议的目的"是来求团结不是来吵架的"，"是来求同而不是来立异的"，"我们的会议应该求同存异"。
>
> ——中共中央文献研究室：《周恩来年谱（1949—1976）上卷》，北京：中央文献出版社，1997年

展示习近平总书记纪念改革开放40周年讲话中的外交相关知识，升华主旨：中国一直以来走的都是独立自主的和平外交道路。

> 40年来，我们始终坚持独立自主的和平外交政策，始终不渝走和平发展道路、奉行互利共赢的开放战略，坚定维护国际关系基本准则，维护国际公平正义。我们实现由封闭半封闭到全方位开放的历史转变，积极参与经济全球化进程，为推动人类共同发展作出了应有贡献。……我国日益走近世界舞台中央，成为国际社会公认的世界和平的建设者、全球发展的贡献者、国际秩序的维护者！
>
> ——新华社：《习近平在庆祝改革开放40周年大会上的讲话》

设计意图　升华主题，学生从20世纪50年代外交联系当代，根据视频归纳总结和平共处五项原则的当代意义。升华主题：中国一直以来都是国际和平的维护者、捍卫者。

四、稳扎稳打：建制度

20世纪50年代初，我国进行社会主义建设，向社会主义过渡的背景是什么？

本部分的具体内容，从经济、政治以及指导思想三个方面展开。

问学生：为建立社会主义经济制度，党和政府采取了哪些措施？

设计意图 让学生学习历史，要有逻辑思维，知道历史背景。教材思考点的问题也要辅助学生作答。

问学生：国家进行三大改造的背景是什么？

引导学生回答教材思考点的问题：为什么国家要对生产资料私有制进行社会主义改造？展示社会主义经济改革完成的相关图片，引发学生思考三大改造、五年计划完成对于新中国的影响。

问学生：为建立社会主义民主政治，党和政府确立了怎样的政治制度？

教师强调第一届全国人民代表大会的重要性及其地位。（展示会议的相关照片）

设计意图 升华中国共产党的作用，并且结合之前所学知识，引发学生深入思考。归纳总结，理清顺序，让学生意识到为了社会主义制度的确立，共产党在经济和政治方面采取了哪些举措。

回顾中国共产党成立之初的奋斗目标，及党纲。问学生：中国共产党在此时取得了哪些成就？

完成社会主义革命，确立社会主义基本制度，推进社会主义建设，完成深刻社会变革，为当代中国发展奠定政治前提和制度基础。

在此，总结此部分的经济制度以及政治制度。做一定的归纳整理。

问学生：在建立中华人民共和国和确立社会主义制度的过程中的指导思想是什么？

设计意图 在毛泽东思想的指导下，党和政府采取的一系列经济、政治举措，最终确立了社会主义制度。这一部分学生自主学习的内容较多，根据教材回答问题，培养阅读教材、把握知识点的能力。

环节3：课堂小结

中国的昨天已经写在人类的史册上，中国的今天正在亿万人民手中创造，中国的明天必将更加美好。全党全军全国各族人民要更加紧密地团结起来，不忘初心，牢记使命，继续把我们的人民共和国巩固好、发展好，继续为实现"两个一百年"奋斗目标、实现中华民族伟大复兴的中国梦而努力奋斗！

伟大的中华人民共和国万岁！

伟大的中国共产党万岁！

伟大的中国人民万岁！

> 设计意图　升华主题，培养家国情怀。

七、作业设计

学生根据自己的理解设计课堂小结的示意图。

> 设计意图　利用时间轴的形式作课堂小结，培养学生的时空观念。

八、板书设计

一、一声宣告：新纪元
二、同心共筑：新中国
三、和而不同：创外交
四、稳扎稳打：建制度

九、教学反思

本次备赛的过程加深了我对于课程思政教育的了解，同时也在很大程度上锻炼了我的教学能力。我从最初的教学设计修改至今，一步步深化升华自己的教学内容，力求做到精简深刻。我在授课的过程中注意运用2019年中华人民共和国成立70周年的有关资料，学生反映较好；用知识表格、思维导图等形式对每个子目的内容进行小结，加深学生对知识的理解，效果也很好。本课内容涉及政治、经济、思想、军事、外交等多个领域，课堂容量较大。因此也存在一些困惑：如何合理分配时间？如何确定教学重难点？如何把各个知识点有机地联系起来，让学生能更好地全面地理解历史，从而实现教学目标？还有众多的知识点，需要处理到什么程度？

　　专家点评：家国情怀是历史学科育人价值的最高意蕴和核心旨归。本课以家国情怀素养为落脚点设计教学，思路清晰而有新意，内容丰满而有中心。教师把教学内容分为四个部分，并匠心独运地添加了富有浓浓爱国情感的小标题："一声宣告：新纪元""同心共筑：新中国""和而不同：创外交""稳扎稳打：建制度"。教学中紧扣这四个小标题提供历史资料，设计问题，引导学生在了解建国初期史事的同时，认识到新中国开创者的艰苦与伟大，体会到社会主义新中国的多难与荣光。在这样的教学中，学生可以从历史的深层逻辑认识并理解中国国情，所形成的对新中国的认同、对家园的自豪才更加真切而深刻。（点评人：刘晓兵，上海市历史特级教师）

案例2
诞生·巩固·确立
——《中华人民共和国成立和向社会主义的过渡》教学设计

安庆师范大学　张文俊

一、教学设计思路

1949年，中华人民共和国成立，开辟了中国历史的新纪元，结束了中国人民长期遭受压迫和剥削的历史，使其真正成为国家的主人。但危机和考验也接踵而至。为了巩固新生政权，党和政府在政治、经济和军事等方面采取了一系列举措，确立了社会主义基本制度，逐步向社会主义过渡；同时，中国积极开展外交活动，开创了独立自主的和平外交。为了使课程内容在整体上看起来更加连贯、通顺，也为了便于学生的理解，我将独立外交部分放在第二个子目中，这样在讲巩固人民政权的措施方面，可以从国内与国外这两个层面给学生进行讲解。

二、教学情况分析

1. 学情分析

本课针对的是高一学生。对于新中国成立及开展外交活动等内容，初中教材有所涉及，学生有一定的历史知识基础，但材料解读能力还比较弱。因此，对于学生已经掌握的基础知识简单处理，而对于学生在理解上有难度的，我会借助史料、图片和视频等资料，帮助学生更好地理解本节课的重难点内容，以此来实现知识的系统化。

2. 课标分析

课标主要是想凸显新中国的国家性质及其成立的伟大意义，阐述巩固人民政权的重要举措以及新中国为民主政治建设和向社会主义过渡所做出的努力。

3. 教材分析

　　教材将本课内容设置为四个子目：中华人民共和国的成立、人民政权的巩固、开创独立自主的和平外交和社会主义基本制度的建立，前两个子目是按照时间顺序排列的，后两个子目则是以专题的形式来呈现相关内容。

三、教学目标

　　通过观看史料、图片以及"开国大典"视频，知道中华人民共和国成立的伟大意义、巩固新生政权的主要举措及社会主义基本制度确立的史实；

　　通过对文字、图片及视频等资料的解读，提高运用史料研究历史事件的能力；

　　理解新中国为民主政治建设和向社会主义过渡所付出的努力来之不易，形成正确的国家观和对祖国的认同感，感悟中国共产党领导人民建设新国家的坚韧不拔、开拓创新的精神。

四、教学重难点

　　重点：中华人民共和国成立的伟大意义，巩固新生政权的主要举措。

　　难点：社会主义基本制度在中国全面确立的深远意义。

五、教学资源与方法

　　教学资源：文字材料、历史图片、多媒体。

　　教学方法：讲授法、史料研习法、问题教学法。

六、教学过程

环节1：导入

　　在学习本课之前，展示"闰土"和章贵的图片，以鲁迅先生笔下的"闰土"和他的孙子章贵做对比，并提出问题：爷孙俩为何会有如此巨大的命运差异？由此，导入新中国的成立给人民的生活带来了翻天覆地的变化。

　　相信同学们都对鲁迅先生笔下的"闰土"不陌生吧！"闰土"原型章润

少年"闰土"原型，章润水　　　　　　　"闰土"原型后人，章贵

水，勤劳善良、聪明谨慎、无不良嗜好，却负债累累，无钱治病，最终在建国前的1934年病逝。而"闰土"的孙子章贵，在旧社会，十三岁就开始给地主做小长工，可谓是尝尽了人间辛酸，在新中国成立后，他从目不识丁的穷孩子成长为作家，并被党和政府安排担任绍兴鲁迅纪念馆的副馆长。为什么爷孙俩会有如此巨大的命运差异呢？今天就让我们带着这个问题揭开时代的谜底，一同开始本节课的学习。

设计意图　在新课开始之前，通过将"闰土"原型与其后人做对比，提出疑问，引发学生思考，激发学生学习本节课的兴趣和主动性。

环节2：讲授新课

一、新中国的诞生

先介绍新中国诞生前的背景，再分别从新中国诞生的筹备、成立以及意义进行讲授。

（一）筹备

展示中国人民政治协商会议第一届全体会议参与人员和党派的表格，请同学们观察并回答问题：通过以上材料，结合教材内容，你能得到哪些历史信息？

提问：分析为什么说《共同纲领》具有临时宪法的性质。从内容和程序两个方面进行思考，从而得出结论。

学生回答。

设计意图　学生能够通过表格信息了解政协会议的相关内容，再通过分析《共同纲领》为何具有临时宪法的性质，进一步认识《共同纲领》的重要性。

（二）成立

利用PPT展示新中国成立的过程，并为学生播放"开国大典"视频。

设计意图 通过播放"开国大典"视频，使学生感受当时的壮观。

（三）意义

展示史料：

> 党的二十八年是一个长时期，我们仅仅做了一件事，这就是取得了革命战争的基本胜利。这是值得庆祝的，因为这是人民的胜利，因为这是在中国这样一个大国的胜利。但我们的事情还很多，譬如走路，过去的工作只不过像万里长征走完了第一步。
>
> ——毛泽东：《论人民民主专政》，北京：新华书店，1949年

提问：通过上述内容分析，为什么说这是"人民的胜利"？人民都包含哪些人呢？胜利后人民最迫切的愿望是什么？

设计意图 通过史料及教师的讲授使学生认识到新中国成立的伟大意义，以此来对学生进行爱国主义教育，让学生感受到新中国的成立使中国历史进入了新纪元。

二、新政权的巩固

通过展示金冲及《20世纪中国史纲》下册第十六章第475—476页的材料，来说明新政权巩固之难。

国　内	国　　际
1. 剿匪镇反	开创独立自主的外交
2. 土地改革	1. 外交方针："一边倒""另起炉灶"和"打扫干净屋子再请客"
3. 稳定物价	2. 外交成就:(1)和平共处五项原则;(2)日内瓦会议;(3)亚非会议
4. 抗美援朝	

整理自教育部：《中外历史纲要（上）》，北京：人民教育出版社，2019年

中国共产党在国内采取了继续完成解放战争、开展土地改革、平抑物价和统一财经，以及抗美援朝保家卫国这四个方面的举措；在国外通过积极的外交活动来为国家的发展争取有利的国际环境，通过这两方面的举措来巩固新生政权。

（一）国内

1. 剿匪镇反

通过展示图片，列举人民解放军继续进行解放战争和剿匪镇反活动。

2. 土地改革

通过表格的形式展示土地改革的背景、时间、过程、目的，展示《中国共产党党史第二卷（1949—1978）》的史料，说明进行土地改革的重要意义。最后，分析、思考教材第157页毛泽东说土地改革"是中国人民民主革命继军事斗争以后的第二场决战"，对这句话怎样理解？

> 中国的土地制度……如果不加改变，人民革命的胜利就不能巩固，农村生产力就不能解放，新中国的工业化就没有实现的可能。
>
> ——中央党史研究室：《中国共产党党史第二卷（1949—1978）》，北京：中共党史出版社，2011年

随着解放战争形势向着对国民党极为不利的方向发展，国民党反动派感觉到末日不远，开始将金银等贵重物品劫往台湾。

3. 稳定物价

展示图片：1949年国民党反动派逃跑时掠走的金银统计表以及国民经济的基本状况，说明新中国急需稳定物价的背景。（一、新中国成立之初，国家财政困难，投机商人趁机抢购物资，囤积居奇，拒用人民币，倒卖银元，加剧物价飞速上涨；二、为制止投机资本制造的市场混乱，巩固人民政权。）

1949年国民党反动派逃跑时劫走的金银

品　　种	数　　量
黄　金	277万两
白　银	1 520万元
美　钞	1 537万元

1949 年国民经济基本情况

项 目	全国总产量	平均每人占有量
国民收人	358 亿元	66 元
粮 食	1.1 亿吨	209 公斤
钢	15 万吨	0.29 公斤

见人民教育出版社历史室：《中国历史》（第四册），北京：人民教育出版社，1995 年

刚刚诞生的新中国，除了要迎接内部的种种挑战，同时，还要巩固边疆、保家卫国，朝鲜战争的爆发，严重威胁了中国的国家安全，于是，抗美援朝战争就这样打响了！

4. 抗美援朝　保家卫国

展示抗美援朝战争的国内环境和国际环境以及战争过程，介绍"特级战斗英雄"——杨根思，通过文字材料和图片，分析、说明抗美援朝战争的影响。

抗美援朝的胜利，它雄辩地证明：西方侵略者几百年来只要在东方一个海岸上架起几尊大炮就可霸占一个国家的时代是一去不复返了。

——《彭德怀文集》，转引自教育部：《中外历史纲要（上）》，北京：人民教育出版社，2019 年

（二）国际

首先，教师讲述新中国成立时的外部环境，然后，通过图片和其他史料展示与新中国建交的国家及建交时间，由此引出新中国的外交方针（"一边倒""另起炉灶"和"打扫干净屋子再请客"）及其意义。

提出问题：当时有无"一边倒"之外的可能？"倒向苏联"与"独立自主"是否矛盾？让同学们进行思考。

展示新中国外交成就：

1. 和平共处五项原则：1953 年　周恩来提出，成为解决国与国之间问题的基本准则
2. 日内瓦会议：1954 年　新中国成立后首次以世界五大国之一的身份参加的会议
3. 亚非万隆会：1955 年　战后第一次没有西方殖民国家参加的会议（周恩来"求同存异"　会后与更多的亚非国家建立外交关系）

整理自教育部：《中外历史纲要（上）》，北京：人民教育出版社，2019 年

分析材料：

　　周恩来在亚非会议的补充发言中说：中国代表团参加会议的目的"是来求团结而不是来吵架的""是来求同而不是来立异的""我们的会议应该求同而存异"。

　　　　——中共中央文献研究室：《周恩来年谱（1949—1976）上卷》，北京：中央文献出版社，1997年

提问：周总理所说的"同"和"异"分别指的是什么？

> **设计意图** 通过展示史料，培养学生提取信息和解读史料的能力，客观理性辩证分析问题的能力；同时，也让学生了解到我们积极的外交活动为国家建设争取了有利的国际环境。

三、新制度的确立

展示材料：

　　从中华人民共和国成立，到社会主义改造基本完成，这是一个过渡时期。党在这个过渡时期的总路线和总任务，是要在一个相当长的时期内，基本上实现国家工业化和对农业、手工业和资本主义工商业的社会主义改造。这条总路线，应是照耀我们各项工作的灯塔，各项工作离开它，就要犯右倾或"左"倾的错误。

　　　　——《毛泽东选集》第五卷，北京：人民出版社，1977年

引出新中国成立后社会主义基本制度建立的必要性，学生带着问题阅读课文并结合材料分析，社会主义改造的具体措施有哪些？

1. 经济方面：社会主义经济制度的初步建立和工业化的进展
2. 政治方面：社会主义政治制度体系的建立

（1）人民代表大会制度

（2）政治协商制度

（3）民族区域自治制度

3. 思想方面：毛泽东思想（作用、地位）

> **设计意图**　通过展示相关材料，学生能够形成对社会主义制度和走社会主义道路的认可，了解在毛泽东思想的指导下，党和政府采取的一系列经济、政治建设措施，最终促进了社会主义制度在中国的确立。

环节3：课堂小结

（展示本节课的思维导图）

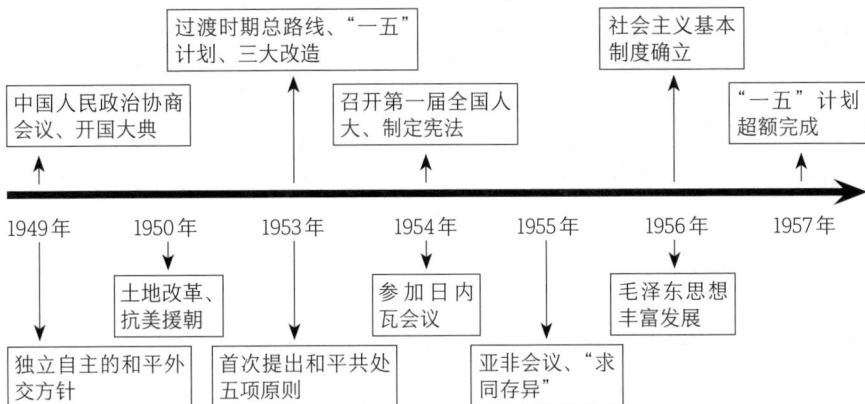

2020年我们经历了疫情，我们见证了奇迹，我们感受到了祖国的强大。同学们，国家好，我们每个人才会好！只有不忘我们来时走过的路，我们才能更好地面向未来！

> **设计意图**　通过课堂小结，联系现实，培养家国情怀，利用时间轴的形式，培养学生的时空观念。

七、作业设计

运用唯物史观，阐述中华人民共和国成立的伟大历史意义。

八、板书设计

中华人民共和国成立和向社会主义的过渡

一、新中国的诞生
　1. 筹备
　2. 成立
　3. 意义

二、新政权的巩固
　国内
　国外

三、新制度的确立
　1. 经济方面
　2. 政治方面
　3. 思想方面

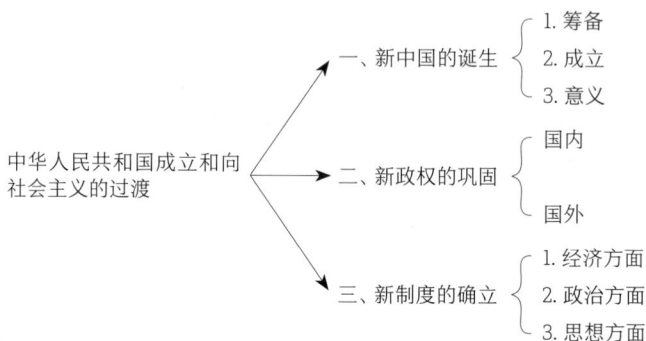

设计意图　本节课的内容在教材上分为四个子目：中华人民共和国的成立、人民政权的巩固、开创独立自主的和平外交和社会主义基本制度的建立。为了使课程内容在整体上看起来更加连贯、通顺，也为了便于学生的理解，我将开创独立自主的和平外交部分放在第二个子目中，这样在巩固人民政权的措施方面，可以从两个方面给学生讲解。为了突出新中国成立后"新"的变化，我将板书设计为"新中国的诞生""新政权的巩固"和"新制度的确立"。

九、教学反思

参加这次比赛我收获了很多，在录制内容的过程中，我一次次地战胜自己，克服心中的恐惧，以期将内容表达清楚、明确。在这次录课中，我认为最大的不足就是展示的史料过少，提出的问题过于简单，对于调动学生的积极性动力不足，不能使学生有一个很好的学习体验过程。在以后的讲课中，我会从适当增加史料以调动学生的积极性和主动性来改进内容；同时，使问题的呈现呈阶梯式，有助于学生循序渐进地学习知识。

专家点评：本课的设计有三个明显的亮点。一是以闰土及其孙子的人生对比导入新课。这种设计不仅关联了学生的已有知识，贯通了文史，唤起了学生的学习意愿，更用闰土祖孙二人不同的人生际遇制造出了认知冲突，搭建了一个需待填补的思考空间。二是运用表格、时间轴等认知工具梳理历史的进程，让纷繁复杂的史事变得具有结构，利于掌握，很好地实现了化繁为简。三是对教学内容的重构。教师根据教学需要，以"新"字为中心，把教材的四个部分优化为"新中国""新政权""新制度"三个子目，而把外交部分归入了"新政权"一目。这样的设计让教学更加聚焦，重心更加突出，以"新"字为统领，也进一步明确了本课时教学的价值立意，可谓匠心。（点评人：刘晓兵，上海市历史特级教师）

案例3
以"小家之书"窥探"大国之史"
——《中华人民共和国成立和向社会主义的过渡》教学设计

杭州师范大学　王添翊

一、教学设计思路

本课设计有两条线索。一是课堂教学线索，利用这一时期著名人物的家书来引出课堂结构和导入知识点，既能够激发学生情感上的共鸣，也能够在前后呼应中使课堂更为完整。二是知识结构，引用单元导语中"古老的中国以崭新的姿态屹立在世界东方"作为本节课的教学立意，从"崭新姿态""屹立"两个角度出发，将本课内容划分为新中国新在哪里和新中国怎样巩固政权两个方面。

二、教学情况分析

1. 学情分析

本课的教学设计主要面向高一学生，他们思维活跃，因此历史课堂切忌枯燥，否则学生的参与度降低，会导致教学质量下降。因此，要针对学情特点来开展教学活动。例如本课内容，知识点密集且多，需要教师为学生理清头绪，防止出现知识点零散不成体系的问题；积极将学生带入课堂中来，通过自主探究、合作探究、史料对比等形式，接收学生反馈，同时也活跃课堂气氛。

2. 课标分析

课标：认识中华人民共和国成立的伟大意义；概述新中国巩固人民政权的主要举措；认识新中国为民主政治建设和向社会主义过渡所做出的努力。

解读：课程标准对于本课内容提出了两个层面的要求。概述新中国巩固人民政权的主要举措，旨在使学生了解举措内容；认识新中国成立的伟大意义以及后续努力等，则对学生提出思考的要求，掌握程度应更深。

3. 教材分析

本课核心内容可概括为"古老的中国以崭新的姿态屹立在世界东方"。"崭新姿态"，是指随着中华人民共和国的成立，中国历史进入了新纪元以及开辟出通向社会主义改造的道路，进入社会主义初级阶段。"屹立东方"，指一方面对内巩固新政权，采取一系列措施稳定了中国的局势；另一方面对外开创新外交，从独立自主和平外交方针、和平共处五项原则到求同存异方针，都为新中国的国家建设争取了有利的国际环境。

同时，教材最后还强调了在这一时期中国共产党的重要领导作用；毛泽东思想将马克思主义理论与中国国情相结合，成为指导中国未来发展的重要思想。

三、教学目标

运用家书史料带入历史情境，由浅入深，体味先辈对祖国的深爱与新中国建立初期的不易；通过对新中国成立前后时间线的纵向梳理和新中国成立之初世界格局的俯瞰，从时空背景下剖析"古老的中国以崭新的姿态屹立在世界东方"的深意；从唯物史观视角对新中国的对内对外巩固措施作出合乎逻辑的历史解释；最后在祖国宏大命运与个人家庭的对照中收尾，在知识与情感相融中升华。

四、教学重难点

重点：中华人民共和国成立的伟大意义，新生政权的巩固举措，社会主义基本制度建立的过程。

难点：人民民主专政概念解析，社会主义基本制度建立的内在逻辑。

五、教学资源与方法

教学资源：教材、PPT、板书及教学设计。

教学方法：以讲授法、探究法为主，辅以讨论法、图示法等。

六、教学过程

环节1：导入

从热门综艺节目《见字如面》导入，提问："给自己的亲人写过信吗？"引导出本节课的线索——以"小家之书"窥"大国之史"。

同学们了解过综艺节目《见字如面》吗，给自己的亲人写过信吗？书信如今已不再是一种流行的联系方式，然而在20世纪，家书仍如至宝一般珍贵，对亲人而言意味着无限的爱，而对后人来说它们也是鲜活的历史。本课我们就以"小家之书信"，探"大国之历史"，一起走进新课的学习。

> **设计意图**　采用提问的形式能够较好地吸引学生的注意力，对于很少接触书信的当代学生而言，家书充满新鲜感，能够激发学习兴趣，同时为结尾家国情怀的升华做铺垫。

环节2：讲授新课

第一子目　中华人民共和国的成立

展示沈钧儒的家书史料，提问：从沈钧儒的家书中能够看出他这时候在忙什么？引导学生关注到"政协"，带领学生在课本中寻找中国人民政治协商会议第一届全体会议的具体内容，并引出《中国人民政治协商会议共同纲领》。带领学生观察开国大典的照片与油画，寻找其中的不同，通过物质条件的窘迫来反映出新中国成立的不易与伟大。

同学们我们来看第一封家书，是沈钧儒写给儿子沈谦的：

大儿：

因为你说要来，引起了我的热望，……政协已开始，说忙也就忙得很，腰际的痛苦，因为忙也就不许你不好，真奇怪它也就好了。灯下草草，藉报平安。……

（1949年）九月廿二日晚

——沈钧儒纪念馆编：《沈钧儒家书》，北京：群言出版社，2008年这时他在忙什么？中国人民政治协商会议第一届全体会议有哪些内容呢？《中国人民政治协商会议共同纲领》作为临时宪法，规定了"人民民主专政"这一国体。结合课本"历史纵横"模块，围绕两个问题展开小组讨论：什么是人民民主专政？怎样实行？

> **设计意图** 家书作为切口能够有效引入课本知识点，同时沈钧儒来自民盟也能够反映政协会议代表的广泛性。人民民主专政是一个理解难度较高的概念，通过自主探究和讨论探究等方法，能锻炼学生历史解释的素养。图片比较的方式能够引起学生好奇，在用物质窘迫的开国大典来推翻学生固有思想的同时，也能够反衬出新中国成立的伟大意义。

第二子目 人民政权的巩固

展示沈钧儒的家书史料，通过沈钧儒写给长孙的家书引出新中国所面临的挑战和威胁，以及新中国采取了哪些措施。依教材顺序，略讲剿匪镇反，结合教材图文探讨土地改革和财经统一，最后通过照片、地图和毛泽东的书信展开，详讲抗美援朝。

我们继续来看第二封家书，是沈钧儒写给长孙的：

康康（指沈人骅，沈钧儒长孙）：

西北之行非常愉快，……目前土改（反封建）建设国防（反帝）是两件大事，……你如决心报名参加国防事业，我是极端赞成。

你的祖父

（1950年）十二月十四晚

——沈钧儒纪念馆编：《沈钧儒家书》，北京：群言出版社，2008年

结合材料和课本找出新中国此时面临哪些挑战，又采取了哪些措施。结合课本图片以及"思考点"，小组讨论土地改革的意义，并利用表格来归纳国家是如何振兴经济的。

结合课本上的照片和抗美援朝地图，想一想为什么沈钧儒把抗美援朝战争称为"建设国防"。毛泽东曾写下"青山处处埋忠骨，何须马革裹尸还"

一诗，哀悼在战争中捐躯的毛岸英。可以说抗美援朝是用巨大牺牲赢得了胜利，同学们一起在课本中找一找胜利的重大意义。

> **设计意图** 继续运用家书使课堂逻辑完整，充分利用图片、表格等工具帮助学生自主学习、探究、归纳。图文结合能够直观地展现所要导入的内容，同时"建设国防"与志愿军跨过鸭绿江也形成了思维张力，能够使学生更加深刻理解抗美援朝是国防建设所必需。

第三子目 开创独立自主和平外交

通过抗美援朝地图以及二战后世界形势地图来引导学生分析新中国面对的国际环境，并阐释独立自主和平外交方针的合理性。展示周恩来的外交活动时间轴以及家书，厘清这一时期的重要外交活动和外交思想。

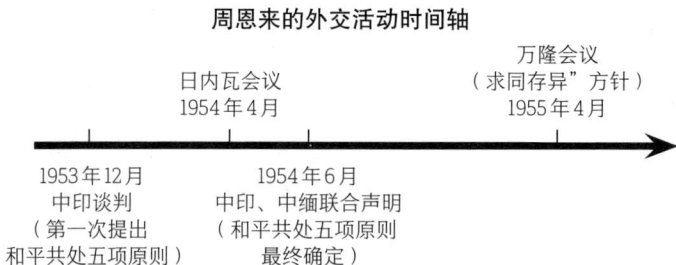

周恩来的外交活动时间轴

1953 年 12 月 中印谈判 （第一次提出 和平共处五项原则）	日内瓦会议 1954 年 4 月	1954 年 6 月 中印、中缅联合声明 （和平共处五项原则 最终确定）	万隆会议 （求同存异"方针） 1955 年 4 月

同学们回顾抗美援朝地图以及二战后世界形势地图。

想想这一时期中国应该采取怎样的外交策略，并在书中找到答案。这一时期中国也在国际舞台上展开了积极的外交活动。请同学快速阅读课本，将时间轴补充完整。

时间轴上出现了两次重要会议，请同学们结合周恩来的家书和补充材料，自主学习日内瓦会议、万隆会议的相关内容，并思考"求同存异"方针的重要意义。

　　超：

　　　　你的信早收到了。……来日内瓦已整整七个星期，实在太忙，睡眠常感不足，每星期只能争取一两天睡足八小时。所幸并未失眠，身体精神均好，望你放心。

周恩来

——《周恩来书信选集》，北京：中央文献出版社，1988年

伊拉克代表攻击共产主义是一种颠覆性的宗教，是新式的殖民主义。菲律宾代表试图说服亚非国家与美国这样的国家联合起来反对共产主义。泰国代表发言，表示了对和平共处五项原则的最后一项的疑虑，认为中国建立傣族自治区使"泰国不得不面对渗入和颠覆活动的威胁"。

——石志夫主编：《中华人民共和国对外关系史》，北京：北京大学

出版社，1994年

设计意图　联系上文让学生思考时局，从时空两个角度充分思考。通过时间轴的方式能够使学生们快速厘清这一目内容的时间顺序，同时帮助学生更加清晰地认识到和平共处五项原则对新中国外交活动的指导作用。

通过补充的材料让学生更深刻地认识到中国参与国际会议时做出的巨大努力，以及加深对于"求同存异"方针的理解。

第四子目　社会主义基本制度的建立

从沈从文的家书切入主题，引出社会主义改造，进而承接"一五计划"和社会主义工业化。展示框架示意图以讲解一届人大和五四宪法，最终得出此时我国进入社会主义初级阶段。

沈从文在写给妻子的家书中提到：

苏州也还有好些香烛铺，大小蜡烛倒悬空中，铺柜中坐定了两位长衫掌柜，可不知是否也是公私合营？这种纯消费的迷信，事实上还是应当禁止节制，不然，一放手，城隍庙又成倒退中心！

沈从文

1956年10月29日

——《沈从文家书》，北京：人民文学出版社，2010年

公私合营是社会主义改造中的一种有效方法，我们结合课本来进一步了解社会主义三大改造，并探究其与社会主义工业化之间的关系。

与此同时我们的政治制度也发生了巨大转变，请同学们填补框架图来详细了解一届人大。"五四宪法"规定了我国的社会主义性质，三大制度搭建了社会主义制度体系框架，加之社会主义经济制度初步建立，我国从此进入了社会主义的初级阶段。

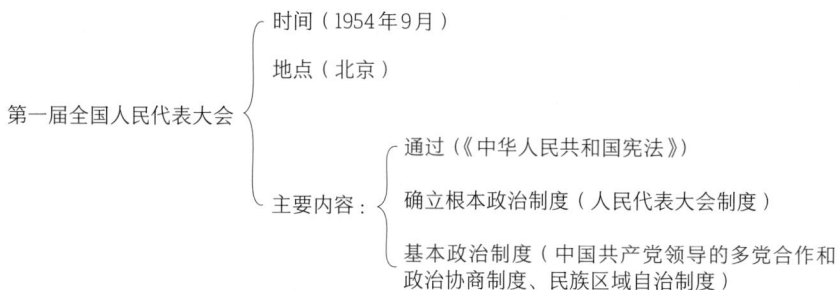

第一届全国人民代表大会
- 时间（1954年9月）
- 地点（北京）
- 主要内容：
  - 通过（《中华人民共和国宪法》）
  - 确立根本政治制度（人民代表大会制度）
  - 基本政治制度（中国共产党领导的多党合作和政治协商制度、民族区域自治制度）

设计意图　通过家书帮助学生理解社会主义改造的模式路径，在社会主义改造和工业化的关系这一思维难点上，通过师生共同探究来帮助学生消化。框架图主次清晰，有利于学生的识记和区分。

环节3：课堂小结及升华

总结课堂所学，并阐述在新中国成立阶段，中国共产党、毛泽东思想所发挥的领导作用，最后通过家书联系现实，使课堂结构完整。

回顾今天所学，老师用一句话帮大家总结：古老的中国以崭新的姿态屹立在世界东方。新中国的成立与建立社会主义制度是"崭新姿态"，对内巩固新政权、对外开创新外交是"屹立东方"。这一时期中国共产党与毛泽东思想发挥了巨大作用，它们都是新中国的重要支柱。

通过今天的学习我们也能了解到，书信虽小，却不仅能承载亲人浓郁的爱，更能记录下国家厚重的历史。家书只是一个微小的载体，但它告诉我们，每一个人都属于国家的历史，我们构成了国家的过去，更将创造国家的未来。

设计意图 对本课作总结，帮助学生厘清线索和知识重点，最后落脚于加深学生对中国共产党和毛泽东思想的理解，并通过情感升华培养学生的家国情怀，再次点明本课的主线索，首尾呼应。

七、作业设计

结合今日所学谈谈对新中国成立的感悟。

八、板书设计

$$\text{崭新姿态屹立东方}\begin{cases}\text{成立新中国}\\\text{巩固新政权}\\\text{开创新外交}\\\text{建立新制度}\end{cases}$$

九、教学反思

本次备赛时间较长，准备比较充足，因此设计比较完备，其中指导老师的悉心指导也给予我很大帮助。按照以"小家之书"窥探"大国之史"的主线展开教学是突如其来的灵感，在尝试中发现与教学内容契合度较高，尤其是在模拟教学的过程中模拟生表现出较为浓厚的兴趣，收效较好。但由于本课教学设计有两条线索，结果在授课过程中出现主线不够明晰的情况，之后的设计中我应该思考如何用一条主线来更好地串联教学。此外在教学过程中需注意既要放权学生，倾听学生，又要将学生的反馈凝练为合理的课堂生成，在字斟句酌中更加有效地落实核心素养。

专家点评：本课以家书再现国史，以国史升格家书，较好地实现了历史课程内容逻辑和教学逻辑的贯通，是一种颇具历史感的教学创意。古往今来，中国人的历史记录丰富而多样，国有史、方有志、族有谱、家有书。家书是历史当事人的私密而更为可靠的历史记载，从中窥察历史，不仅能够提供丰富的历史细节，更给了我们一个宏大叙事不曾关注的民间视角，而这，正蕴含着历史的真实样态和深层逻辑。本课以沈钧儒、沈从文等人的家书为表，而以共和国国史为里，让二者互证互通、互相辉映、合理衔接，精巧不失大气，厚重而又充满趣味。（点评人：刘晓兵，上海市历史特级教师）

案例4
新纪元·新征程
——《中华人民共和国成立和向社会主义的过渡》教学设计

华东师范大学　彭德英

一、教学立意

新中国的成立开启了中华民族伟大复兴的历史新纪元。随后，中国进入了巩固新政权、寻求社会发展的探索时期。新中国新政权的巩固使得国家安全得到保障，社会经济得到恢复，这是谋求社会进一步发展的先决条件。新中国独立自主的和平外交是基于当时政治、外交环境的正确选择，既有助于维护新中国的国家安全，又能体现中国的大国风范与和平理念。

二、教学情况分析

1. 学情分析

本课的授课对象是高一学生。高一学生在初中时，便对开国大典、土地改革、抗美援朝等基本史实有所认知，但认知并不成体系；学生对巩固新政权的一些措施和外交方针等基本史实则较为陌生。此外，总体来说，学生的归纳能力和从史料中提取信息的能力并不强。故而，在讲授本课时，对史实的讲解会更侧重学生没有接触过或比较陌生的内容；同时，教学整体安排更注重史实的贯通、历史的整体架构和用史料来辅助学生的历史理解，并基于学生的史实认知基础对内容进行一定程度的深化。

2. 课标要求

（1）认识中华人民共和国成立的伟大意义。

（2）概述新中国巩固人民政权的主要举措。

（3）认识新中国为民主政治建设和向社会主义过渡所做出的努力。

3. 教材分析

　　本课是统编《中外历史纲要（上）》的第26课，也是第九单元的第一课。从内容和结构上都起到一个承上启下的过渡作用。前一课是新中国成立的背景和条件。后一课的内容是社会主义制度建立之后的首要工作。所以，教材主要通过中华人民共和国的建立、人民政权的巩固、开创独立自主的和平外交和社会主义基本制度的建立四个部分来衔接此前的所学内容，并呈现前后两个历史阶段的过渡，条理清晰、内容连贯。整体来说，这样的安排有助于学生整体把握本课内容。但因本课内容较多，所以将前三个板块归为一次授课内容，先行讲授，更有助于学生的学习和对知识的吸收。故而，此次教学仅讲授前三个板块。

三、教学目标

　　了解新中国巩固人民政权的主要举措，了解新中国独立自主的和平外交的主要内容。

　　通过对新旧中国的纵向比较，感悟仁人志士为新中国成立所做出的艰辛努力，体悟新中国成立的伟大历史意义。

四、教学重难点

　　巩固新政权的措施。

五、教学资源与方法

　　教学资源：图片史料、文字材料、回忆录、报刊、多媒体。

　　教学方法：以讲授法为主，辅以问题驱动等方法。

六、教学过程

环节1：导入

　　播放建国70周年大阅兵的视频。教师提问：70周年是什么的70周年？学生回答：新中国成立70周年。教师提问：我们看到的视频中，军人气宇轩昂，训练有素，武器装备都是现代化的，那么70年前又是什么状况呢？

新中国"新"在哪里?那么新中国的建立者们又是如何去巩固新政权的呢?

顺势导入新课。

设计意图 结合时事,拉近距离;旋律激昂的视频,能激发学生的自豪情感和爱国情绪,增强学生的学习欲望;提问互动能引导学生较快进入学习状态。

环节2:讲授新课

一、新中国的成立

(一)筹备工作——中国人民政治协商会议

学生阅读教材,找出中国人民政治协商会议的相关信息,包括时间、地点、与会代表构成和主要内容。

教师提问:与会代表的构成反映出什么信息?学生回答:略。教师从新政权的基础和新政权的民主性角度进行讲解,强调"新"的政治。

展示如下材料,让学生思考:为什么说《中国人民政治协商会议共同纲领》具有临时宪法的性质?学生回答:略。教师从宪法的地位、主要内容和重要性等角度进行讲解。

《中国人民政治协商会议共同纲领》的构成:

序言/总纲/政权机关/军事制度/经济政策/文化教育政策/民族政策/外交政策

总纲部分条目:

第一条:中华人民共和国为新民主主义即人民民主主义的国家,实行工人阶级领导的、以工农联盟为基础的、团结各民主阶级和国内各民族的人民民主专政,反对帝国主义、封建主义和官僚资本主义,为中国的独立、民主、和平、统一和富强而奋斗。

第四条:中华人民共和国人民依法有选举权和被选举权。

第五条:中华人民共和国人民有思想、言论、出版、集会……及游行示威的自由权。

——整理自《建党以来重要文献选编》,北京:中央文献出版社,2011年教师用毛泽东《新民主主义论》和《论人民民主专政》的论述讲解什么是新民主主义，什么是人民民主专政。

（二）开国大典

教师：一切准备就绪后，正式的仪式就可以开始了。

播放毛主席宣布中央人民政府成立的影像资料。

教师：同学请看，视频中的人物是怎样的表情？学生回答：略。教师：充满了骄傲和自豪，兴奋和喜悦。自鸦片战争以后，民族独立、国家统一是无数仁人志士的追求……终于，在这一天，我们实现了民族的独立！

（三）新中国成立的伟大意义

教师：现在的我们来看新中国成立这一伟大历史时刻，依然是如此激动，那么当时的人又是如何看待新中国成立这一大事呢？新中国的成立又有着怎样的历史意义呢？我们先来看当时的人怎么说。

提供毛泽东卫士李家骥的访问录中毛泽东的话语、《人民日报》的文章、诗人的诗及下列材料，让学生分角度总结新中国成立的意义。教师从国家层面、人民层面、国际层面等角度进行总结。

> 中华人民共和国的成立，结束了帝国主义、封建主义和官僚资本主义长期压迫和剥削各族人民的历史，人民真正成为国家的主人，从根本上改变了中国社会的发展方向，为实现由新民主主义向社会主义过渡创造了前提条件。
>
> ——教育部：《中外历史纲要（上）》，北京：人民教育出版社，2019年

> 人民民主政权在全国范围有效地行使权力，出现了中国历史上空前的统一。国内各民族结束了过去那种互相歧视和互不信任甚至相互对立的状况，建立起新的民族平等关系，各民族不论大小都成为民族大家庭中平等的一员。
>
> ——林蕴晖等著：《凯歌行进的时期》，郑州：河南人民出版社，1996年

中华人民共和国成立后，首先同苏联及东欧一批人民民主国家正式建立了外交关系……在战后世界和平民主阵营与帝国主义阵营相互对峙的国际格局中，中苏两大国的同盟增强了维护世界和平民主的各国人民一方的力量。

——庞松主编：《简明中华人民共和国史》，广州：广东教育出版社，2001年

设计意图　采用提问互动式教学，教师起引导作用，突出学生学习的主体性；从史料出发，培养学生从史料中提取信息的能力；用筹备—开展—结果和评价的结构进行讲解，有助于学生对内容的整体把握。

二、新政权的巩固

教师：新中国的成立让无数人欢欣鼓舞。但是，与此同时，新中国还有着自己要处理的难题。为什么这么说呢？新中国有哪些难题？让学生阅读教材第157页关于"人民政权巩固"一部分内容，让学生总结新中国所处的内外环境。教师从军事、经济、国际形势等角度进行总结。

教师：这些难题的存在一定程度上说明新政权是不稳固的，那么新中国该如何去巩固新政权呢？学生回答：略。教师：当然是对症下药。

教师对应材料呈现的问题，讲授肃匪镇反的措施和影响、土地改革的主要举措和影响及稳定物价的行政、法律等举措。

教师：(呈现图片) 现在我们来看这两幅图片，它们反映的是什么事件？学生回答：略。

教师讲解"银元之战"和"米棉之战"及它们之间的关联。

拒用银元宣传工作

调往大中城市的米棉

杨根思（1922—1950）

教师讲解抗美援朝战争的主要进程、结果及影响。

教师：同学们都听过抗美援朝中的一些英雄事迹吗？学生回答：（初中学过的）黄继光、邱少云的。教师：很好，他们都是我们的英雄模范和功臣。今天老师给同学们讲讲另一个英雄——"特级战斗英雄"杨根思的故事。

提供杨根思的图片并讲述杨根思的事迹。

设计意图 综合运用文字材料和图片材料，一方面较为直观地呈现历史信息，另一方面也可以培养学生的信息提取能力，同时也有助于培养学生的史料实证意识；讲述英雄人物故事，提高学生学习兴趣，也对学生起到鼓舞作用。学生对肃匪镇反和稳定物价较为陌生，而这两个方面均较为复杂，因此以教师讲授为主。

三、新外交的开创

教师：我们刚刚在学习新中国成立的意义的时候，说到了中国是世界和平力量的一支，那么同学们知道，这主要表现在哪些方面吗？学生回答：（略）。教师：主要在于新中国的独立自主的和平外交。老师把这部分内容概括为三个方针、两个会议、一个原则。

学生找出三个方针、两个会议。教师解释三个外交方针——"另起炉灶""打扫干净屋子再请客"和"一边倒"的具体内容。

提供以下图片。教师：同学们知道照片中的人是谁吗？学生：周恩来。教师：很好，是周总理，那么同学们知道这是什么时候的照片吗？学生回答：略。教师：是周总理出席日内瓦会议时的照片。

教师讲授周恩来与杜勒斯握手的故事，

周恩来步入日内瓦会议会场

讲述中国代表出席日内瓦会议的意义。

教师与学生一起总结和平共处五项原则的提出过程。

呈现以下材料，学生思考如何评价和平共处五项原则的提出。教师从国内和国际两个角度进行总结。

　　　和平共处五项原则生动地反映了联合国宪章的宗旨和原则，并赋予这些宗旨和原则以可见、可行、可依循的内涵。和平共处五项原则中包含四个"互"字、一个"共"字，既代表了亚洲国家对国际关系的新期待，也体现了各国权利、义务、责任相统一的国际法精神。

　　　——习近平：《弘扬和平共处五项原则　建设合作共赢美好世界——在和平共处五项原则发表60周年纪念大会上的讲话》

　　　1955年4月举行的亚非会议的成功也多少得力于周恩来所强调的和平共处的方针。

　　　——［美］费正清等编：《剑桥中华人民共和国史》，北京：中国社会科学出版社，1992年

> **设计意图**　学生对三大方针的具体内容较为陌生，故以教师讲授为主；讲述会议期间的故事，有助于提高学生的学习兴趣。

环节3：总结与回顾

通过下面的表格带学生回顾本节课的知识点。

新中国的建立、政权巩固和外交	
一、新中国的成立	1. 筹备工作 2. 开国大典 3. 意义
二、新政权的巩固	1. 肃匪镇反 2. 土地改革 3. 稳定物价 4. 抗美援朝

（续表）

新中国的建立、政权巩固和外交	
三、新外交的开创	1. 三大方针 2. 两个会议 3. 一个原则

> **设计意图**　用表格的形式归纳本节课的主要内容，并及时地回顾，可以加深学生对本课所讲内容的认识和理解。

七、作业设计

查阅地方土地改革相关资料，基于这些材料，思考：土地改革如何巩固了新政权？并谈谈你对于土地改革的看法。作业以小论文形式提交。

八、板书设计

```
                              ┌ 肃匪镇反
                   ┌ 巩固新政权 ┤ 土地改革
                   │          │ 稳定物价
会议筹备            │          └ 抗美援朝    新道路
       ⟹ 新中国成立 ┤                      新征程
开国大典            │          ┌ 三大方针
                   └ 开创新外交 ┤ 两个会议
                              └ 一个原则
```

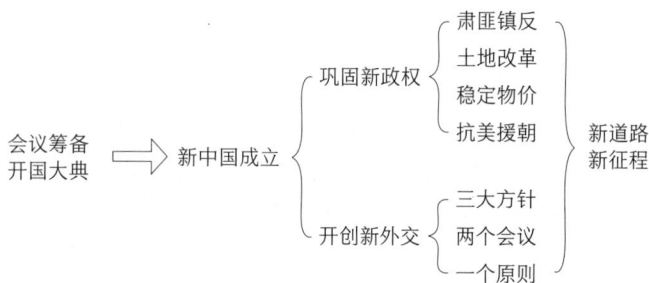

> **设计意图**　配合教学内容的展开，能较全面地教学，便于学生系统地、全面地把握内容。

九、教学反思

本课从教学目标来说，目标清晰，具有可操作性。从教师的角度来说，教师具有较清晰的教学思路，声音洪亮，但历史解释能力稍弱，教学中常出现表达不准确的现象。其中有一些史料选择不当。在反映具体历史情境的史料上，应以一手史料为先。

专家点评：本课教学运用的史料较为丰富，充分展现了历史细节的力量。课堂上所使用的既有《中国人民政治协商会议共同纲领》《新民主主义论》《人民日报》等历史文献的文本，又有访谈、语录、诗歌、图片、人物等，以及各种历史学著作中的记载和观点。这种多方位再现历史场景的手法让课堂具有较强的呈现力和感染力。置身于多种元素共同构建的历史教学情境中，学生的情绪情感和思维思想很容易被调动、被激发。难能可贵的是，本课大多数史料的运用是配套相应学习问题的。这种情境和问题的组合，把历史的真实境况也就是当时人们面临的实际问题，和学生学习历史所要思考解决的学习问题统一在了一起，实现了历史学习者和历史人物的有效对话。（点评人：刘晓兵，上海市历史特级教师）

案例5
回望过往奋斗路，开启奋进新征程
—— 《中华人民共和国成立和向社会主义的过渡》教学设计

淮阴师范学院　　张瑜

一、教学立意

本课通过梳理新中国成立的历史脉络，深入理解中华人民共和国成立的历史意义，对国内及国际形势、世界格局产生的突出意义；详细介绍新中国巩固人民政权的重要举措，阐述新中国为民主政治建设和向社会主义过渡所做出的努力。在教学过程中，设置问题链，层层深入，提升学生的学科素养，并以史实为依托，创设情境，调动学生学习的积极性，在感知家国情怀的背景下解读历史寓意，体现以学生为主体的教学理念。

二、教学情况分析

1. 学情分析

高一学生思维活跃，又有初中的历史学习基础，再加上中国现代史内容与今天距离较近，所以对一些史实会有所了解。本课教学中注重知识的分析和深度，要求学生在已有的知识基础上建构整体认知，以及实现学科素养的渗透，尤其是认识到今天的幸福生活是在中国共产党的领导下成立了新中国，在党和人民政府的领导和决策下并在人民群众创造下，一步步取得的。

2. 课标要求

认识中华人民共和国成立的伟大意义，概述新中国巩固人民政权的主要举措，认识新中国为民主政治建设和向社会主义过渡所做出的努力。

3. 教材分析

1949年中华人民共和国成立，开启了中华民族伟大复兴的历史新纪元。为向社会主义过渡、实现工业化做准备，新中国采取了一系列巩固人民政权的举措：土地改革、稳定物价、恢复国民经济，抗美援朝造就国内团结统一和社会稳定局面。1953年，开始进行社会主义改造，为当代中国一切发展进步奠定了根本政治前提和制度基础。这一时期积极的外交活动为新中国争取到了有利的国际环境。

三、教学目标

通过历史图片和历史资料提出问题、设置悬念，识记新中国巩固人民政权的措施；在研读教材及其他史料的基础上，理解新中国为民主政治建设和向社会主义过渡所做出的努力，了解新中国社会主义基本制度的建立，培养有效解读材料、自主分析归纳知识的能力；在充分认识理解中华人民共和国成立的伟大意义的基础上，培养不屈不挠的民族精神和深厚的爱国主义情怀。

四、教学重难点

重点：新中国成立的伟大意义，巩固新生政权的主要举措。

难点：新中国为民主政治建设和向社会主义过渡所做出的努力。

五、教学资源和方法

教学资源：教师多途径查找资料，制作多媒体课件和做教学设计；学生提前预习，有条件的可以进行课外阅读。

教学方法：讲授法、师生谈话法、问题探究法。

六、教学过程

环节1：导入

教师播放视频片段"2020年10月1日天安门升旗仪式"，教师旁白，由此引出本课课题。

> **设计意图**　通过感受天安门广场升旗仪式的庄严氛围和现场观众的表现，增强学生对祖国的自豪感，由此回溯历史时空。

环节2：讲授

一、中华人民共和国的成立

（一）成立

1. 中国人民政治协商会议第一届全体会议

教师运用问答法，通过回顾旧政协的概况和影响引出新政协的召开。教师问：筹建新中国是这届政治协商会议的主要任务，那么到底要建立一个怎样的新中国呢？又经过了哪些步骤呢？学生归纳总结。

> **设计意图**　温故而知新，培养学生知识的连贯性，深化学生对所学知识点的理解。

教师提问：《共同纲领》为什么具有临时宪法的性质？学生认识到《共同纲领》确定了一个新国家的架构。

> **设计意图**　运用讲述法，学生能够理解中华人民共和国代表全体人民的利益，以及体现人民民主的政治制度，培养学生对党和国家的热爱之情。

2. 中央人民政府第一次会议

教师从政治协商会议引入中央人民政府第一次会议，决议接受《中国人民政治协商会议共同纲领》为施政方针。由此，中央人民政府宣告成立。

> **设计意图**　鼓励学生自主阅读，有利于发挥学生的主体作用，使学生易于接受信息。

3. 开国大典

教师播放《开国大典》片段，加以讲解。

设计意图 以再现历史情境的方式加深学生对这一重大历史时刻的理解。

（二）意义

教师出示材料：美国史学家斯塔夫里阿诺斯评价新中国成立的一段话、1949年10月2日《人民日报》对于开国大典的报道。提问：中华人民共和国的成立令无数国人感到民族终于有了希望，有了前途，人民彻夜狂欢。那么中华人民共和国的成立有着怎样的历史意义呢？

教师分别请各组代表回答：新中国的成立具有伟大的历史意义。在近代史中，战火不断，国家四分五裂，人民处于水深火热之中，新中国的成立结束了这样一种局面，并且恢复了独立主权，中国人民从此再也不会被压迫、奴役，人民真正成为国家的主人。新中国的成立从根本上改变了中国社会的发展方向，为实现由新民主主义向社会主义过渡创造了前提条件。在国际影响上，新中国的成立标志着中华民族开始以崭新的姿态自立于世界民族之林，中国历史进入新纪元。

设计意图 通过分析新中国成立的伟大历史意义，培养学生运用历史唯物主义方法分析问题的能力，增强学生的民族自豪感，坚定建设中国的决心。

二、人民政权的巩固

教师展示1949年开国大典后毛泽东的照片，抛出问题：为什么毛主席在开国大典后表情凝重？展示毛主席自己解释当时"表情凝重"的材料。在欢庆胜利的时候，中国共产党人清醒地认识到，这只是中华民族复兴大业的序幕。展示"1949年中国人均国民收入与世界各国人均国民收入"的对比图。这时的中国，是世界上最穷的国家之一。面对经济上的如此局面，党采取了什么措施巩固新生的政权呢？

设计意图 利用图片辅助教学，使得教学内容、教学环境和教学过程得以优化，使学生直观地感受到所学内容，从而提高学生学习质量。

（一）经济上：土地改革和稳定物价

1. 土地改革

首先，用幻灯片展示新中国成立时农民生活的图片，学生认识到土地改革时全国尚有约占总数2/3的农民被束缚在封建土地制度之下。接着，教师采用问答法，引导学生归纳出土地改革的依据、内容和影响。最后，教师展示刘少奇的《关于土地改革问题的报告》中有关土地改革基本内容的一段话，和辽宁农民在土改后给毛主席的一封信的摘录这两则材料，询问学生土地改革的重大历史意义。

设计意图　提高学生的史料解析能力，帮助学生掌握学习历史的方法，培养历史思维能力。

2. 稳定物价

教师展示有关"银元之战"和"米棉之战"含义的材料。农村的土地问题基本解决，城市问题又迫在眉睫，据记载，1949年城市失业工人约400万人，通货膨胀问题严重，出现这种局面的原因是什么？提问：请同学们根据材料推断，在全国解放前，国民经济形势如何？在得出答案后，教师鼓励学生采用自主学习的方式，归纳出国民经济恢复的意义。

设计意图　激发学生学习的主动性，并提高学生的口语表达能力。

（二）军事上：镇压反革命和抗美援朝

教师提问：新中国成立后面临怎样的国内、国际环境？党和政府采取了哪些措施？结果如何？学生阅读教材，根据表格回答。

	措　　施	影　　响
国　　内		
国　　际		

设计意图　培养学生剖析教材和解决问题的能力，充分理解领悟教材，充分发挥学生的主体性。

（三）外交上：开创独立自主的和平外交

1. 独立自主的原则

（1）背景

教师先后展示美国等资本主义国家在政治上敌视中国、对中国进行"封锁、禁运"的材料，并放映美国对中国进行军事包围的图片。提问：新中国成立后，美国和一些资本主义国家对新中国采取什么样的政策？学生观察形势图和材料，在教师的引导下，得出结论。

（2）具体内容

教师进一步点拨：这就决定了新中国同以苏联为首的社会主义各国联合的必要性。于是，新中国成立后，实行了"一边倒"的方针。

教师展示周恩来关于新中国外交的认识的材料。提问：这则材料体现了我们新中国怎样的态度？当时的新中国在向世界宣告，中国不承认帝国主义国家与旧中国建立的一切外交关系。这就是"另起炉灶"的方针。

教师根据毛主席同米高扬谈话的材料，提问："为什么毛泽东说屋内太脏了？"教师引导学生思考、交流，引出"打扫干净屋子再请客"的重大外交决策。

教师小结：依据这三个方针，新中国采取先谈判再建交的方式，迎来了中华人民共和国第一次建交高潮。

> **设计意图**　采用阶梯式提问的方法，层层递进，提高学生参与教学活动的积极性。

2. 和平共处五项原则

教师展示中国政府代表在日内瓦会议上的图片，以及周恩来在万隆会议上发言的图片。教师提问：请同学们思考"和平共处五项原则"的提出、发展过程。

学生交流讨论后，表达见解："和平共处五项原则"的提出是在1953年12月，周总理为和平解决中印边界问题而提出；在日内瓦会议后，该原则得到了发展，被赋予国际法的含义；万隆会议后和平共处五项原则逐渐成为广泛接受的国际关系准则。

教师借助表格梳理日内瓦会议和万隆会议的主要内容，让同学们充分理解知识点。并进行拓展：解释"和平共处五项原则"所倡导的国际关系准则。

教师总结：周恩来提出的和平共处五项原则与求同存异的外交方针，为新中国的国防和外交开辟了新的路径和方法，同时也为新型国家关系的建立做出了巨大的贡献。

设计意图 采取问题探究法教学，引导学生自行发现并掌握知识，建立自己的认知模型和学习方法架构。

三、社会主义基本制度的建立

（一）社会主义改造和第一个五年计划

1. 措施

教师展示毛泽东评价新中国工业情况的材料，提问：我们可以看出当时我国的工业基础处于怎样的发展状况？

学生根据材料得出：新中国重工业基础十分薄弱。

教师进一步归纳：由于帝国主义的阻挠，再加上持续不断的战争，虽然中国近代工业有近百年的发展历史，但中国依旧是一个农业国，重工业基础薄弱且门类残缺不全。在此基础上，中国共产党于1953年提出过渡时期总路线，实施"一五"计划并进行社会主义改造。

设计意图 夯实学生的基础知识，进一步提高阅读文献资料和通过多种途径获取历史信息的能力。

2. 结果

教师展示"1950—1956年我国工业中各种经济成分的变化情况"图表，和学生一起探究1950—1956年我国经济成分发生的变化，以及这种变化有怎样的历史意义。学生根据课本内容回答。

设计意图 通过观察图表，激发学生的学习兴趣，活跃课堂氛围，提高课堂效率。

教师绘制图表，进一步明确社会主义工业化和社会主义改造的关系。

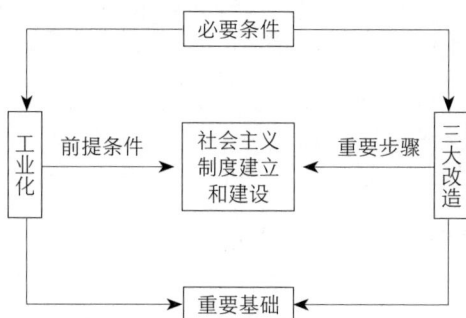

设计意图 教师通过解释说明和拓展讲解，培养学生对已学知识的运用能力。

（二）第一届全国人民代表大会召开

教师提问：请同学们结合教材内容及所学知识指出，新中国初期的民主法制、思想建设有何成果？学生回答后，教师展示图片，解读新中国初期的政治制度体系。

设计意图 加深学生对知识的理解和深化，充分训练学生的发散思维，提高学生的历史素养。

环节3：课堂小结

教师引用习近平总书记在十九大报告中讲述"中国特色社会主义进入新时代"的材料，回顾新中国的发展历程。最后，和学生一起欣赏视频《厉害了，我的国》，感受祖国强大起来的历程。

设计意图 引发新时代的高中学生对新中国成立带来的"翻身感"的思考，学生们能够有身临其境的感受，得到情感上的升华。

七、作业设计

观看电影《我和我的祖国》的第一个篇章《前夜》，了解电动旗杆设计者林治远的故事，并给林治远先生写一封信。

> **设计意图** 增强学生的民族自豪感、使命感和幸福感，学生能够正确认识祖国的历史和现实，鼓舞学生为中华之崛起而读书。

八、板书设计

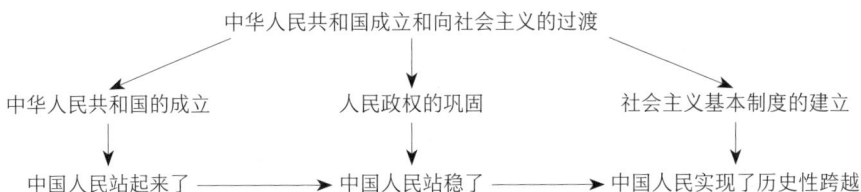

中华人民共和国成立和向社会主义的过渡

中华人民共和国的成立　　　人民政权的巩固　　　社会主义基本制度的建立

中国人民站起来了 ——→ 中国人民站稳了 ——→ 中国人民实现了历史性跨越

九、教学反思

首先，本课注重使用多媒体资源诱发学生的学习兴趣，而且材料使用得比较广阔，增强了学生对整体历史的感知，对把握和学习好历史大有帮助；其次，学生在自主学习中学会自己总结问题，教师主要的工作是引导学生自主学习，符合新课标要求；再次，注意结合已学历史知识，贯穿古今；最后，本节课设计的各种学习活动比较具体，充分关注学生学习习惯的养成，调动学生自主学习的积极性，从具体到抽象对教材进行处理。但在教学过程中，教师自我创新意识不够强，未能将理论知识与现实生活紧密结合。在今后的教学工作中应做到大胆实践，多关注时事政治和生活实际，多学习多思考，努力提高自己的创新能力和创新思维；充分发挥学生的主动性，不断提高学生的质疑能力和探究能力，使每个学生的专业能力都能得到发展。

专家点评：本课以2020年国庆升旗仪式导入，回溯到70多年前新中国的成立，引导学生学习完本课内容后以"十九大报告"和《厉害了，我的国》视频的部分内容结尾，从历史再回到现实。这种一"入"一"出"的首尾布局体现出设计者有较强的古今贯通意识。学习历史的正确方式正是这种立足当下、回望过去、面向未来的"姿势"。在历史观照现实的思路下，教师运用问题引领的教学手段，作为展开史料探究的切入点，在提取历史信息、体验历史场景、思索历史问题的过程中，增强学生的历史学习能力与素养。(点评人：刘晓兵，上海市历史特级教师)

案例6
破茧化蝶开新路
——《中华人民共和国成立和向社会主义的过渡》教学设计

南通大学　薛峰

一、教学设计思路

新中国成立，开创了一个全新的时代，是中华民族伟大复兴的新起点。新中国成立后，中国共产党通过一系列措施巩固人民政权，在内政外交中均取得了巨大成就，通过"三大改造"确立了社会主义基本制度，带领新中国走上社会主义道路，开创了独立自主的和平外交，从而为当代中国的发展奠定了一系列基础。

二、教学情况分析

1. 学情分析

本课教学内容所对应的是刚刚步入高一年级的新生，课程中的知识大多在初中已经讲授过。因此，本课教学设计将把培育学生的学科核心素养、深化学生的问题意识作为重点，侧重通过创设历史情境来引导学生进一步理解新中国成立的伟大意义、巩固人民政权的必要性，并深化认识社会主义制度的优越性，进而从中分析新中国成立初期的内政外交所体现的特征与深远影响。

2. 课标分析

《普通高中历史课程标准（2017年版2020年修订）》要求"认识中华人民共和国成立的伟大意义；概述新中国巩固人民政权的主要举措；认识新中国为民主政治建设和向社会主义过渡所做出的努力"。课标将本课内容凝练在三个方向上，并提出了不同的掌握要求，故根据课标要求可将教材知识整合至此三个知识方向进行课程知识体系的重构。

3. 教材分析

本课是《中外历史纲要（上）》第九单元的第一课，有四个子目，分别是："中华人民共和国的成立""人民政权的巩固""开创独立自主的外交""社会主义基本制度的建立"。时间自1949年中国人民政治协商会议第一届全体会议的召开至1956年完成社会主义改造，涵盖了新中国成立后到向社会主义过渡时期中国在政治、经济、外交等方面的基本情况。本课讲述新中国的奠基时期，着重突出的是"新"这一关键字眼，从宏观上的新纪元，到具体的新外交、新宪法，都体现着中国的创新。各子目也彼此联系，新中国成立的意义，在之后的三个子目中得到了具体体现；而人民政权的巩固和独立自主的和平外交既体现了新中国政府的内外职能，也为社会主义基本制度的确立奠定了基础。

三、教学目标

分析新中国成立后的内外局势，树立时空观念，站在当时的背景中去理解"土地改革""稳定物价"和"抗美援朝"等一系列措施的必要性和重要意义。通过学习新中国成立后在政治、经济、外交等方面所做的努力，从唯物史观角度解释新政权。

四、教学重难点

重点：巩固人民政权的措施，独立自主的和平外交，社会主义基本制度的建立。

难点：新中国为向社会主义过渡所做出的努力。

五、教学资源与方法

教学资源：历史纪录片、文献资料、地图等。

教学方法：讲授法、讨论法、任务驱动法等。

六、教学过程

环节1：课堂导入

在本课开始时，教师出示2019年国庆70周年阅兵和1949年开国大典阅兵的视频片段。

教师提问：请大家观察两场阅兵片段，说一说有什么相同点和不同点？

预设回答：不同：武器变得先进了等等。

　　　　　相同点：群众神情喜悦。

引导学生思考：从阅兵的变化中可以得出什么结论？今天阅兵时群众在开心什么，70年前的阅兵中群众又在开心什么？

预设回答1：祖国越来越强大。

预设回答2：今天的人们为国家的繁荣开心，70年前的人们为新中国的成立而高兴。

引导学生思考：为什么新中国的成立使中国人民开心，新中国的成立对于中国和世界有什么重要意义，由此引出本课课题。

> **设计意图**　通过浸润于70年之间阅兵的场景，学生能够身临其境，更加深切地感受到70年前中国人民对于新中国成立的喜悦之情，增强学生的家国情怀，并以此代入70年前的历史时空。

环节2：讲授新课

一、破茧——万象更新（中华人民共和国的成立）

教师设问：请同学们议一议，新中国成立需要做什么准备工作。

预设回答：制定国家的规章制度、举行典礼、召开会议讨论各项工作等。

教师带领学生通过教材总结政治协商会议、《共同纲领》、开国大典等知识点。

教师出示文章《新中国"新"在哪里》中对于新中国成立意义的描述。

教师设问：请同学们思考，新中国"新"在哪里？

预设回答1：实现了民族独立。

预设回答2：人民翻身做主人、推翻了三座大山。

预设回答3：完成了国家基本统一。

> **设计意图**　学生通过讨论成立新中国要做的准备，产生情感共鸣，更好地理解新中国成立前后的种种举措。同时，通过带领学生分析新中国成立的重要意义，促进学生深度思考，增强学生运用唯物史观进行历史解释的能力。

二、化蝶——百废待兴（新中国的内政和外交）

（一）严峻的国内外形势

教师展示空白中国地图，请学生阅读教材找出建国初期严峻的国内外形势，并使用荧光笔在地图上作标识。请同学分小组讨论：为了巩固新生的人民政权，新中国在内政外交上都做了那些努力？

预设回答：土地改革、稳定物价、抗美援朝、开创独立自主的和平外交等。

> **设计意图**　通过空白地图，将新中国成立初期面临的严峻形势以空间形式表现出来，锻炼学生的概括归纳能力和表达能力，增强时空观念，突出问题的紧迫性和严峻性。

（二）对内：巩固人民政权

请同学分小组讨论，自主学习对内具体举措。

讨论结束后，请学生代表上台发言，对肃清残敌、土地改革、稳定物价做具体解释。

教师解读土地改革、稳定物价的历史意义。

> **设计意图**　以学生为主体，激发学生自主学习的动力，有效提高学生归纳整合知识、分析研判问题的能力。

（三）抗美援朝

通过纪录片《为了和平》中的视频片段，引导学生分析抗美援朝的原因。

教师请学生阅读教材第166页"史料阅读"中彭德怀《关于中国人民志愿军抗美援朝工作的报告》。

教师设问：怎么认识抗美援朝对我国的影响？

预设回答1：保卫了国家安全。

预设回答2：提高了国际地位。

设计意图 在初中已经具体学习该课的基础上，加强问题意识，认识我国抗美援朝的原因与意义。

（四）独立自主的和平外交

教师出示描绘旧中国外交的漫画材料，并出示金冲及在《周恩来传》中描述旧中国是"跪在地上办外交"的语句，了解近代中国外交的总体状况。

教师提问：新中国的新外交，新在哪里？

教师出示"开国大典"上，毛泽东主席宣读的《中央人民政府公告》表述我国外交的文字。引导学生思考新中国的外交政策，并在教材上找出新中国成立初期的三大外交政策。

预设回答："一边倒""打扫干净屋子再请客""另起炉灶"。

PPT展示空白世界地图，请同学使用荧光笔标注新中国成立初期开展积极外交取得的成就，认识中国作为一个世界大国在反对霸权主义维护世界和平中发挥的重要作用。

预设回答1：参加日内瓦会议、参加万隆会议。

预设回答2：提出和平共处五项原则、提出"求同存异"。

教师重点讲解万隆会议，播放万隆会议刚开始时部分国家对新中国的刁难的视频，并设问：如果你是外交官，如何解决？

引发学生讨论，教师出示周总理在万隆会议上的讲话，使学生归纳"求同存异"的方针，教师进一步分析"同""异"的具体内容。

教师结合外交部部长王毅的讲话，引导学生进一步了解中国独立自主的和平外交方针。

设计意图 通过设问，让学生设身处地地置身于具体的历史情境之中，增强时空观念。通过新旧中国外交对比，同学们能够认识到新中国成立在外交上的伟大意义，产生对我国外交的高度认同，激发民族自豪感。

三、新路——破旧立新（社会主义制度的确立）

教师出示材料展示1953年我国GDP（国内生产总值）构成，1953年中美GDP总量、增速和人均比较。

教师设问：从以上材料中，大家得到的认识是？

预设回答：我国还是落后农业国，综合国力落后，重工业和国防工业落后。

随后，引入社会主义经济制度的建立。

在学生阅读教材的基础上，演示我国"一化三改"的社会主义改造道路。

教师通过讲解，引导学生深入理解1954年第一部宪法制定的背景、过程、成果，并了解宪法确立的人民代表大会制度、中国共产党领导的多党合作和政治协商制度、民族区域自治制度等的具体内容。

教师带领学生归纳本课中毛泽东关于新中国开展内政外交各项工作的论述，引导学生认识毛泽东在新中国成立和社会主义制度建立过程中的独特作用与创造性贡献。

请学生从以上讲解中归纳社会主义基本制度确立的意义。

设计意图 在教师讲解社会主义制度确立基本知识的情况下，引导学生归纳社会主义制度确立的重要意义，认识到社会主义制度的巨大优越性，增进学生的家国情怀。

环节3：课堂小结——换了人间

教师出示习近平总书记在庆祝新中国成立70周年大会上的讲话，请学生归纳总结新中国成立初期的各项举措与成就。

学生从建立新中国、巩固新政权、开创新制度这三个维度来回忆课堂内容，体悟新中国成立的伟大意义。

设计意图 通过启发学生对课堂内容的整理与回溯，一方面发挥学生的主动性，提高他们对知识的记忆效率；另一方面通过回顾新中国成立初期的巨大成就，学生生出对祖国浓厚的自豪感与自信心，有利于培养家国情怀。

七、作业设计

"口述历史"作为当代历史研究的重要方法，通过历史事件亲历者的口述回忆，一方面与文献资料互相印证，另一方面也有助于从普通人的视角观察历史事件，还原更加丰富的历史细节。本课所讲述的时间大致在1949至1956年，这一时期许多重大事件的亲历者都有口述资料出版，为了解这一时期的社会历史留下了丰富的材料。

请以小组为单位，查阅现在已出版的有关新中国成立初期的口述文献资料，结合本课所学的知识，对比教科书与口述回忆中的新中国诞生，写一篇读后感。

八、板书设计

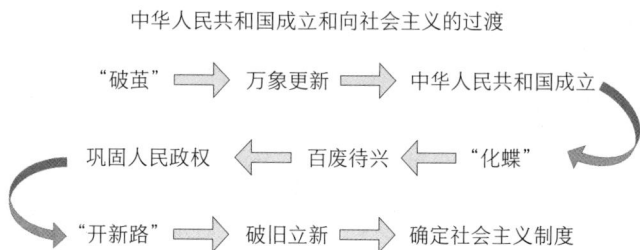

中华人民共和国成立和向社会主义的过渡

"破茧" ⇒ 万象更新 ⇒ 中华人民共和国成立

巩固人民政权 ⇐ 百废待兴 ⇐ "化蝶"

"开新路" ⇒ 破旧立新 ⇒ 确定社会主义制度

九、教学反思

通过参加此次比赛，我进一步认识到历史教师在培育学生家国情怀、正确认识历史的重要作用。在备赛过程中，我逐渐学会了根据课标要求，重新构建知识体系，尤其是通过"新"这个线索来构建知识体系。我也注意减少课堂教学中教师重复和强调知识的工作，通过创设情境给学生更加深刻的体验，并通过有指向性的问题，深化学生的问题意识，使得"教学"成为真正意义上的"教学生如何学"。同时，我在比赛过程中发现了自己的不足，在今后的教学活动中，我会进一步将问题意识贯穿教学过程，积极培养学生深度学习与思考的能力，做到自我角色转变，培养提高自身的教学基本功与教育理论素养，力争做一名符合新时代要求的历史教师！

专家点评：本课的设计展现了教师三个方面的良好意识。一是较强的学生意识。教师对学情把握准确，能够基于学情明确教学目标，设计教学问题，并针对问题预设了学生的多个回答，基于学生的作答进行下一步教学，充分注重了学生对学习的反馈，这对于一名尚未走上讲台的师范生而言是极为难能可贵的。二是较强的素养意识。培育学科素养是当下中学教学的应然追求，但"知识授受主义"的影响还是非常普遍的。设计者在教学环节中注重指向素养，并在设计意图中明确讲出了学科核心素养培育的目的。三是较强的史料意识。史料是历史学的基本元素，搜集、解读并运用各种史料，是历史学习者的关键能力，本课除了运用各种史料展开教学之外，还在作业设计中提出了对口述历史加以查阅和解读的要求，更是对史料教学的深化。（点评人：刘晓兵，上海市历史特级教师）

案例7
破茧·蛰伏·蜕变
——《中华人民共和国成立和向社会主义的过渡》教学设计

南通大学　张童

一、教学设计思路

　　1949年，中华人民共和国的成立开辟了中国历史的新纪元；建国后，面对政治经济的严峻形势，党和国家采取了有力举措，巩固了新生的人民政权；为了顺利地过渡到社会主义社会，毛泽东于1953年提出了过渡时期总路线，并于1956年顺利完成过渡。本教学设计以政权的创建、巩固与改造为主线，将本课内容进行整合，带领学生在掌握基础知识的同时深刻地理解新中国的成立和社会主义制度确立的伟大意义。

二、教学情况分析

1. 学情分析

　　本课是新授课，教学对象是高一的学生。鉴于学生在初中阶段已具有一定的知识储备，所以在教学过程中，应化繁就简，突出重难点，保证学生在已有知识基础上，进一步形成知识体系。

2. 课标分析

　　《普通高中历史课程标准（2017年版2020年修订）》对本课的要求为：认识中华人民共和国成立的伟大意义；概述新中国巩固人民政权的主要举措；认识新中国为民主政治建设和向社会主义过渡所做的努力。鉴于此，本课在教学过程中除落实知识总体目标以外，还应坚持落实立德树人的根本任务，引导学生加强对祖国的认同感。

3. 教材分析

  本课讲述了从"中华人民共和国的成立"到"社会主义制度基本建立"这一时期的历史，时间跨度从1949年政协会议第一届全体会议召开到1957年一五计划完成，涉及政治、经济、军事及外交等各个方面。本课内容容量较大，因此要求教师在课堂上对内容有所取舍，合理分配教学时间与内容。

三、教学目标

  结合国家制度在抗击新冠疫情期间所发挥的关键作用，通过感悟新中国成立以来国家实力的增长，认识新中国成立的史实并感悟其伟大意义，增强对祖国的认同感与归属感；通过对史料的阅读分析，了解新中国为巩固人民政权在经济、军事及外交方面采取的主要举措；通过活动设计，掌握过渡时期总路线的主要内容及其实践过程，了解过渡时期在民主政治方面取得的成就，认识新中国为民主政治建设和向社会主义过渡所做的努力，培养爱国情怀及奉献精神。

四、教学重难点

  重点：新中国成立的伟大意义，巩固新政权的主要举措，独立自主的和平外交。

  难点：社会主义制度在中国全面确立的深远意义。

五、教学资源与方法

  教学资源：教科书、教师参考用书、影视音像资源、图片资源。

  教学方法：自主学习法、情境教学法、问题教学法。

六、教学过程

环节1：导入

  结合当前所面临的疫情，播放钟南山院士评价我国体制的一段视频。

  问题设计：事实证明，我们的体制有没有在关键的时候起到应有的作用呢？如今这种给我们幸福安定生活带来保障的体制是在什么时候建立起来的呢？又是如何建立的呢？今天，就让我们带着这些问题，去探寻历史的足迹。

> 设计意图　联系时政，拉近历史与学生距离。

环节2：讲授新课

一、破茧——政权新生

[筹备阶段]

展示政协第一届全体会议图片材料。

问题设计：为了筹建新中国所召开的会议名称叫什么？会议内容主要有哪些？

课件展示空白表格，学生自主学习，教师补充：

会议名称	中国人民政治协商会议第一届全体会议
时　间	1949年9月21日
地　点	北平
主要内容	确定国名、国家性质、国旗、国歌、国徽；选举中央人民政府委员会
通过文件	《中国人民政治协商会议共同纲领》
文件性质	临时宪法

> 设计意图　利用表格梳理知识点，便于形成脉络清晰的知识结构。

[开国大典及新中国成立的意义]

播放《开国大典与70周年国庆阅兵》混剪视频，带领学生感受新中国的成立带来的历史巨变。

学生观看视频后进行小组探究：以今天的眼光回望新中国成立的历史，你有什么感悟？

教师倾听学生发言，加以补充、总结。

> 设计意图　播放视频，形成今昔对比，引导学生更加深刻地理解新中国成立的意义。培养学生的爱国主义情怀。

二、蛰伏——安邦定国

教师过渡：建国初，我们面临着哪些严峻的考验？（学生依据课本总结）

教师过渡：党和国家又是如何应对这些考验的呢？

[军事上（剿匪镇反）]

展示人民群众夹道欢迎剿匪部队图片。

教师讲解剿匪镇反活动相关内容及意义。

[军事上（抗美援朝）]

展示材料：

材料1：（抗美援朝战争的胜利）雄辩地证明：西方侵略者几百年来只要在东方一个海岸上架起几尊大炮就可霸占一个国家的时代是一去不复返了。

——彭德怀：《关于中国人民志愿军抗美援朝工作的报告》，《人民日报》，1953年9月12日

材料2：志愿军始终表现出祖国和人民的利益高于一切、为捍卫民族尊严而奋不顾身的爱国主义精神，……以及为了人类和平与正义事业而奋斗的国际主义精神。

——刘国新：《如何认识抗美援朝战争》，载《前线》，2019年第5期

问题设计：

根据材料1可以看出抗美援朝的结果如何？

根据材料2可以看出产生这种结果的原因是什么？

这场战争对中国产生了怎样的影响？

教师结合学生回答总结。

[经济上（土地改革）]

展示材料：

废除地主阶级封建剥削的土地所有制，实行农民的土地所有制，借

以解放农村生产力，发展农业生产，为新中国的工业化开辟道路。

——《中华人民共和国土地改革法》

问题设计：根据材料回答，土地改革的主要内容是什么？产生了怎样的影响？

教师结合学生回答总结。

[经济上（"银元之战"和"米棉之战"）]

展示材料：

有的国民党特务叫嚣：只要控制了"两白（米、棉）一黑（煤）"，就能置上海于死地。

——张士义：《中国共产党历史简明读本：1921—2016》，北京：红旗出版社，2011年

问题设计：

新中国成立初期，面临着怎样的经济形势？党和政府是如何应对这一局面的？

学生探究后教师总结。

[外交上]

教师过渡：作为新生的政权，如何取得国际社会的认可，处理好与周边国家的关系，成为新中国面临的又一难题。

请同学们结合课本，思考下面的问题：

新中国奉行怎样的外交方针？取得了怎样的外交成就？这些外交成就在增强中国的国际影响力方面起到了什么样的作用？

教师根据学生的回答总结。

设计意图　通过材料呈现，带领学生掌握建国初在军事、经济、外交等方面的主要安邦举措，培养史料实证素养。

三、蜕变——政权改造

教师讲述：毛泽东在《新民主主义论》中提出，中国革命可以分为民主

主义革命和社会主义革命两个阶段。中华人民共和国的成立，完成了新民主主义革命。接下来摆在我们面前的是如何进行社会主义革命，过渡到社会主义的问题。为了顺利地过渡到社会主义社会，毛泽东于1953年提出了过渡时期总路线。

（课件展示过渡时期总路线内容，请一位学生朗读）

教师结合知识结构图，讲述过渡时期总路线的具体内容。

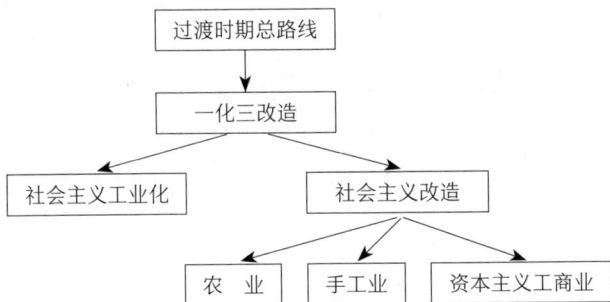

```
                  过渡时期总路线
                        │
                     一化三改造
                   ↙          ↘
        社会主义工业化          社会主义改造
                          ↙      ↓      ↘
                      农 业    手工业   资本主义工商业
```

［活动设计：蜕变中的国家与个人］

课件展示："倪志福钻头"发明者倪志福的故事

教师讲述倪志福为"一五"计划所做出的贡献，并引导学生体会人物精神。

教师过渡：正是在以倪志福为代表的广大劳动者的默默努力之下，在党和国家的正确领导下，1957年，我们提前并且超额完成了"一五"计划的任务。请同学们拿出导学案，一起来回顾"一五"计划期间所取得的辉煌成就。

课件以地图形式展示"一五"计划成就，并引导学生总结。

展示材料：

材料1：工业化的速度首先决定于重工业的发展，因此我们必须以发展重工业为大规模建设的重点。

——《中国共产党中央关于编制一九五三年计划及五年建设计划纲要的指示》

材料2：现在我们能造什么？能造桌子椅子，能造茶碗茶壶，能种粮食，还能磨成面粉，还能造纸，但是，一辆汽车、一架飞机、一辆坦克、一辆拖拉机都不能造。

——《毛泽东文集》第六卷，北京：人民出版社，2004 年

材料 3：统编版八年级下册历史课本

问题设计：一五计划期间，优先发展哪一个行业？为什么？

学生回答后，教师讲述并设问：

即使是在这样艰苦的条件下，我们依然提前并且超额完成了"一五"计划。

那么，"一五"计划的提前超额完成有着怎样的意义呢？

课件展示："穷棒子社"带头人王国藩的故事

课件展示：红色资本家荣毅仁的故事

教师讲述王国藩、荣毅仁为三大改造所做出的贡献，并引导学生体会人物精神。

展示表格：

	农 业	手 工 业	资本主义工商业
改造前所有制形式	农民私有	手工业者私有	资本家私有
改造后所有制形式	集体所有	集体所有	国家所有

整理自教育部：《中外历史纲要（上）》，北京：人民教育出版社，2019 年

问题设计：三大改造前后，农业、手工业和资本主义工商业的所有制方式发生了什么变化？

教师引导学生理解三大改造的实质。

课件展示："十四五"规划相关内容

教师总结：通过刚刚的学习，我们了解到，在过渡时期总路线的执行过程中，有许多人都为国家的发展做出了巨大贡献。走到今天，辉煌的"十三五"规划收官在即，壮阔的"十四五"规划又将启航。作为新时代的青年，我们又能为"十四五"规划贡献些什么呢？

设计意图 通过活动设计，在带领学生掌握知识的同时培养学生的爱国情怀和奉献精神。

[人民代表大会制度的确立]

教师过渡：随着国民经济的发展，我国的民主政治建设亦在加紧进行。请同学们阅读课本回答，1954年我国在民主政治建设方面取得了怎样的成果？（学生阅读课本回答）

展示1954年《中华人民共和国宪法》相关条文。

问题设计：结合1954年《中华人民共和国宪法》条文，分析该宪法的性质和原则。试理解人民代表大会制度的地位。

教师引导学生回答并总结。

问题设计：请同学们依据课本回答，第一届全国人民代表大会还确立了哪些政治制度？它们有怎样的地位？

学生回答后，教师依据知识结构图总结：

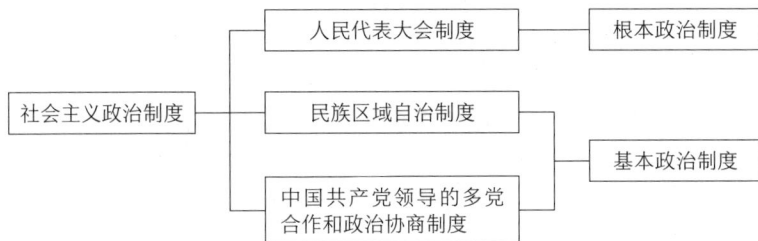

```
                    ┌── 人民代表大会制度 ──── 根本政治制度
                    │
社会主义政治制度 ──┤    民族区域自治制度
                    │                      ├── 基本政治制度
                    └── 中国共产党领导的多党
                        合作和政治协商制度
```

设计意图 通过分析宪法条文掌握相关知识，培养通过史料获取历史信息的能力。

[章节小结]

问题设计：到1957年，我们在工业、经济、政治方面分别取得了哪些成就？

（一五计划的提前完成、三大改造的完成、人民代表大会制度的确立。）

设计意图 通过设问回顾所学内容，巩固知识。

环节3：课堂小结

教师总结：近代以来，无数仁人志士为寻求改变中华民族的前途命运的道路而努力，但都以失败告终。只有在中国共产党的带领下，我们建立了新中国，建立起社会主义制度。2020年，当我们面临新冠疫情的考验时，社会主义制度继续显示出巨大的生命力。事实证明，走社会主义道路，是历史和人民的选择！（课件展示抗击新冠疫情相关内容）

> **设计意图**　将历史与现实相结合，带领学生体会社会主义的强大生命力，并深刻理解社会主义制度确立的深远意义。

七、作业设计

以四人小组为单位，查阅新中国成立初期涌现的英雄人物，了解其经历，编写历史短剧。

八、板书设计

政权新生 { 筹备　成立　意义 } ⟶ 破茧

↓

安邦定国 { 军事　经济　外交 } ⟶ 蛰伏

↓

政权改造 { 第一个五年计划　三大改造　人民代表大会制度的确立 } ⟶ 蜕变

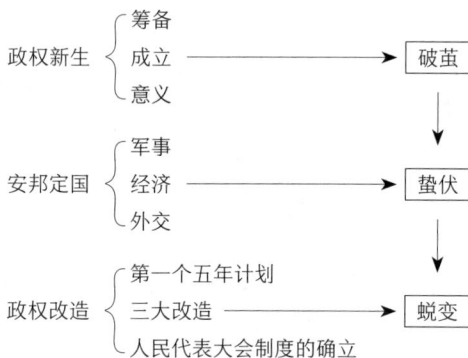

> **设计意图**　采用结构式板书，理清本课内容之间的逻辑关系，易于学生理解并掌握知识。

九、教学反思

此刻呈现在眼前的教学设计，已经经过多次的修改与打磨，每一次在老师指导下进行的修改，都使我获益良多。赛后，通过教学反思，发现自己存在着教学设计容量过大、教学方式单一等问题，意识到教学应紧贴课标、明确重难点并创新教学形式。通过此次比赛，我深刻地认识到，教学也是一门需要靠时间与耐心打磨的艺术。

专家点评：本课教学设计注重以今天的眼光回望历史，进而从历史的角度认识和理解当下的中国国情；教学中教师巧妙地引入了典型历史人物的言行，引领学生思索个体与国家的关系。在现实与历史、个人与时代的辩证联系中，为学生展现了一个较为开阔的史学视野。在引导学生思考时，教师较好地运用了问题导学的办法。教师根据教学目标和教学内容，精心设计了要言不烦、指向明确的问题，让学生带着问题走进史料，寻找并提炼史料中的关键信息，结合时代背景和相关知识，理解历史并形成自我对历史的认识，表达自己对历史问题的见解，培育历史解释素养。（点评人：刘晓兵，上海市历史特级教师）

案例8
赢得解放时，开拓新征程
——《中华人民共和国成立和向社会主义的过渡》教学设计

苏州科技大学　王秋雯

一、教学设计思路

立足唯物史观，认知社会主义三大改造和社会主义基本制度的建立。通达时空观念，明确历史解释，研思中华人民共和国成立的意义；运用史料实证，探究人民政权的巩固；渗透家国情怀，感悟新中国经济建设自力更生、艰苦奋斗的精神。注重培养学生积极进取的人生态度，塑造健全的人格，使学生形成对祖国的认同感和正确的国家观，最终达到"立德树人"的根本目标。

二、教学情况分析

1. 学情分析

考虑到学生在初中已了解本课的基本史实，但掌握不够全面，理解史实的深度不够。因此本课的教学方向是拓展学生的知识范围，增加学生对知识了解的深度。

2. 课标分析

课程标准对本课的要求是："认识中华人民共和国成立的伟大意义；概述新中国巩固人民政权的主要举措；认识新中国为民主政治建设和向社会主义过渡所做出的努力。"从知识落实的角度来看，本课的难度不大，但其现实意义较强，有很大的思想教育价值。

3. 教材分析

在教材编排上，第26课具有"承上启下"的特殊地位：第25课《人民解放战争》是新中国成立的历史背景，而"向社会主义过渡"则为第27课《社会主义建设在探索中曲折发展》揭开了历史序幕。本课设计了四个子目，涉及多个领域，范围广、容量大。

三、教学目标

掌握本课的基本史实，体会新中国成立的意义，弘扬爱国主义精神。宣传革命先烈的英雄事迹，培养敬仰英雄的情怀。通过对中国革命史的梳理，认识到人民群众是历史的创造者，学习勇于探索的精神，形成对祖国的认同感和自豪感。

四、教学重难点

重点：新中国的成立，向社会主义过渡的措施。

难点：新中国成立的意义，巩固政权的措施及意义，社会主义制度的建立。

五、教学资源与方法

教学资源：1.《20世纪中国史纲》，社会科学文献出版社，2009年；2.《中华人民共和国史稿》，当代中国出版社，2012年；3. 新华网及其他网站素材。

教学方法：问题教学法、讨论法、讲授法、读书指导法、自主学习法。

六、教学过程

环节1：导入

本课课题开始，给学生展示两幅照片：习总书记在庆祝中华人民共和国成立70周年大会上的发言照片和毛主席在开国大典上宣布新中国成立的照片。配合朗诵习总书记的讲话，营造历史氛围，引入本课内容。

教师：各位同学，我们开始上课，今天我们要学习的内容是第九单元第26课：中华人民共和国成立和向社会主义的过渡。

习近平总书记说："一切向前走，都不能忘记走过的路；走得再远、走到再光辉的未来，也不能忘记走过的过去，不能忘记为什么出发。"在2019年10月1日庆祝中华人民共和国成立70周年大会上，总书记以磅礴之豪情，发出新时代中国最强音。70年前的今天，同样在天安门城楼，毛泽东同志向世界庄严宣告了新中国的诞生，中国人民从此站起来了，中华民族从此开辟了一个新的历史纪元。这堂课，就让我们一起来重温那段不平凡岁月。

> **设计意图**　通过展示我国领导人在不同时代同一地点发言的两幅图片，营造历史氛围，增强历史厚重感，引导学生回想新中国成立之初的场景。

环节2：讲述

1. 以提问的方式，引导学生了解中华人民共和国成立的前期准备。

我们首先从筹备、建立和意义三个方面了解中华人民共和国的成立。请同学们阅读教材，回答：为筹建新中国召开的最重要的会议是什么？该会议有哪些主要内容？

2. 先提出问题，再展示材料，和同学们一起分析材料。

大家思考如下问题：一个新的国家成立了，在政权建立之初，她最应该考虑的是什么？新中国成立后有没有遇到什么困难？这些困难是怎么解决的？

3. 讲述抗美援朝战争史实，借此介绍英雄事迹，在学生心中树立榜样。

军事外交上：朝鲜内战爆发，美国进行武装干涉，严重威胁中国国家安全；美国阻挠中国人民解放台湾。在1950年10月，中国人民志愿军远赴朝鲜，经过五次战役，中朝军队把战线稳定在"三八线"附近。在战场上涌现出一大批英雄先烈，如邱少云、黄继光等。中国人民正是凭借着顽强的战斗意志和崇高的爱国精神，最终迫使当时的第一强国无奈地在《朝鲜停战协定》上签字。

4. 展示当时的外交事件图片和签署的文件，从长时段视角比较新旧中国的外交。

1953年至1955年新中国在外交领域的成就主要得益于什么？比较过渡时期新中国的外交与旧中国的外交，分析新中国外交的特征是什么。

5. 通过提问和展示材料，引出社会主义制度确立的知识。

接下来我们要探讨的重点问题是：巩固人民政权的措施完成了新民主主义革命遗留的任务，为社会主义革命的进行奠定了坚实的基础。那么，新中国是如何走向社会主义，建立社会主义基本制度的？

> **设计意图** 展示图片和文字材料，帮助学生回顾历史的发展过程。大部分材料以问题为导向，有助于学生理清知识脉络，形成对新中国发展建设历程的完整认知。

环节3：讲解

1.《共同纲领》的意义和新中国的成立及意义。

通过材料可以看出中国人民政治协商会议具有广泛的代表性，人民政协代行全国人大的职能，规定了国家制度和政治制度的基本原则等等。所以在当时条件状况下，该文件具有临时宪法的作用。1949年10月1日下午3时，开国大典在天安门广场举行。中华人民共和国的成立，为实现由新民主主义向社会主义的过渡创造了前提条件。

2. 新中国成立之初在政治和经济上巩固政权的措施。

在新中国成立之初，华南和西南地区还未解放，各地土匪猖獗。面对这样的问题，我们追击残敌，解放其他地区；打击黑恶势力和一切反革命武装，稳定社会秩序，改善社会治安。新中国成立初期，国家财政困难，投机商人的不法行为导致市场混乱。在城市经济中，经过"银元之战""米棉之战"，国民经济得到全面恢复。1950年中央人民政府颁布《中华人民共和国土地改革法》，农村生产力得到大解放，为中国逐步实现工业化扫除了障碍。

3. 简述抗美援朝的意义，将其作为良好的爱国主义教育素材，传播正能量、抵制历史虚无主义。

这一仗打出了新中国的国威和尊严，使新中国在军事上彻底摆脱了颓势。抗美援朝的胜利雄辩地证明：共产党领导的中国再也不是那个任人欺凌的"东亚病夫"，中国共产党在涉及国家核心利益的问题上绝不会退缩。

4. 新中国成立之初的外交成就。

新中国成立初期的三大外交方针、和平共处五项原则、日内瓦会议、万隆会议。新中国外交独立、自主、和平、合作的特征。

5. 介绍过渡时期总路线的概况，从经济政治方面简单介绍一五计划、三大改造和社会主义政治制度体系的确立。

过渡时期总路线的提出、内容、实质及作用。一五计划的提出背景、内容、结果及意义。三大改造的制定和开展时间，三大改造的领域、内容和实质，影响及评价。1954 年 9 月通过《中华人民共和国宪法》。人民代表大会制度、中国共产党领导的多党合作和政治协商制度、民族区域自治制度，构成了我国社会主义政治制度体系。

> **设计意图**　通过分析材料，得出历史信息。使学生在学习基础知识的同时，锻炼分析材料的能力，认识并归纳出经验与教训。同时增强学生的情感体验，增强对先辈的敬意。

环节 4：问题

1. 为什么《共同纲领》具有临时宪法的性质？

2. 新中国成立初期是如何巩固政权的？

3. 思考：总路线的提出有什么作用？为什么会提出这样一个总路线？

4. 请概括出三大改造，即农业、手工业和资本主义工商业的改造。

5. 1954 年，新中国在民主政治建设领域取得的最显著成就是什么？至此有中国特色的社会主义三大政治制度均已建立，三大制度具体指什么？毛泽东思想在建国后又有哪些新发展？

> **设计意图**　以问题为导向，引导学生思考并自主学习，从多角度来看待问题；联系之前学习的总路线知识，建立时间顺序观念，理清知识脉络。

环节 5：活动

1. 在学习中国人民政治协商会议第一届全体会议时，让学生以完成表格的形式对教材知识加以梳理。

2. 请同学朗读习近平在庆祝中华人民共和国成立65周年招待会上的一段讲话。

3. 观看一段关于新中国成立和三大改造的视频。

> 设计意图 关于新政协的内容，难度不大。通过知识表格的形式，让学生自主学习，效率较高。小组讨论有利于激发学生学习兴趣，有利于学生发散思维。利用影像资料，使教学更加生动有趣，吸引学生注意力。

环节6：课堂小结

用一段《人民日报》的文字记载，再次说明走社会主义的道路是正确的。

近代以来，先进的中国人为争取民族独立、人民解放和实现国家富强，付出了艰苦卓绝的努力。1949年至1957年是新中国历史上极不平凡的时期，成功实现了中国历史上最深刻最伟大的社会变革，为当代中国一切发展进步奠定了根本政治前提和制度基础，为新中国的工业化和经济腾飞打下了坚实的基础。

最后让我们用一段《人民日报》的文字来结束今天的回忆之旅：走社会主义道路是历史的选择、人民的选择。中华民族的兴衰起落，足以见证正确道路的磅礴伟力。让我们不忘初心，牢记使命，高举中国特色社会主义伟大旗帜，为实现中华民族伟大复兴的中国梦不懈奋斗。

> 设计意图 简要概述近代中国的革命历程，肯定中国人民的选择、努力，坚定走社会主义道路的信念，坚信中国光明的未来，激发学生的共鸣，动员学生投身于祖国的建设中。

七、作业设计

以小组为单位查阅日内瓦会议的文献、图片、影像资料，为课上模拟日内瓦会议做准备。

八、板书设计

赢得解放 ————————→ 中国人民从此站起来了

巩固人民政权
- 政治
- 经济
- 军事

开创新外交
- 三大方针
- 四大成果

开拓新征程

向社会主义过渡
- 政治
- 经济
- 军事

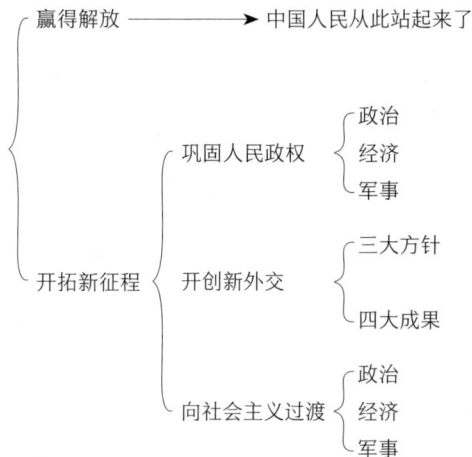

设计意图　大纲式的板书，能够清晰明了地展示知识点，学生能够借此快速了解本课学习内容，有利于形成知识结构。

九、教学反思

　　参加本次大赛，我是初次尝试写教案、进行教学设计、录制授课视频，切身体验了教师授课的辛苦和不易。回顾本次参赛历程，我在编写教案时对于教材的挖掘不够充分；课堂设计的思路不够开阔，流于史料的堆砌；在问题设计上不够有深度。课堂表现上，教师仪态、授课语速及语调还有待改进；对于板书的利用有待加强。基于本次参赛的经验，我在今后的学习过程中会夯实专业基础，拓展教学思路，多向优秀教师请教，学习借鉴优秀的授课经验。

　　专家点评：本课的设计极为大胆，是对常规教学思路的一种突破。教材分为四个子目，基本是按照时间顺序安排，通常教师也会按照时间顺序展开教学。本课则另辟蹊径，按照师生行为分为了讲述、讲解、问题解决和活动四个部分。这种设计虽然不可避免地存在内容上的一些交叠，但设计者的探索和创新意识却是值得称赞的。在问题设计环节，教师提供了六组问题，引导学生思考。这六组问题大多具有较高的思维含量，指向的多是本课的主干和关键内容，对学生理解"历史何以如此"有着积极的启示作用，对于学生形成"新中国新气象新起点"的历史认识大有裨益。(点评人：刘晓兵，上海市历史特级教师)

案例9
聚焦"新"字看社会主义制度建立
——《中华人民共和国成立和向社会主义的过渡》教学设计

上海师范大学　李佳乐

一、教学设计思路

　　新中国的成立使中国历史进入新纪元，标志着我国由旧民主主义社会步入了新民主主义社会。新中国成立后，全国各族人民在党和政府的带领下努力巩固新生政权以及开创独立自主的和平外交。随着1954年《中华人民共和国宪法》的颁布、1956年底三大改造的完成，我国正式建立起了社会主义制度，完成了由新民主主义社会向社会主义社会过渡的历史任务。

二、教学情况分析

1. 学情分析

　　高中教学设计中，学情分析务必要考虑到初高中教学衔接的问题。本课中的新中国建立的意义、抗美援朝战争、土地改革、"和平共处五项原则"、三大改造等内容，学生在初中阶段已经进行了细致的学习，高中阶段不再简单重复这些基本史实。加之高中生阅读能力、思维能力等的提升，故而应该将教学的目标直指核心素养的养成。

2. 课标分析

　　《普通高中历史课程标准（2017年版2020年修订）》对本课的要求是："认识中华人民共和国成立的伟大意义；概述新中国巩固人民政权的主要举措；认识新中国为民主政治建设和向社会主义过渡所做出的努力。"按照课标的要求并依据目标分类学，本节课教学的关键在于引导学生理解新中国成立、社会主义制度建立的史实与意义。

3. 教材分析

　　第26课《中华人民共和国成立和向社会主义的过渡》是《中外历史纲要（上）》第九单元第一课，本课的内容在教材编制和整个中国现当代史中占有重要的地位。首先在教材编制方面，本节课上承第25课中解放战争的相关内容，下启第27课中社会主义建设的相关内容。其次，本课是中国现代史的开端，任何现代史的问题研究均离不开本课的相关内容。

三、教学目标

　　通过对具体史料的分析，能够说出新中国成立的历史意义，在史料解读的过程中养成"集证辨据"的史学思想方法；能够解释建国初巩固政权的基本措施以及主要的外交成就，并且能够站在当时的时空下理解颁布这些措施的原因及意义；在史料分析、历史理解与解释的基础上，培育家国情怀素养。

四、教学重难点

　　重点：新中国成立的意义，为巩固新生政权做出的努力。

　　难点：我国向社会主义过渡的具体措施及意义。

五、教学资源与方法

　　教学资源：电影《开国大典》、马工程教材《中华人民共和国史》、统编初高中历史教科书等。

　　教学方法：历史讲授法、史料教学法等。

六、教学过程

环节1：导入

　　教师讲解：1940年，毛泽东在《新民主主义论》中明确提出"中国革命分两步走"，为中国革命指明了方向。这和我们本节课的内容体系基本一致，即由旧民主主义迈向新民主主义再迈向社会主义。通过本节课的学习，我们要理解新中国成立的意义有哪些、新中国为巩固新生政权采取了哪些行动、向社会主义过渡主要有哪些措施、产生了什么意义。

> **设计意图** 引用毛泽东《新民主主义论》的内容帮助学生勾勒本节课的两大模块，即新民主主义革命的基本结束和社会主义革命的胜利完成。由此形成了基本的框架，有利于学生进一步的学习。

环节2：课堂讲解

一、焕然一新——中华人民共和国的成立

步骤（一）：出示表格，引导学生阅读教材内容，自主完成表格。

会议名称	中国人民政治协商会议第一届全体会议
时　间	1949年9月21日
地　点	北平
主要任务	讨论筹建新中国的相关事宜
纲领名称	《中国人民政治协商会议共同纲领》
主要内容	规定了新中国的国体和奋斗目标
文件性质	具有临时宪法的作用

教师讲解：1949年政治协商会议召开，讨论并确定了国名、国歌和国徽等，为建立新中国奠定了基础。1949年10月1日，开国大典的举行，标志着新中国的成立。

> **设计意图** 本部分内容学生在初中阶段已经有详细的了解，以填写表格的形式教学，既可以检查学生的掌握情况，又能节省课堂时间、提高效率。

步骤（二）：出示材料，引导学生阅读材料，回答问题。

　　自1840年鸦片战争以来，西方列强……把一个独立自主的中国变为半殖民地半封建社会的中国。新中国成立，标志着中国由半殖民地半封建国家成为真正独立主权的国家，使中华民族一洗百余年来蒙受的耻辱。

——本书编写组：《中华人民共和国史》，北京：高等教育出版社，2015年

中华人民共和国的成立，从根本上结束了极少数剥削者统治广大劳动人民的历史，结束了帝国主义、殖民主义奴役中国各族人民的历史，劳动人民成了新国家新社会的主人，这是中国人民社会政治地位的根本变化。

——庞松：《中华人民共和国史（1949—1956）》，北京：人民出版社，2010年

占世界人口四分之一的中国建立起了人民民主制度，并将逐步建立社会主义制度，这大大加强了世界和平民主和社会主义阵营的力量，改变了战后国家冷战格局中的力量对比，对人类和平、民主、正义、进步事业作出了历史性贡献。

——庞松：《中华人民共和国史（1949—1956）》，北京：人民出版社，2010年

教师提问：阅读上述材料，并结合教科书内容，分析新中国的建立有何历史意义，这些历史意义可以分为几类？

参考答案：1. 革命意义：结束了帝国主义、封建主义和官僚资本主义长期压迫和剥削中国各族人民的历史。2. 社会意义：人民真正成为国家的主人，从根本上改变了中国社会的发展方向，为实现由新民主主义向社会主义过渡创造了前提条件。3. 世界意义：中华民族开始以崭新的姿态立于世界民族之林。

设计意图 理解新中国成立的伟大历史意义是本节课重点突破的内容之一，单凭简单的说教不能达到很好的效果，所以要引导学生通过对材料的解析来加以理解。这种方法既有较强的直观性，同时也能区别于思政课而突出中学历史学科的特性。

二、良苗怀新——人民政权的巩固

步骤（一）：出示表格，引导学生阅读教材并填写。

新中国为巩固人民政权的主要手段与措施	
军事领域	肃清土匪和一切反革命武装
	抗美援朝，保家卫国
经济领域	进行土地改革，颁布《中华人民共和国土地改革法》
	稳定物价，打击非法投机分子

设计意图　本部分内容较多，涉及军事和经济的相关内容。通过表格的梳理能够让这部分内容看起来更清晰更有逻辑。

步骤（二）：出示材料，引导学生回答问题。

经过几个回合的较量，社会上投机资本遭到沉重的打击……毛泽东……指出它的意义"不下于淮海战役"。

打击投机资本，只是稳定物价的一个方面。从根本上解决通货膨胀问题，必须改变各地区财政管理工作的分散状况。……

1950年……3月3日，政务院发布《关于统一国家财政经济工作的决定》，其内容十分广泛，概括地说有三项：一是统一全国财政收支；二是统一全国物资调度；三是统一全国现金管理。

——庞松：《中华人民共和国史（1949—1956）》，北京：人民出版社，2010年

问题：阅读上述材料，结合教材中的"历史纵横"栏目，分析新中国为了应对经济领域的挑战采取了哪些措施。

参考答案：措施1：通过"银元之战"和"米棉之战"等手段打击了投机行为，稳定了金融物价。措施2：通过统一财政收支、物资调度和现金管理等方面统一了全国财经。

统一国家财政经济后，国家收入迅速增强，支出相对减少，收支逐渐接近平衡，财政赤字大大缩小。

——贾章旺：《毛泽东领导下的新中国十七年》（上卷），北京：中国文史出版社，2021年

问题：阅读上述材料，结合教材内容及所学，分析新中国为了应对经济领域挑战采取的措施取得了哪些效果。

参考答案：经过一系列努力，到1952年底，解放前遭到严重破坏的国民经济得到了全面的恢复。

设计意图 本部分引导学生通过分析材料来梳理新中国处理经济领域挑战的措施，并理解这些措施的意义。

三、弃旧谋新——开创独立自主的和平外交

教师讲述：新中国成立后，我们奉行"一边倒""打扫干净屋子再请客""另起炉灶"等外交方针，先后取得了一系列外交成就。

教师讲述：新中国成立后的外交形势极其严峻，印度在1947年独立之后，不仅非法占据了中国9万多平方千米的藏南地区，同时还向西藏反动势力提供武器。面对这个局面，新中国该怎么办呢？

学生回答：采取武力，通过战争收回属于我们的领土。采取谈判的方式和平收回……

我们相信，中印两国的关系会一天天好起来，中印两国关系的原则是从新中国建立时确立的，它就是互相尊重领土主权、互不侵犯、互不干涉内政、平等互惠及和平共处的原则。

——高飞：《"和平共处五项原则"是如何提出来的》，载《中国报道》，2011年第7期

问题：这五项原则中最关键和最基础的一项是什么？

参考答案：互相尊重领土主权。

教师讲述：6月28至29两日，中印、中缅分别发表联合声明，同意将和平共处五项原则作为指导两国关系的原则。

问题：和平共处五项原则和之前的"一边倒"的外交政策有何不同？

参考答案：从带有浓厚意识形态色彩的"一边倒"政策，到更多考虑国家利益的"和平共处五项原则"，这标志着中国外交政策的成熟。

设计意图　以材料阅读的形式引导学生对"和平共处五项原则"的提出过程进行梳理，明晰政策出台的前因后果，在此基础之上深化对政策内容的理解。

四、向新而生——社会主义基本制度的建立

步骤（一）：以对资本主义工商业的社会主义改造为例，呈现材料，引导学生对三大改造进行深入理解。

教师讲述：1953年，中国共产党提出过渡时期总路线，实施发展国民经济的第一个五年计划，逐步实现国家的社会主义工业化，并逐步实现国家对农业、手工业和资本主义工商业的社会主义改造。

教师讲述：1953年，工人阶级和民族资产阶级的矛盾已经成为国内的主要矛盾，于是对资本主义工商业进行社会主义改造就成了当时一项重要的任务。对资本主义工商业的改造采用了公私合营的形式，大体上经过个别企业的公私合营和全行业公私合营两个阶段。

教师讲述：邓小平称："我国资本主义工商业社会主义改造的胜利完成，是我国和世界社会主义历史上最光辉的胜利之一。"同样，农业和手工业的社会主义改造也取得了胜利。

问题：阅读教科书并结合所学回答，三大改造完成的历史意义是什么？

参考答案：在1956年底我国基本完成了三大改造，这标志着生产资料公有制占绝对优势的社会主义经济制度在我国初步建立起来。

设计意图　以对民族资本主义的改造为例，理解三大改造结束后我国实现了生产资料的公有制，标志着我国在经济领域建立了社会主义制度。

步骤（二）：引导学生阅读教材，完成表格。

为向社会主义过渡，新中国采取了哪些具体措施		
	措　　施	意　　义
政治制度方面	通过《中华人民共和国宪法》，确立了人民代表大会制度、中国共产党领导的多党合作和政治协商制度、民族区域自治制度。	初步构成了我国社会主义的政治制度体系。
经济制度方面	对农业、手工业和资本主义工商业进行社会主义改造。	标志着生产资料公有制占绝对优势的社会主义经济制度在我国初步建立起来。

环节3：课堂小结

　　本节课我们梳理了1949年至1956年中国历史发展的大脉络，对其中的一些典型事件加以较为深刻的理解。从中应该认识到我国由旧民主主义向新民主主义、由新民主主义社会向社会主义社会过渡的艰难性，也要理解其伟大历史意义。

七、作业设计

　　设计两则新闻，第一则为开国大典的预告新闻，第二则为开国大典结束后的新闻报道。要求每则新闻400—500字、立场明确、材料充实。

八、板书设计

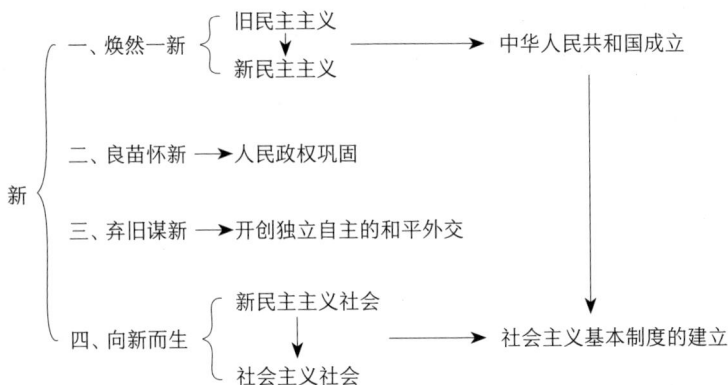

设计意图　本则板书分层次地列出了知识结构提纲，突出了由中华人民共和国成立向社会主义过渡的逻辑。条理比较清楚，学生能够对本课结构一目了然。

九、教学反思

适逢中国共产党百年华诞，华东师大举办了长三角历史学师范生学"四史"教学技能大赛，为我们历史学师范生学习"四史"知识、提升教学技能提供了一个广阔的平台。感谢王正瀚老师的悉心指导，在准备比赛时，导师指导我重新整合教科书内容、以史学思想方法为引领进行教学设计，这一过程中我收获了很多。在回看教学设计和微课时，也发现了很多的不足，教学的各个环节之间应该更有连贯性，也更应该突出教学环节中的重难点，同时在教学过程中语言也应该更为精练。本科以来，我在中学历史教学的道路上冥行摘埴，虽然没有什么大的成就，却也有不少收获，这次比赛和交流推动着我继续向前走。

专家点评：本教学设计规整而不落俗套，丰满而过程明晰，详略得当，重点突出，值得称道。教师紧扣一个"新"字，对教材的四个子目进行了适当整合优化，让本部分内容更富有结构的力量。在每一子目中，教师都有意识地设计了知识整理环节，用表格让史事序列化、纲要化，便于学生认知和掌握。在学习探究过程中，教师以"集证辨据""诠释评价"等历史学思想方法作为内隐的课程目标，利用多样化的史料，设计了指向性明确、涵育历史学科素养的问题，引导学生对历史情境进行深度思考，充分展示了教师的课堂创意和扎实的教学基本功。（点评人：刘晓兵，上海市历史特级教师）

案例10
团结共谱新华章
——《中华人民共和国成立和向社会主义的过渡》教学设计

扬州大学　夏芷晴

一、教学设计思路

本课梳理新中国成立初期的整体历史脉络，结合新中国巩固人民政权的重要举措，展现新中国为向社会主义过渡做出的努力。课程贯穿"团结"二字，将四子目分别以"团结力量""团结人民""团结世界""团结信仰"为主题进行授课，培养学生爱国情怀。

二、教学情况分析

1. 学情分析

学生已经初步学习过新中国成立等相关史实，本课将立足于学生已有基础，突出重难点内容，构建以历史发展进程为主线的知识框架。

2. 课标分析

认识中华人民共和国成立的伟大意义，概述新中国巩固人民政权的主要举措，认识新中国为民主政治建设和向社会主义过渡做出的努力。

3. 教材分析

本课前承中华民族的抗日战争和人民解放战争，后启社会主义建设和改革开放，具有为本单元开篇点题的地位和作用。四个子目依时间顺序，以专题为主要形式，帮助学生理解相关史实。

三、教学目标

通过史料的运用，从唯物史观角度分析新中国成立的伟大意义，理解"一边倒"等方针的具体意义；结合当今新冠肺炎形势，分析外交政策在不同历史背景下的世界意义；再现抗美援朝英雄事迹，提升民族自豪感与爱国主义精神。

四、教学重难点

重点：新中国成立的伟大意义，巩固新生政权的主要举措，独立自主的和平外交。

难点：社会主义基本制度在中国全面确立的深远意义。

五、教学资源与方法

教学资源：板书、PPT媒体设备等。

教学方法：讲解法、小组讨论法等。

六、教学过程

环节1：导入

> 中国革命必须分为两个步骤。第一步，改变这个殖民地、半殖民地、半封建的社会形态，使之变成一个独立的民主主义的社会。第二步，使革命向前发展，建立一个社会主义的社会。
>
> ——毛泽东:《新民主主义论》

【教师活动】毛泽东在《新民主主义论》中指明中国革命的两步骤，先独立再进行社会主义建设。今天就让我们走近这一光辉历程，感受中国的前行与发展。

设计意图　《新民主主义论》中的该段材料反映出的中国革命两大重要内容，即中华民族独立及社会主义建设的过程，可贯穿整课，借此可提升学生的史料实证能力。

环节2：讲授新课

一、团结力量：中华人民共和国的成立

（一）筹备：1949年9月21日，中国人民政治协商会议第一届全体会议召开

1. 参会代表

材料：中国人民政治协商会议第一届全体会议各单位代表名单

【问题设计】请同学们仔细观察这则材料，说说有什么发现。

设计意图 通过材料清晰明了展现政协会议体现的多党派等特点，体现中国共产党以宽广胸怀切实做到以民为本，从不同派别及行业突出"团结"二字。

2. 会议主要内容

开幕词；通过《共同纲领》（临时宪法作用）；决定国都等；选举中央人民政府委员会。

（二）开国大典

材料：播放开国大典现场纪实视频。

【问题设计】请同学们思考，为什么在开国大典中要用五十四门礼炮齐鸣二十八响？

设计意图 通过现场剪影提取细节，五十四门礼炮象征中华民族的团结，二十八响象征着中国共产党领导全国人民团结起来艰苦奋斗二十八年的光辉历程，以特殊的切入点培养家国情怀。

（三）中华人民共和国成立的历史意义

【问题设计】请大家小组讨论，从唯物史观角度分析中华人民共和国成立的伟大历史意义。

设计意图 通过小组探究的形式，结合教师对关键点的讲解，加深学生的理解，实现历史学科的社会功用，达成家国情怀的教育目标。

二、团结人民：人民政权的巩固

（一）继续完成解放战争

设计意图　通过这一环节向学生表明中国共产党在新中国建立初期，面对国民党反动派残余势力始终秉持解放全中国的决心。

（二）土地改革

（毛泽东说：）"我们用了28年办了一件大事，把三座大山搬掉了，也就是头上的问题解决了，下一步要解决脚下的问题了。解决脚下的问题任务还很重，建设我们这样大的国家要花更大的气力。"

——李家骥：《我做毛泽东卫士十三年》，北京：中央文献出版社，2013年

【教师活动】新中国刚成立时，全国尚有约占总数2/3的农民被束缚在封建土地制度之下。中国共产党开展土地革命，颁布《中华人民共和国土地改革法》，到1952年底基本完成土改，从根本上巩固了人民民主政权，团结了人民。

设计意图　通过空间形象对比，帮助学生理解史实。

（三）抗美援朝

【教师活动】以美国为首的所谓"联合国军"越过"三八线"，严重威胁我国国家安全。1950年，彭德怀率领中国人民志愿军开赴朝鲜，到1953年与美国签订停战协议。这是一场正义的战争。

（抗美援朝战争的胜利）雄辩地证明：西方侵略者几百年来只要在东方一个海岸上架起几尊大炮就可霸占一个国家的时代是一去不复返了。

——彭德怀：《关于中国人民志愿军抗美援朝工作的报告》，1953年

【**教师活动**】抗美援朝战争的胜利提高了新中国的国际地位，志愿军可歌可泣的英雄事迹形成强大的民族凝聚力，鼓舞着全国人民为保卫和建设祖国而团结奋斗。

设计意图 由彭德怀的话语展现新中国的风采，与过去被压迫的屈辱历史形成鲜明对比，激发爱国主义情怀，增强学生的民族自豪感。

三、团结世界：开创独立自主的和平外交

> 新冠肺炎疫情以一种特殊形式告诫世人，人类是荣辱与共的命运共同体，重大危机面前没有任何一个国家可以独善其身，团结合作才是人间正道。
>
> ——习近平：《在全国抗击新冠肺炎疫情表彰大会上的讲话》，北京：人民出版社，2020年

设计意图 将新冠肺炎作为此部分的切入转换点，体现历史联系现实的独特作用，拉近历史与现实之间的距离，引出新中国独立自主团结合作的一贯方针。

（一）新中国初期的外交方针

材料：列举《共同纲领》第十一条、第五十五条、第五十六条内容。

【**问题设计**】请同学们结合材料总结新中国初期的外交方针。

设计意图 由共同纲领原文入手，引导学生自主分析提取把握，更深理解方针含义。

（二）日内瓦会议

1. 时间：1954年

2. 目的：和平解决朝鲜和印度支那问题

3. 意义：新中国首次以世界五大国之一的地位参加的重要国际会议。

（三）和平共处五项基本原则：新中国外交政策的成熟

1. 内容

> 和平共处五项原则中包含四个"互"字、一个"共"字，既代表了亚洲国家对国际关系的新期待，也体现了各国权利、义务、责任相统一的国际法治精神。
>
> ——习近平在和平共处五项原则发表60周年纪念大会上的讲话

【**教师活动**】和平共处五项原则是亚洲国家对国际关系的共同期待，体现国际法治精神，也是新中国成立初期的宣言。互相尊重领土主权和领土完整是核心，互不侵犯和互不干涉内政是保证，平等互利与和平共处是目标。

设计意图　将问题置于现实历史环境之中，使学生从不同角度认识同一历史问题，同已学知识联系，调动学生思考。

2. 意义：冲破美国的孤立和遏制政策，成为处理国家间政治关系的原则，是中国对外政策的基石。

（四）万隆会议："求同存异"、一次没有殖民国家参加的会议

> 亚非绝大多数国家和人民，自近代起都曾受过，并且现在仍然受着殖民主义所造成的灾难和痛苦……从解除殖民主义痛苦和灾难中找共同基础，我们就容易互相了解和尊重，互相同情和支持……
>
> ——1955年4月周恩来在亚非会议上的讲话

【**问题设计**】请大家小组探究："求同存异"方针，"同"在哪里，"异"在哪里？

设计意图　从讲话入手，引导学生从材料中分析有效信息，深入理解"求同存异"，进行知识迁移。

四、团结信仰：社会主义基本制度的建立

（一）过渡时期总路线和一五计划

1. 背景

> 现在（20世纪50年代初）我们能造什么？能造桌子椅子，能造茶壶茶碗，能种粮食，还能磨成面粉，还能造纸，但是，一辆汽车、一架飞机、一辆坦克、一辆拖拉机都不能造。
>
> ——《毛泽东文集》第六卷，北京：人民出版社，1999年

设计意图 以毛泽东的问题"现在我们能造什么？"引出本子目的学习，展现在新中国成立初期我国重工业落后的现实局面。

2. 过渡时期总路线：在一个相当长的时期内，逐步实现国家的社会主义工业化；并逐步实现国家对农业、对手工业和资本主义工商业的社会主义改造。

3. 一五计划（1953—1957）：优先发展重工业；有步骤地对农业、手工业和资本主义工商业进行社会主义改造。

（二）三大改造

农业、手工业	生产合作社等
资本主义工商业	和平赎买等

意义：标志着生产资料公有制占绝对优势的社会主义经济制度在我国初步建立起来。

（三）中华人民共和国第一届全国人民代表大会

1. 目标

> 我们的总任务是：团结全国人民，争取一切国际朋友的支援，为了建设一个伟大的社会主义国家而奋斗，为了保卫国际和平和发展人类进步事业而奋斗。
>
> ——毛泽东在第一届全国人大会议上的开幕词

> 设计意图　从第一届全国人大的开幕词入手，重点突出团结全国各族人民等，展现我国始终秉持人民当家做主的信念，帮助学生理解全国"人民"代表大会的含义。

2.《中华人民共和国宪法》

材料：列举1954年《中华人民共和国宪法》第一条、第二条、第二十一条、第二十二条、第二十三条的内容。

> 设计意图　通过截取原文，从史料中体会我国的国家性质、权力来源等重点内容，展现宪法的重要意义。

环节3：课堂小结

本节课主要从新中国成立、巩固人民政权的措施、独立自主的外交政策以及社会主义制度的建立四个角度入手，重点掌握新中国成立的历史意义、外交政策、向社会主义过渡等相关内容，形成知识框架与整体脉络。

七、作业设计

观看《建国大业》，选择其中历史事件进行解读，提交400字小论文。

八、板书设计

中华人民共和国的成立和向社会主义的过渡

团结力量：中华人民共和国的成立
↓
团结人民：人民政权的巩固
↓
团结世界：开创独立自主的和平外交

团结信仰：
中华人民共和国的成立和向社会主义的过渡

> 设计意图　板书将主要知识点进行清晰明确的列举，使学生能够从整体回顾本课主要内容，形成完整的知识框架，培养学生的逻辑性，加深对知识点的掌握程度。

九、教学反思

在指导教师的帮助下，我在教学设计与实际教学方面都获得了很大的提升。本课内容较多，学生在学习掌握过程中容易出现误区。本课以"团结"为主线索，具有一定创新性，同时结合当今新冠肺炎疫情，做到将历史和理论相结合，历史和现实相结合，从新中国爱好自由平等独立和平联系当今世界，提升学生的民族自豪感。但是在教学设计与实际教学过程中可能出现占用时间过多等问题，我应结合课堂情况适当缩减，并在今后的教学过程中更加注意精简，提升自己的整理概括能力。

专家点评：本课紧扣"团结"一词进行教学设计，实现了教学主题的前后贯穿，让教学具有了较强的整体感和创新性。从团结国内各方力量到团结世界各国人民，"团结"一词展现出了一个社会主义国家的执政者的胸襟和气度，表达了新中国初建时期的执政理念和价值诉求。在这一教学立意的引领之下，教师运用了多则文献史料和多幅历史图片，精心设计了配套的问题以及师生交流活动，对建国初期的关键事件和关键问题进行了学习探究。如对和平共处五项原则中四个"互"字、一个"共"字的强调与分析就很有思维深度；联系新冠疫情期间习主席关于"人类命运共同体"的讲话则很见政治高度。（点评人：刘晓兵，上海市历史特级教师）

案例11
档案文献揭开国史面纱
——《中华人民共和国成立和向社会主义的过渡》教学设计

浙江师范大学　陈惠婷

一、 教学设计思路

　　1949年新中国的成立标志着新政权的建立，也意味着中国从此进入新民主主义社会。为了巩固新生政权，中国人民在党的领导之下进行全方位努力，并于1956年实现了向社会主义的过渡，为当代中国一切发展进步奠定了根本政治前提和制度基础。因此，本篇设计将从政权的建立、政权的巩固和政权的嬗变三个层面展开，以展现中国从进入新民主主义社会到向社会主义过渡的历史进程。

二、教学情况分析

1. 学情分析

　　本节课的授课对象是高一学生，他们在初二下学期，就学习过中华人民共和国成立、抗美援朝、土地改革、外交成就、社会主义制度确立等重要内容，但多处在基础史实的识记水平。因此，我将通过教师讲述、史料解读、问题设置、表格梳理等方法，引导学生思考相关史实的内在联系，加深对相关历史的理解与认识。

2. 课标分析

　　《普通高中历史课程标准（2017年版2020年修订）》对本课的要求是：认识中华人民共和国成立的伟大意义；概述新中国巩固人民政权的主要举措；认识新中国为民主政治建设和向社会主义过渡所做出的努力。这表明本课重点在第一、三、四子目，教师可适当降低对第二子目的要求。

3. 教材分析

本课是《中外历史纲要（上）》第九单元第一课，主要内容是中华人民共和国政权的建立、巩固和嬗变。全课共有四个子目，其中第一子目中华人民共和国成立是后面三子目的前提，而社会主义基本制度的建立是前三子目的结果，四个子目之间是逻辑递进关系。本课作为新中国史的开篇之作，对于理解新中国史有奠基作用，并为社会主义革命与建设内容的展开奠定了基础。

三、教学目标

通过了解人民在中华人民共和国成立中发挥的作用和对比新旧中国社会特征，感悟中华人民共和国成立的伟大意义；

通过对地图及其他史料的解读，并通过表格，梳理新中国巩固人民政权的主要举措；

通过问题探究和小组讨论，认识新中国为民主政治建设和向社会主义过渡所做的努力。

四、教学重难点

重点：中华人民共和国成立，开创独立自主的和平外交。

难点：社会主义基本制度的建立。

五、教学资源与方法

教学资源：教材、课件、视频等。

教学方法：讲授法、谈话法、探究法、讨论法等。

六、教学过程

环节1：导入

带领学生阅读毛泽东在《新民主主义论》中指明中国革命方向的言论，再用时间轴展现中国革命的进程。

中国革命必须分为两个步骤。第一步，改变这个殖民地、半殖民地、半封建的社会形态，使之变成一个独立的民主主义的社会。第二步，使革命向前发展，建立一个社会主义的社会。

——毛泽东:《新民主主义论》

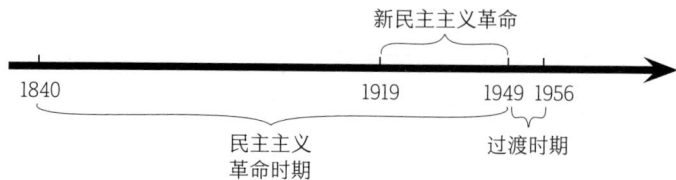

设计意图　新中国建立与社会主义改造都是在毛泽东思想的指导之下进行的。引用毛主席的语录以引导学生从宏观角度把握本课在中国革命历史中的地位，明确本课学习内容。

环节2：新课教授

一、政权的建立

（一）筹备

政协：

展示第一届政协的人员构成表，提问：这场会议的人员构成具有哪些特征？

第一届中国人民政治协商会议与会代表的人员构成表

单位（45个）及特邀人士	正式代表和候补代表（662人）
党派代表（14单位：中国共产党和13个民主党派，正式代表142人）	
区域代表（9单位，正式代表102人）	
军队代表（6单位，正式代表60人）	
团体代表（16单位，正式代表206人）	
特别邀请人士（75人）	

数据来源：中共中央统战部：《中国共产党统一战线史》，北京：华文出版社，2017年

接着提问：这662名与会代表商讨了哪些国事？为何说第一届政协的召开为新中国的成立做了准备？请学生阅读教材进行思考。

全国人民：

以国旗、国徽、国歌为例，讲述全国人民都投身新中国成立筹备事宜的故事，使学生认识到人民真正当家做主了。

> 1949年8月20日，是国旗国歌国徽征稿截止日。共征集到国旗设计稿1 920件，图案2 992幅；国徽设计稿112件，图案990幅；国歌632件，歌词694首。
>
> 这些稿件来自祖国的四面八方，甚至来自海外的炎黄子孙，远从印度尼西亚、马来西亚、大洋彼岸的美洲大陆也寄来了23幅图案。投稿的有高级干部、将军、著名艺术家、学者，也有普通干部、工人、农民和军人，甚至还有小学生。
>
> ——《五星红旗》编撰组：《五星红旗》，北京：华艺出版社，2010年

（二）盛会

经过政协的精心筹备和全国人民的踊跃参与，开国大典如期而至。播放开国大典的视频，并明晰中华人民共和国成立日期的问题。

（三）意义

中华人民共和国的成立作为新民主主义革命胜利的标志，它具有怎样特殊的意义呢？请学生阅读材料后思考问题。

> 中国人民解放战争和人民革命的伟大胜利，已使帝国主义、封建主义和官僚资本主义在中国的统治时代宣告结束。中国人民由被压迫的地

位变成为新社会新国家的主人，而以人民民主专政的共和国代替那封建买办法西斯专政的国民党反动统治。

——《中国人民政治协商会议共同纲领》

问题1：根据上述材料结合所学，指出新、旧中国各自的社会特征和社会性质。

问题2：如何理解中华人民共和国的成立开辟了中国历史新纪元？

> **设计意图** 对比新、旧中国的特征，使学生从破旧立新层面理解"新纪元"的含义，并从史论结合的角度解释中华人民共和国成立的意义。

总结：中华人民共和国是真正属于人民的共和国。

二、政权的巩固

（一）政治

新中国成立后，首要问题是巩固新生政权，而巩固政权的第一步是统一祖国大陆。此处展示"全国大陆的解放形势图"，提问：尚未解放的地区集中在哪里？接着讲述这些地区之所以尚未解放，与反革命分子和匪徒的破坏有很大的关系。然后在此图上用动画呈现华南、西南地区主要城市的解放进程。

> **设计意图** 通过讲述让学生理解剿匪镇反对于政权巩固的必要性，以动画放映的方式培养学生的时空观念。

（二）经济

土地改革：

长期的战争极大破坏了经济发展。为巩固新生政权，政府领导人民开展土地改革和稳定物价的工作。学生在初中学习过土地改革的相关内容，此处请学生阅读教材，概括土地改革的背景、内容、意义。接着出示材料《旧中国乡村人口、土地占比图》，提问，如何理解教材157页的"思考点"：土地革命"是中国人民民主革命继军事斗争以后的第二场决战"？

设计意图　以史料帮助学生构建新旧知识联系，通过问题探究来认识土地改革扩大群众基础、巩固政权的作用。

稳定物价：

恢复国民经济的另一举措就是稳定物价。请学生阅读材料并结合所学，概括物价得以稳定的原因。接着提问：人民政府稳定物价的措施有哪些呢？

> 但是他们又希望，政府即使在困难中，也要设法使金融物价比较地稳定一些。这种希望是很可理解的，因为人民在日寇、汉奸、国民党反动统治之下，遭受了十多年恶性通货膨胀的痛苦。
> ——陈云：《发行公债弥补财政赤字》（1949年12月2日），载中共中央文献研究室编：《建国以来重要文献选编》第一册，北京：中央文献出版社，1997年

设计意图　通过信息归纳和教师讲述，学生了解成功稳定物价的原因和举措，并认识此举不仅有积极的经济意义，还有树立政府威信的政治作用。

（三）军事

1950年，当举国上下都为国内政治统一和经济恢复而努力之时，朝鲜战争突然爆发。请学生结合教材思考党中央决定入朝作战的原因有哪些，接着讲述抗美援朝的意义。

> 为了援助朝鲜人民解放战争，反对美帝国主义及其走狗们的进攻，借以保卫朝鲜人民、中国人民及东方各国人民的利益，着将东北边防军改为中国人民志愿军，迅即向朝鲜境内出动，协同朝鲜同志向侵略者作战并争取光荣的胜利。
> ——《军委主席毛泽东关于组成中国人民志愿军的命令》（1950年10月8日），载中共中央文献研究室编：《建国以来重要文献选编》第一册，北京：中央文献出版社，1997年

设计意图 以抗美援朝的意义引导学生认识到，是志愿军英雄和全国人民的爱国精神和实际行动维护了国家安全，从而提高学生保卫国家的历史责任感。

（四）外交

新中国为了争取有利的国际环境，奉行独立自主的和平外交政策。据此，毛主席把新中国外交的基本方针概括为三句话。请学生阅读教材第158—159页内容，完成表格。并引导学生认识这三大方针集中体现了新中国外交政策独立自主的特点。

方　针	含　义	建交国家	原　则
"另起炉灶"			
"打扫干净屋子再请客"			
"一边倒"			

在独立自主的和平外交政策的指导之下，新中国初期的外交取得了许多成就，请学生再次阅读教材完成表格。

时　间	场　合	外交成果	意　义	建交国家
		六点建设性意见		
1954年6月				
	亚非会议			

教材第177页呈现习近平主席在和平共处五项原则发表60周年纪念大会上的讲话。请学生结合历史背景，谈谈"新期待"和"国际法治精神"分别是什么？而亚非会议上周总理提到：中国代表团是来求同而不是来立异的。这"求同存异"方针中的"同"和"异"分别指什么？

设计意图 以表格梳理的形式使学生对我国外交政策及其成就有整体的了解。解读新中国外交理念，使学生在时代背景中理解其含义，加深对外交政策独立自主及和平特点的认识。

三、政权的嬗变

1953年，新中国统一了祖国大陆，国民经济也得到恢复和发展。在此背景之下，我国启动向社会主义过渡的计划。

（一）社会主义经济制度的建立

为建立社会主义经济制度，中共中央制定了过渡时期总路线，具体内容是"一化三改"。请学生根据"一五计划"和过渡时期总路线内容，思考我国的社会主义改造道路具有哪些特点。1956年我国完成了三大改造，1957年"一五计划"的指标大幅度超额完成，据此，请学生结合材料《1953年和1956年工业总产值图》和《"一五计划"主要成就图》，思考我国经济发生的变化及其意义。

> **设计意图**　以直观的数据和地图，说明在全国人民努力之下，社会主义经济制度初步建立，社会主义经济建设也卓有成效。

（二）社会主义政治制度的建立

1954年9月，第一届全国人民代表大会在北京举行，大会通过了《中华人民共和国宪法》，确立了人民代表大会制度这一根本政治制度。提问：结合教材第179页的《中华人民共和国宪法》条文，谈谈人民代表大会制度为何是我国的根本政治制度。

> **设计意图**　通过史料阅读和问题探究，让学生认识到1954年《宪法》和人民代表大会制度都是建国初期我国为民主政治建设所做的努力。

环节3：课堂小结

组织小组讨论：结合本课所学，你认为在中华人民共和国成立和向社会主义过渡的过程中，有哪些人物、组织、团体扮演了重要角色？为什么？

> **设计意图**　以小组讨论的形式让学生自我梳理本课内容并彼此交流心得，认识那个时代的中国人的艰苦奋斗精神，激发学生担当民族复兴大任的历史责任感。

七、作业设计

阅读毛泽东的《新民主主义论》《论人民民主专政》，说明在新中国成立和社会主义制度建立过程中，毛泽东思想的重要作用和意义。

八、板书设计

第26课　中华人民共和国成立和向社会主义的过渡

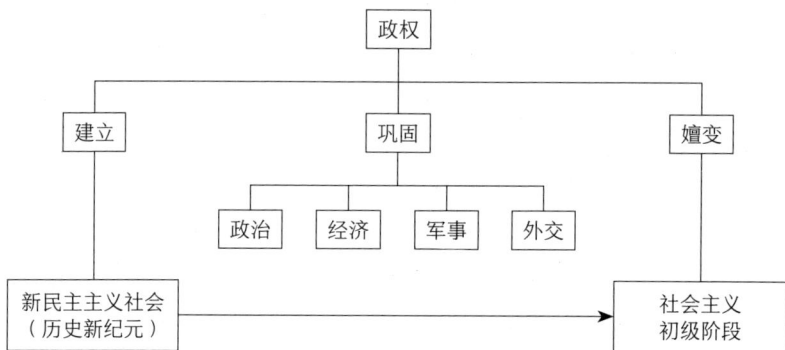

```
                    政权
         ┌───────────┼───────────┐
       建立          巩固         嬗变
                ┌────┬────┬────┐
              政治  经济  军事  外交

  新民主主义社会                      社会主义
   （历史新纪元）  ───────────────▶   初级阶段
```

设计意图　揭示历史知识的整体结构和内在联系，突出教学主线；启发学生思维并促进理解记忆。

九、教学反思

本次比赛我的主要收获是：教学设计要注重凝练教学立意，落实核心素养；并围绕立意和目标精选史料、设置问题。因此我仍需改进的地方如下：一是仍需扩大阅读面，深厚的阅读积淀是教学设计的源泉；二是要增加走进课堂的机会，缩短设计高度与学情实况之间的距离。

专家点评： 本教学设计丰实而不显烦琐，较好地展现了历史学科史料教学的特征，清晰指向历史学科核心素养的培育。教学中，文献、图片、视频，尤其是地图和各种数据史料的运用，让课堂教学充满了鲜活的气息，也给予了学生较为宽广的思考空间。更值得称道的是，多样化的史料并没有让教学显得臃肿复杂，而是过程清晰、详略有度。究其原因，是设计者三个小工具运用得当，一是时间轴和地图的使用，让学生能够迅速锚定历史时空，进入一个限定清晰的历史场景中；二是知识表格的使用，让纷繁复杂的史事得到提炼，并建立彼此的关联；三是结构板书的使用，让本节课的所有内容联结为一个整体，绘制出了一个以上驭下、以大带小的知识图谱。（点评人：刘晓兵，上海市历史特级教师）

案例总评

　　以上教学设计都是讲授同一内容——"中华人民共和国成立和向社会主义的过渡"。这段历史的时间跨度并不长，只有七年左右的时间，但正是这短短的七年，却实现了中国社会的两个大的跨越式转变，从半殖民地半封建社会的旧中国到民族独立、人民当家做主的新社会，从新民主主义到社会主义。正是这两大历史性转变，奠定了当代中国一切发展进步的根本政治前提和制度基础。课标在阐述"家国情怀"课程目标时，要求"从历史的角度认识中国国情"，本课正是落实这一要求、培育学生家国情怀素养的重点所在。有鉴于此，本课的教学应以家国情怀的培育作为课时目标之魂，而以深刻理解新中国成立的伟大意义、认识中国向社会主义过渡的独特性作为课时内容的两个关键点。综观十一篇教学设计，虽创意各有不同，但都基本扣住了本课的"目标之魂"和"内容的两个关键点"。这都说明参赛师范生具有良好的历史学功底和较强的教材文本分析处理能力。

　　更让人惊喜的是，设计者展示给我们的不仅仅是个人的历史学功底和文本解读能力，更多的是教学创意和课堂流程规划能力。多位参赛师范生运用"新""团结"等中心词串联起整堂课的教学，这就给本节课提供了一个清晰又蕴含有积极价值判断的教学立意。在教学立意的引领下，设计者对课时内容进行了合理重构，最终呈现出的教学内容基本做到了取舍有度、详略得当。由于这部分内容"时短而事繁"，多位设计者采用了表格、时间轴、思维导图、结构板书等思维工具提炼知识，突出主干，不仅实现了删繁就简，更实现了知识的结构化和有效关联，可谓事半功倍。从教学流程来看，所有的教学设计都是内容完备、思路清晰的，从中可见他们对中学历史课堂教学是"有备而来"的。

　　参赛师范生的史料运用和问题设计也颇多亮点。他们视野开阔，运用了丰富的文献、图片、视频、数据等多样化的史料，并根据史料的性质和内蕴信息设计了针对性强且具有明确指向性的问题，引领学生有效思考。他们运用史料教学、情境教学、问题教学等方式，在史料呈现、解读、思考、表达的过程中，逐步培育历史解释、史料实证、时空观念等多种素养，而其中还蕴含着历史学思想方法、哲学思辨、社会主义国家学说等理论的渗透，为学生人文底蕴的丰盈提供了或显或隐的帮助。（点评人：刘晓兵，上海市历史特级教师）

第 三 章

进 取

案例1
展翅腾飞，走向美好
——《中国特色社会主义道路的开辟与发展》教学设计

湖州师范学院　　耿芳

一、教学设计思路

　　自改革开放以来，我们取得了一系列成绩与进步，我们确定了中国特色社会主义制度，形成了独有的中国特色社会主义体系。从历史寻迹，寻找变化的迹象，展现今天的美丽中国。这不仅仅是一堂生动的历史课程，更是在绘制出一幅沧海桑田之中国的美丽画卷。

二、教学情况分析

1. 学情分析

　　学生在初中时已学习过中国共产党第十一届三中全会、改革开放的进程、"一国两制"等部分史实，只是不够体系化。难以在如此大的时间跨度下，进行知识内容的整合，以及一些历史概念的解释。

2. 课标分析

　　知道真理标准问题讨论、十一届三中全会的历史意义；认识改革开放以来中国在各个领域取得的成就、综合国力以及国际影响力的逐渐提高；认识"一国两制"政策对实现祖国完全统一的现实意义；认识中国特色社会主义进入新时代的重大意义，认清我国发展新的历史方位；形成对中国特色社会主义道路、制度、文化、理论体系的形成过程及意义的认识。

3. 教材分析

　　本课有三子目内容——伟大的历史转折、改革开放进程、"一国两制"

与祖国统一大业，讲述了1978年以来开辟中国特色社会主义道路后发展进程中的相关史实。本课内容以叙事为主，因此教师要引导学生梳理本课知识、历史发展线索及其内在联系；同时注重历史解释，重视对历史概念的理解以及事件发生的原因结果等。

三、教学目标

能够结合时间轴和地图，理清改革开放的基本线索；能够从当时的国际国内形势和领导人的认识角度突出中共十一届三中全会的转折性意义；通过分析和理解对内改革和对外开放的历史逻辑，在特定的时空框架下把握改革开放的历史，在具体的时空架构中理解改革开放的每一项重大决策的合理性；通过分析邓小平南方谈话，分析中国的改革开放如何突破传统的社会主义体制，理解中国特色社会主义道路的内涵。

四、教学重难点

重点：十一届三中全会的历史意义，"一国两制"的理论与实践。

难点：理解中国特色社会主义道路的含义。

五、教学资源与方法

教学资源：教材、相关专著和课件等。

教学方法：讲授法、小组讨论法、材料分析法。

六、教学过程

环节1：导入

视频：港珠澳大桥

一座座中国桥，重塑着中国经济地理的新标志；一条条中国路，勾勒出中国经济运行效率的新版图。新中国成立以后，党和国家一直在实践中摸索着，开辟出一条中国特色社会主义道路，创造出一个又一个中国奇迹。在这个视频当中，同学们是否领悟到半个多世纪以来中国发生的巨变？又是从何时开始了这样的大变化？之后，我们又会进入怎样的一个中国时代？

设计意图 利用港珠澳大桥纪录片，容易激发出学生学习的兴趣，营造轻松愉悦的课堂环境，更好地引导学生走进课堂，领悟本课的主题——中国特色社会主义道路的开辟与发展。

环节2：讲授新课

一、伟大转折——新的起点

材料1：

材料2：这场由文化领域发端的"大革命"，对教育、科学、文化的破坏尤其严重，影响极为深远。……在一个时期内造成了"文化断层""科技断层""人才断层"。据1982年的人口普查统计，全国文盲和半文盲达二亿三千多万，占全国总人口数的近四分之一，严重影响到全民族文化素质的提高和现代化事业的发展。

——本书编写组：《中国共产党简史》，北京：人民出版社、中国党史出版社，2021年

【**学生任务1**】根据材料及所学内容，指出十一届三中全会召开的背景。

背景：

①"文革"对经济的破坏及"文革"后国民经济在徘徊中前进。

②关于真理标准的讨论，为会议召开奠定思想基础。

③1978年中央工作会议上，邓小平发表《解放思想，实事求是，团结

一致向前看》讲话，为会议确立了指导思想。

> 材料3：
>
> 民主是解放思想的重要条件。……
>
> 一个革命政党，就怕听不到人民的声音，最可怕的是鸦雀无声。……
>
> 在经济政策上，我认为要允许一部分地区、一部分企业、一部分工人农民，由于辛勤努力成绩大而收入先多一些，生活先好起来。……
>
> ——邓小平：《解放思想，实事求是，团结一致向前看》，1978年

【小组活动1】

阅读材料，结合教材，讨论十一届三中全会的主要内容，理解它们对中国特色社会主义道路发展的意义。

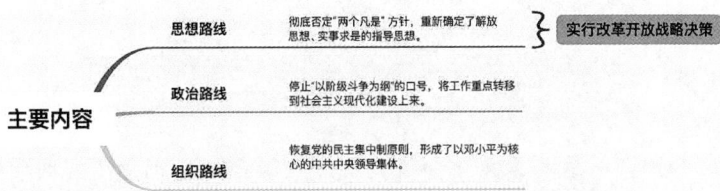

经过这次全会，全党和全国人民在以邓小平为核心的领导集体的领导下，揭开了伟大的社会主义改革开放的序幕。我国从此进入了历史新时期，改革开放和社会主义现代化建设正全面展开。我们党以十一届三中全会为起点，依靠广大人民群众的力量与智慧，总结历史经验，吸取历史教训，坚定地走自己的路，在探索建设新中国的道路上不断开创新的局面。

设计意图　令学生认识十一届三中全会的主要内容，如思想路线、政治路线、组织路线的拨乱反正，实行改革开放的伟大决策等，进一步理解它们对历史发展产生的深远意义。

【过渡句】十一届三中全会后，党和国家继续按照实事求是、有错必纠

原则加快平反冤假错案的步伐。

【教师讲解】

1. 十一届六中全会

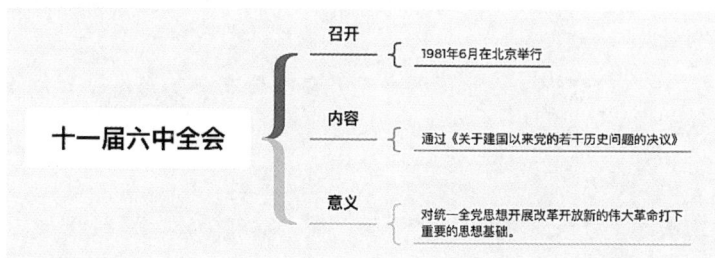

2. 1982年宪法

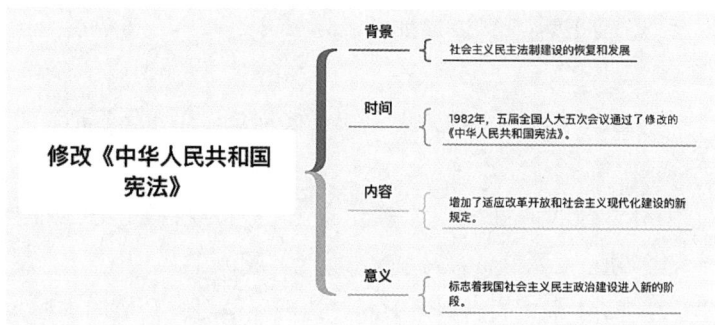

二、改革进程——富强腾飞

（一）对内改革

材料4：40年前，安徽遭遇了百年一遇的特大旱灾，为了不再挨饿、不再讨饭，18位庄稼汉将家人"托孤"，把分田到组"秘密"改为分田到户，搞"大包干"。18个鲜红的手印催生了家庭联产承包制，在十一届三中全会召开前，为中国农村改革提供了范本。

——《改革开放四十年　听小岗村的声音》，载人民网，2018年

提问：当时的安徽凤阳小岗村发生了哪些改变？

材料5：

根据邓小平同志建设有中国特色社会主义的理论和党的十四大精神，把十四大提出的经济体制改革的目标和基本原则加以具体化，……可以预计，这次全会将对我国的改革开放和社会主义现代化建设产生深远影响。

——江泽民：《在中国共产党第十四届中央委员会第三次全体会议上的讲话》，1993年

城市改革：扩大国有企业经营自主权，发展个体私营经济→1992年南方谈话，十四大又进一步提出我国经济体制改革目标。

（二）对外开放

材料6：1984年，温州被批准为全国首批14个沿海港口开放城市之一。

——温州市委党史研究室：《温州改革开放40年大事记》，2018年

展示对外开放的地图。见教育部：《义务教育教科书（五·四学制）中国历史》（第四册），北京：人民教育出版社，2019年。

【学生任务2】根据材料以及教材，梳理中国对外开放的进程，概括对外开放格局的基本特点。

1980年5月，中央在深圳、珠海、汕头、厦门设立经济特区。

1984年，开放14个沿海港口城市。

特点：建立一批经济技术开发区和保税区，形成从沿海到沿江、从沿边到内陆的多层次、多渠道、多种形式的全方位对外开放的新格局。

设计意图　有利于学生培养时间观念，从整体上把握我国改革的具体进程。有利于学生培养归纳能力与历史整合能力。以地图的形式讲解开放的过程，有利于培养学生的时空观念素养。

材料7：

（三）总结

21世纪，中国经济总量跃升至世界第二位，成为第二大经济体。

【小组活动2】探讨改革开放以来取得一切成绩和进步的根本原因。

> **设计意图**　教师引导学生意识到，巨大成绩和进步的根本原因，归结起来就是开辟了中国特色社会主义道路。由此紧扣本课主题，形成逻辑顺序。

三、祖国统一——势在必行

【过渡句】

> 葬我于高山之上兮，望我大陆；
> 大陆不可见兮，只有痛哭。
> 葬我于高山之上兮，望我故乡；
> 故乡不可见兮，永不能忘。
> 天苍苍，野茫茫；
> 山之上，国有殇。
>
> ——于右任《望大陆》

【教师提问】同学们知道，于右任是在哪儿望的大陆吗？他能回到他的故乡吗？

（一）"一国两制"的含义

【教师讲解】台湾问题由来已久，但是两岸人民一直致力于祖国的统一。20世纪80年代初，邓小平提出了"一国两制"。（阅读课本，理解"一国两制"的含义）

（二）"一国两制"的实践（香港、澳门）

材料8：

香港：

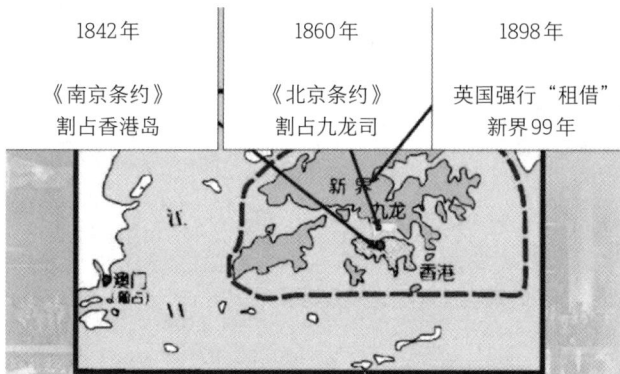

1842年	1860年	1898年
《南京条约》割占香港岛	《北京条约》割占九龙司	英国强行"租借"新界99年

为2秒谈判16轮

最后一次谈判中，安文彬非常庄严地站了起来，怒怼戴维斯道："香港已经被你们占领了150多年！而现在我要的只是2秒钟，你却是这样无理相拒。我认为英方这种态度不仅中国人不能容忍，世人也是不能容忍的。如果我明天召开记者招待会，我向世人宣布，我们之间的150多年和2秒之争，请你想一想，你将如何回答世界人民？"

——《老外交官忆香港回归：为了2秒钟　我谈判了16轮》，新华网，2017年

提问：我们真的只是为了争这2秒吗？这2秒的背后代表了什么？

材料9：

澳门：

澳门回归20年来经济发展数据图

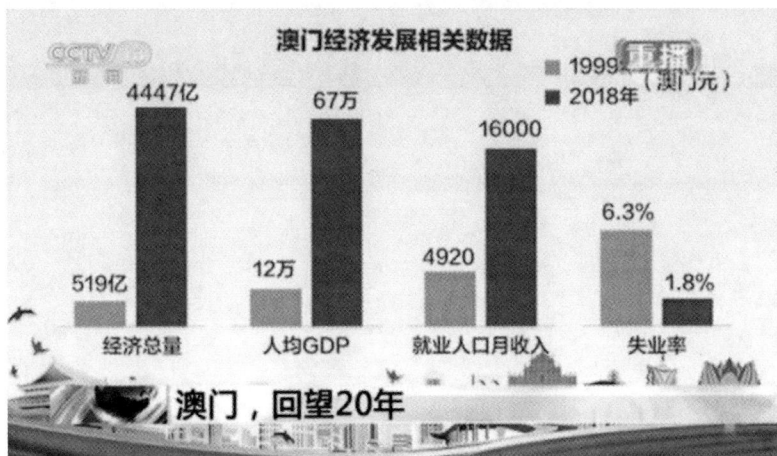

（三）海峡两岸发展进程

【小组活动3】结合之前所学内容，思考台湾问题与香港澳门问题的不同点在哪里。

【学生任务3】梳理海峡两岸历史发展进程

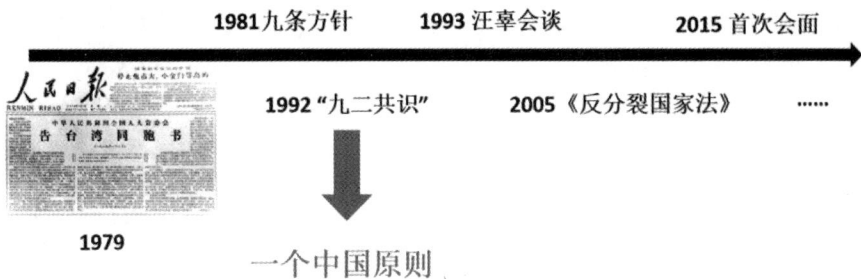

设计意图　本课历史叙述居多，学生们通过梳理课本并结合教师提供的众多史料，不仅仅有利于培养时空观念，还有利于培养史料实证的能力，两者结合更有利于进行历史解释。

七、板书设计

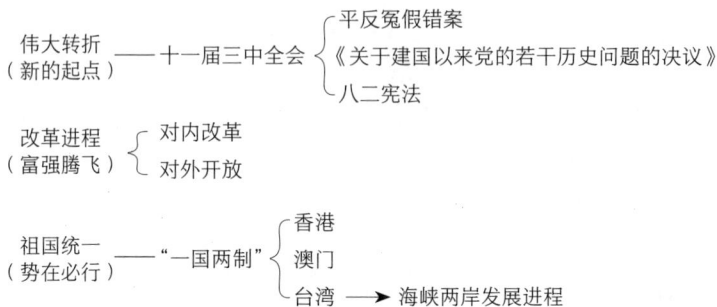

八、教学反思

本课叙述类史实较多，从知识的逻辑顺序出发，本人在设计时思考最多的是如何串联这些知识，并达到培育学生核心素养的目标。在整个课程设计中我遇到了很多困难，如怎样平衡知识学习与培养学生史料实证素养的问题。我为学生提供了大量的史料，并设计了小组讨论等教学活动，但我还是感到在引导学生学习方面仍有欠缺，这是我今后努力的方向。

专家点评：如何历史地看待改革开放？这是中学通史内容中距离学生生活最为接近的一段。学生学习既有容易的一面，但也常有不解的问题。该授课者运用了较为适合的方法基本完成了教学。一是直观，引发学生亲近感。近十幅图表收到了效果，授课者的白描式语言也起到了作用。图像是凝固的历史，细节尽在眼底，感染力较强。二是深思，培养学生思维能力。设计三次小组活动，将历史变化的深层思考作为小组活动的核心目标，把改革开放置于历史运动的河流中来观察思考，在内外诸因素的拓展思考中，基于证据的、辩证的历史思维方法助推学生完成历史学习。三是共情，夯实学生家国情怀。授课者十分注重每一件大事中历史行为者的情感因素，让历史行为者与学生发生情感共振，让学生的心灵在历史学习中不断得到滋润。

改革开放开启了中国特色社会主义建设新时期，这不仅是中国共产党百年三大贡献的重要内容，还是中华民族历史上的重要历史进程，也是当代世界引人注目的历史实践。其内容也十分丰富，关键在于寻找学生的情思点、问题点，精准选取激发学生思维的资料，让学生学科能力和家国情怀共生共涨。（点评人：付文治，上海市历史特级教师）

案例2
"变化"中的中国
——《中国特色社会主义道路的开辟与发展》教学设计

华东师范大学　覃俏龙

一、教学设计思路

经过新中国成立以来不断的摸索和曲折发展，十一届三中全会开辟了一条新的、正确的发展道路——改革开放。随着改革开放的不断深入推进，中国取得了巨大的成就，在国际舞台上扮演着越来越重要的角色。本课的内容之间的关系是：真理标准大讨论为十一届三中全会提供思想基础；十一届三中全会的各项决定和措施，如转移工作中心、确定路线和恢复传统、拨乱反正，都是要为改革开放保驾护航。中国不断深入对外开放的同时，"一国两制"政策也在解决港澳台问题上发挥着巨大作用，中国统一大业不断推进。

二、教学情况分析

1. 学情分析

学生在初中阶段已经对真理标准大讨论、十一届三中全会和"一国两制"有了初步的学习和认识，因此，可在课堂上面调动学生原有的知识体系。高一的学生需要初步掌握一些史料解读、史料分析的能力，因此，在教学过程中可多引导学生解读史料，培养史料实证和历史解释的能力。同时，也可调动学生自身的生活经历，感受改革开放给中国带来的巨大变化。

2. 课标分析

第十单元的课标要求有很多，能在第28课完成或者涉及的课标要求有三点：认识真理标准问题讨论和十一届三中全会的历史意义；认识改革开放以来中国在各个领域取得的成就、综合国力及国际影响力的不断提高；认识"一国两制"对实现祖国完全统一的重大意义。通过本节课的学习，学生要从真理标准讨论和十一届三中全会的学习中，了解依靠群众才可以取得发展；通过改革开放前后的材料的对比，认识到改革开放是党领导人民走向富强的正确道路；从"一国两制"和港澳台问题的学习中，明白国家统一是人心所向，也是历史趋势。

3. 教材分析

第28课起着承上启下的作用。第27课是中国在探索社会主义道路上的曲折发展，到第28课中国找到了适合国情的中国特色社会主义道路，第29课则是中国走上正确道路后取得的成就。在本课当中，重点是"开辟"一词，即思想解放、改革开放以及"一国两制"的创制。本课的内容分为两大部分，一是改革开放，二是"一国两制"。第一子目伟大的历史转折和第二子目改革开放的进程属于第一部分。第三子目"一国两制"与祖国统一大业属第二部分。

三、教学目标

借助时间轴，了解十一届三中全会的历史背景，理解十一届三中全会的重要意义；通过解读史料，提取有效信息，了解改革开放的成就，理解中国特色社会主义道路开辟的历史意义。

能够总结概括"一国两制"的主要内容，理解其在祖国统一大业中发挥的重要作用，形成对中国特色社会主义道路的完整认识。

四、教学重点难点

重点：十一届三中全会的措施及其意义。

难点：中国特色社会主义道路的含义。

五、教学资源与方法

教学地点为课堂，可以使用多媒体PPT，展现各知识点内容和一些视频、图片等等。

六、教学过程

环节1：导入（思想之变——真理标准大讨论）

出示《人民日报》1977年2月7日的《学好文件抓住纲》，摘出"两个凡是"。再出示《人民日报》1978年5月12日转载《光明日报》的《实践是检验真理的唯一标准》，摘出一些文字。问学生，社论发生了怎么样的变化，出现这种变化的原因是什么，其目的又是什么。

> 设计意图 突出真理标准讨论对解放思想的重要意义，展现真理标准讨论为十一届三中全会提供思想基础，让学生学会解读史料，并调动原有的知识体系。

环节2：讲授新课

一、政策之变——十一届三中全会的召开

将课本第169页的文字内容转化为结构图，将十一届三中全会的措施分为工作中心、战略决策、恢复路线、拨乱反正四个部分，并结合第170页内容，分别对它们进行一个简略的讲解。

老师出示三幅油画和照片，分别是1927年10月毛泽东上井冈山、1949年毛泽东在七届二中全会上讲话以及1978年十一届三中全会，讲述中国共产党历史上三次工作重心的转移。

老师出示十一届三中全会后邓小平在刘少奇追悼会上的照片，通过讲述刘少奇冤案得以平反来展示中国的政治体制的重建过程。老师出示《关于建国以来党的若干历史问题的决议》和《中华人民共和国宪法》的基本信息，解释《决议》产生的背景和意义。由此可以讲解重新确立党的政治路线、思想路线和组织路线，恢复民主集中制的优良传统，以及开展拨乱反正工作的意义。

老师出示《关于建国以来党的若干历史问题的决议》和《中华人民共和国宪法》的基本信息，解释《决议》产生的背景和意义。

> 设计意图 方便学生识记十一届三中全会的内容，并且加深对它的理

解。同时，培养学生阅读课文、提炼整合文本知识点的能力以及史料解读能力，进而更加深刻地明白十一届三中全会的各项措施对于中国来说具有转折性的重大意义。

二、农村与城市之变——改革开放的进程

老师出示梅斯纳在《毛泽东的中国及其发展——中华人民共和国史》中对集体化的评论，先对人民公社化运动做一个比较中肯的评价。再列表格对比"家庭联产承包责任制"和"人民公社"制度，引导学生认识农村经济体制改革及其成果。

用材料展现城市经济体制改革遇到的问题，问学生改革前中国有什么问题。再出示李文杰编的《中华人民共和国社会史》的片段，总结解决措施，引导学生认识经济体制改革和社会主义市场经济等概念。最后用图表展现改革后农民收入增长多且快。

再出示不同时期的地图，按照时间顺序，梳理开放的地区和城市；与此同时，结合时间轴，将理论突破和战略变化的节点展现出来。

设计意图　放在历史的长时段中，对比凸显改革开放的巨大成就，启发学生认识改革开放的伟大意义。

三、祖国统一——"一国两制"与港澳台

通过出示诗词（闻一多《七子之歌》组诗）、音乐（1999年春晚上改编演唱的《七子之歌》）和影视资料（电影《我和我的祖国》片段），从人民的心愿、祖国的尊严等角度展现香港、澳门回归以及"一国两制"的重要意义，并强调"一国两制"虽然是为解决台湾问题而提出的，但是在香港和澳门率先得到实践。港澳问题的成功解决，也为台湾问题的解决提供借鉴。

将"一国两制"置于中国特色社会主义的伟大创举这一框架下理解，进一步丰富中国特色社会主义道路的内涵。

设计意图　通过多样的材料来展示"一国两制"与港澳台问题，再次引起学生的兴趣的同时，激发学生的爱国情怀。

七、作业设计

选择某一主题，如农村风貌、企业制度、两岸关系等等，搜集其在改革开放前后的变化，做成表格上交。

设计意图 让学生自己搜集整理史料，培养史料实证意识和能力，在复习本课内容、深化对改革开放的理解的同时，了解取得的巨大成就，为下一节课做铺垫。

八、板书设计

主板书：

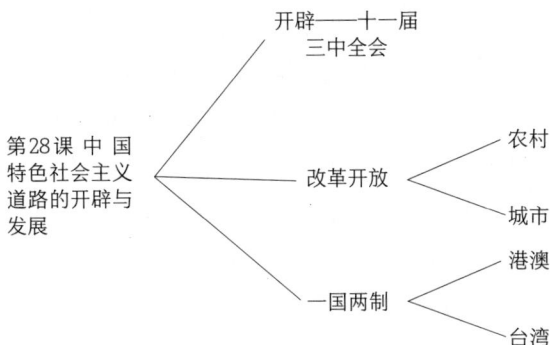

副板书：

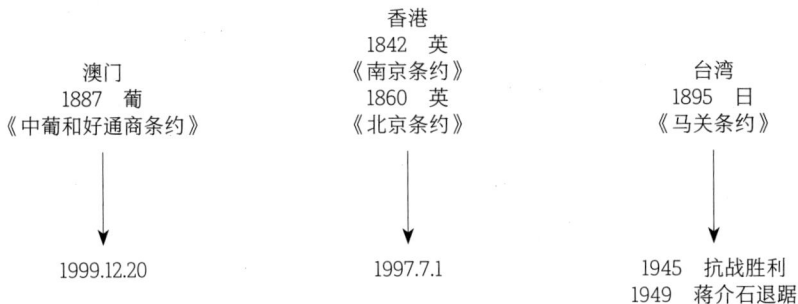

九、教学反思

老师在鼓励学生自学方面做得不够完善，更多还是偏向于老师单方面讲授本节课内容；此外设计的环节是否能在40分钟内完成，是一个挑战。因此要多设计一些可以让学生自主学习和讨论的环节，并且在材料的选择和环节的设计方面需要再精简一些。

专家点评：改革开放是一次历史变革，是中国共产党在新中国建立后不断改革进程中的重大历史事件。学生应该抓住的主线和认识的道理是什么？该授课者对学生学习活动的规律把握比较到位，教学思路也较清晰。

首先，授课者能认识到科学的、历史的思维观念、思想路线的重新确立是伟大变革的前奏，因而采用对比来呈现"徘徊时期"的思潮涌动，揭开历史大幕，线索清晰，也能触动学生的情感与思维，收到效果。其次，授课者善于拉大镜头，拓展视野，让学生从表象到本质认识历史变革。城乡改革、台港澳问题牵涉因素甚多。授课者建立纵向、横向历史坐标，为学生深度学习搭建了脚手架，这不仅解决了学生心头的诸多疑问，更是历史思想方法的渗透。再次，授课者通过作业设计让学生在证据收集、历史叙述、历史解释素养方面得到加强，进一步充盈家国情怀，设计较为合理。

改革开放与新中国前30年历史的内在关系是什么？教师不仅要心明眼亮，还要揣摩学生如何学习历史；要建构大视野，还要构建小细节，全面发展学生思维能力，方可真正达成学科素养的培育。（点评人：付文治，上海市历史特级教师）

案例3
伟大的历史转折：十一届三中全会
——《中国特色社会主义道路的开辟与发展》教学设计

华东师范大学　周禹妗

一、教学设计思路

在"解放思想，实事求是，团结一致向前看"的指导思想下，十一届三中全会在思想、政治、组织路线上实现了具有深远意义的伟大转折，满足了人民"渴望春天"与"拨乱反正"的迫切需要，开启了改革开放与社会主义建设的新时期。

二、教学情况分析

1. 学情分析

高一年级的学生具备一定的理性思考能力、自主学习能力。可通过提问的方式引导学生深入思考和自主学习，并通过直观的历史情境和抽象的历史观点，共同促进学生对课程内容的理解。

2. 课标分析

认识真理标准问题讨论和十一届三中全会的历史意义，认识改革开放以来中国在各个领域取得的成就以及综合国力及国际影响力的不断提高。

3. 教材分析

第28课为中国特色社会主义道路的开辟与发展，前接"文化大革命"的结束，后启改革开放后的重大成就。本课共分为三个子目，第一子目为两年徘徊时期、十一届三中全会、法制建设，第二子目为改革开放的进程，第三子目为"一国两制"与祖国统一。其中第一子目"伟大的历史转折"较为重要，需要理解的内容较多，可设计为40分钟左右的课程。

三、教学目标

掌握十一届三中全会召开的背景、会议的主要内容，理解它的重要转折意义。能够从历史文献与历史图片中提取信息，并有条理地归纳历史信息的要点。感悟中国共产党将马克思主义与中国具体实践相结合的实事求是精神，理解中国特色社会主义道路的内涵。

四、教学重难点

重点：十一届三中全会的内容与意义。

难点：中国特色社会主义道路的内涵。

五、教学资源和方法

教学资源：历史教科书、文字和图片史料、多媒体展示工具。

教学方法：教师讲授、引导性提问、学生自主归纳讨论等。

六、教学过程

环节1：导入

列举回忆录史料中两副对联的内容变化，呈现出20世纪70年代到80年代中国的巨大变迁，引发同学思考是什么导致了中国历史的转折，导入新课。

师：同学们的家乡有贴春联的习俗吗？

生：有的。

师：很多同学都说"有"，老师今天要讲的故事也和春联有关。在46年前的一个冬季，湖北天门县的一位农民在家门口悬挂了这样一副春联："过年只有两升米，押岁并无一分钱。"横批："我也过年。"六年之后，他又贴上了另一副春联，上面写着："过年储米十余担，押岁存款上千元。"横批："欢度春节。"我们来对比一下两副春联内容的变化，这位农民生活水平显然得到了提高。在这六年里究竟发生了什么呢？

想要找出转变的原因，我们需要把这个事件放到历史长河中去看。1974

年正处于"文化大革命"时期，国民经济发展水平落后，人们生活水平低下。1976年"四人帮"被打倒后，国内经济的发展进入了两年的徘徊状态，人民无比地"渴望春天"的到来。为了响应人民"渴望春天"的心愿，1978年12月，十一届三中全会在北京召开，重新确立了党和国家发展的路线和方针，开启了改革开放的新时代，这一事件被称为"伟大的历史转折"。正是由于十一届三中全会和改革开放的举措，全国农民的生活水平得到长足的提高，国民经济得到充分发展。

这节课，我们将聚焦于"伟大的历史转折"，理解十一届三中全会的背景、内容和意义，学会从材料中归纳历史信息，领悟马克思主义的实事求是精神。请同学们把书翻到第169页，我们正式开始学习。

> **设计意图** 通过讲述故事和设置问题的教学手段，为学生创造出历史情境，引导学生思考历史情境发生变化的原因，从而引发学生兴趣，集中学生注意力。

环节2：讲授新课

一、十一届三中全会的背景

通过图片与文字材料的呈现，讲述十一届三中全会的发生背景，辨析"两个凡是"与"实践是检验真理的唯一标准"的实质和相互区别。

十一届三中全会召开的背景：

（一）"文化大革命"结束后，人民渴望纠正"文革"的错误。

1."文革"后中国社会的状况：经济凋敝与人民生活水平低下，大量的冤假错案，文化教育事业被破坏。

2.人民"渴望春天"：大量的上访人员要求平反冤假错案。

过渡：询问新生活并没有立刻到来的原因，引出下一部分内容。

（二）"两个凡是"的错误观点。

1.内容："凡是毛主席作出的决策，我们都坚决拥护；凡是毛主席的指示，我们都始终不渝地遵循。"

2.理解和辨析：从理论入手分析实质。

师：马克思主义要求理论与实践相结合，而"两个凡是"的观点忽视了社会现实，违背了马克思主义的实事求是的精神。同时"以阶级斗争为纲"的路线，是"文革"时期"左"倾思想的延续，阻碍了人们走向春天的步伐。

（三）思想界关于真理标准问题的讨论。

1. 1978年5月11日《光明日报》发表社论：《实践是检验真理的唯一标准》，引起全国有关真理标准问题的大讨论。

2. 1978年12月，邓小平发表讲话《解放思想，实事求是，团结一致向前看》，强调实践是检验真理的唯一标准，否定了"两个凡是"的错误观点，重新确立了实事求是的马克思主义思想路线，为十一届三中全会奠定了思想理论基础。

> **设计意图** 通过图片等生动的展示方式，引导学生思考十一届三中全会召开的背景，并加深学生对马克思主义理论的理解。

二、十一届三中全会的主要内容

要求学生阅读指定的史料，根据材料归纳十一届三中全会的时间、地点、指导思想，概括会议的主要内容，教师通过提问的方式强调课程重点。

【教学模式】教师提问—学生自主归纳—学生回答—教师总结提升。通过提问的方式调动学生认真阅读教材，使学生更好地掌握课程重点。

【教材阅读】1978年12月（时间），十一届三中全会在北京（地点）召开。全会以邓小平的《解放思想，实事求是，团结一致向前看》重要讲话为指导（指导思想）：① 决定停止使用"以阶级斗争为纲"的错误口号，做出把党和国家工作中心转移到经济建设上来，实行改革开放的战略决策。② 全会重新确立了党的思想路线、政治路线和组织路线，恢复了党的民主集中制的优良传统，审查解决了历史上遗留的一批重大问题和一些重要领导人的功过是非问题。

> **设计意图** 训练学生的史料阅读能力和材料概括能力，掌握会议的主要内容与课程重点，能够有条理地归纳会议内容的各个方面。

三、十一届三中全会的历史意义

以上一环节的转折与变化为基础，对历史学界的观点加以拓展，并从历史情境中观察当下，引导学生理解十一届三中全会的召开对国家与个人的重要意义。

意义①：实现了新中国成立以来党和国家历史上具有深远意义的伟大转折。（历史学家胡绳认为，十一届三中全会的历史地位类似于遵义会议。教师通过列表法对比遵义会议、十一届三中全会的转折内容和意义。）

意义②：开启了改革开放和社会主义现代化建设新时期。（以经济建设为中心。立足长时段的历史，在具体的历史情境中，观察当下的生活水平、生活方式和经济体制［比如购物方式、进口商品、个体经营、私人企业］，使学生体会到开启改革开放新时代的重要意义。）

意义③：十一届三中全会以后，中国共产党在思想路线、政治路线和组织路线等方面进行了全面的拨乱反正。

过渡：在十一届三中全会召开后，中国共产党采取了什么具体举措来"拨乱反正"呢？

> **设计意图** 理解十一届三中全会的重要转折意义，明白十一届三中全会在中国现代化进程中的重要地位，以及对个人的重要意义。

四、全会召开后拨乱反正的具体措施

通过展示刘少奇追悼会的照片、平反人数的数据，直观地加强学生对具体举措的理解。

（一）平反冤假错案的展开

1. 受到迫害的各级党、政、军机关干部陆续得到平反。

【重点】1980年2月为刘少奇平反，平反了中国共产党成立以来的最大冤案。

【图片】刘少奇追悼会的图片。

【拓展】刘少奇冤案的具体过程，体会历史人物的具体情境。并且从历史情境中观察当下，引导学生思考改革开放后法治社会建设的重要性。

2. 受到打击、诬陷或迫害的民主党派人士和知识分子等也恢复了名誉。

【提问】请同学们阅读一段材料，了解、概括有哪些人的名誉被恢复了。

　　到1982年底，经中国共产党中央批准平反的影响较大的冤假错案有30多件，全国共为约300万名的干部进行了平反纠正，为47万名共产党员恢复了党籍，数以千万计的无辜受株连干部和群众得到解脱。

　　——本社编：《简明中共党史辞典（1921—2012）》，新华出版社，2012年

（二）《关于建国以来党的若干历史问题的决议》

1. 1981年6月（时间），中国共产党第十一届六中全会（会议）在北京（地点）举行。

2. 科学总结了新中国成立32年来的历史，对开展改革开放打下了重要基础（意义）。

（三）《中华人民共和国宪法》

1. 1982年底（时间），五届全国人大五次会议（会议）表决通过。

2. 增加了适应改革开放和社会主义现代化建设的新规定，标志着我国社会主义民主政治建设进入新阶段（意义）。

设计意图　帮助学生从直观的角度了解拨乱反正的具体措施，练习学生的历史信息提取能力。并且从历史情境中思考当下，领悟改革开放后建设法治社会的重要性。

环节3：课堂小结

通过表格总结回顾课程内容，梳理重点内容。

伟大的历史转折		
十一届三中全会	背景/理解/	①"文革"的破坏，人民渴望纠正"文革"的错误 ②"两个凡是"的错误观点 ③思想界关于真理标准问题的讨论
	时间/知道/	1978年12月

续 表

伟大的历史转折		
十一届三中全会	指导思想/知道/	邓小平《解放思想，实事求是，团结一致向前看》
	主要内容/重点掌握/	思想路线的转移："两个凡是"→解放思想，实事求是 政治路线的转移：以"阶级斗争"为纲→以经济建设为中心 组织路线的转移："左"倾思想领导→以邓小平为核心的领导集体
	历史意义/重点掌握/	① 实现了新中国成立以来党和国家历史上具有深远意义的伟大转折 ② 开启了改革开放和社会主义现代化建设新时期
拨乱反正	具体举措/知道/	① 平反冤假错案的展开 ② 1981年6月《关于建国以来党的若干历史问题的决议》 ③ 1982年底《中华人民共和国宪法》

设计意图 回顾整节课的基本内容，使学生能够在较短的时间内构建出"十一届三中全会"的主要框架，整体性地、有针对性地把握十一届三中全会。

七、作业设计

请学生理解并掌握十一届三中全会的背景、内容和意义，知道它的召开时间、指导思想和具体举措，并画出本课的知识树或思维导图。

八、板书设计

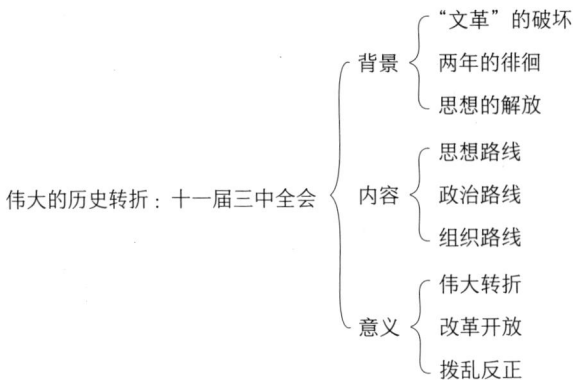

九、教学反思

通过这次比赛，我系统地构建了一节课的教学过程，学习到了如何设计教学目标，如何凸显重难点内容，如何将课本内容与现实导向结合。但在实际的授课过程中，我还存在对内容不熟稔、表述不够口语化的问题，需要继续加以改进。

专家点评：十一届三中全会是中国特色社会主义道路的开辟与发展、改革开放历史都很聚焦的一件大事。聚焦而不僵硬，析理而不刻板，要与会议之外的历史场景共振才可弄清会议的因果价值，授课者找到了一种破解之法。

最突出的是情境构建。导入新课、会议背景、拨乱反正都建构了学生认识思考历史的情境，有简单的情境供学生直接抓住基本历史事件和概念，有复杂的历史情境让学生开动思维马达，多角度深层次认识历史。另外，授课者注意到图示法的作用，几个示意图充满了重构历史的味道，让学生的思维能够快速跟进，其运用得法且效果较好。

情境构建是中学历史教师课堂教学和学科评价的重要能力。如何针对教学目标构建简单的或复杂的教学情境，围绕课魂，克服松散，真正启迪和提升学生的实践和创新能力，这是一个大课题，值得积极探索。（点评人：付文治，上海市历史特级教师）

案例4
打破旧模式，谋求新发展
——《中国特色社会主义道路的开辟与发展》教学设计

江苏师范大学　谈沅林

一、教学设计思路

　　中国特色社会主义道路的开辟与发展，是对社会主义建设道路的反思、突破与超越的过程。十一届三中全会后，中国领导人总结建国以来的正反两面经验和教训。横向突破，破除传统模式的弊病，对内改革、对外开放；纵向超越，创造性地提出"一国两制"构想，为世界处理国际争端和历史遗留问题提供范例。因此，本课围绕中国共产党在十一届三中全会后的探索，从重新反思——横向突破——纵向超越三个维度讲解本课内容，彰显中国特色社会主义"特"在何处，带领学生感受改革开放以来的巨大成就。

二、教学情况分析

1. 学情分析

　　本节课授课对象为高一学生，在初中时已接触相关内容。从时空观念上看，本课时间跨度大、涉及范围广，学生较难从整体上建构对这一时期的历史认知，把握改革开放各阶段的内容及特征。同时，学生对于中国特色社会主义、社会主义市场经济体制等概念的理解较为模糊，对"一国两制"构想的创新性的理解处于浅层次。

2. 课标分析

　　认识真理标准问题讨论和党的十一届三中全会的历史意义，认识改革开放以来中国在各个领域取得的成就、综合国力及国际影响力的不断提高，认识"一国两制"对实现祖国完全统一的重大意义。由此可见，课标在理论层面脉络清晰，但未提及相关史实。因此，本课结合教材，补充大量史料，贴合学生核心素养的培育。

3. 教材分析

　　本课横向来看，属于改革开放史，讲述了1978年十一届三中全会召开后的相关史实；纵向来看，该段历史是中国共产党反思社会主义建设道路的经验和教训，接续探索中国特色社会主义建设道路的历史。

三、教学目标

　　通过比较国内外生产力发展状况，依据唯物史观了解十一届三中全会的背景；深入理解十一届三中全会的历史意义。根据家乡史料感受改革开放以来中国在各领域的成就，从时空背景下认识改革开放的进程，对处于"百年未有之大变局"的中国如何深化改革作出合理历史解释。通过解读史料体悟"一国两制"对实现祖国完全统一的创新之处，树立道路自信、理论自信、制度自信与文化自信。

四、教学重难点

　　重点：十一届三中全会的历史意义，农村改革的内容。

　　难点：社会主义市场经济体制的建立，"一国两制"构想的创新之处。

五、教学资源与方法

　　教学资源：历史图片、历史学术著作、多媒体。

　　教学方法：讲授法、讨论法、创设情境法、史料研习。

六、教学过程

环节1：导入

　　教师以徐州市民穿着、家庭用电情况、徐州影城建设与市民交通出行开始，带领学生观察对比四组图片的不同。同时提问：家乡为什么会发生这么大的变化？

讲述：同学们，20世纪80年代以前家乡的生活是什么样子的？从人们单一的服装款式到大衣、棉袄等各类服装层出不穷，从做饭需要煤油灯照明到饭后可以看电视，从以摩托车为傲到汽车出行……那么，家乡为什么会发生这么大的变化？今天我们一起来学习第十单元第28课：中国特色社会主义道路的开辟与发展。

> 设计意图 以徐州当地史料导入，以小见大，通过生活细节体现改革开放这一较为宏观的历史概念，从而引起学生的认知注意，使其迅速进入学习状态。同时采用设问引入下一部分。

环节2：讲授新课

一、重新思考：开辟中国特色社会主义建设道路

教师首先展示人教版高中历史教材必修一相关内容，接着展示"两个凡是""以阶级斗争为纲"资料图片及胡绳的《中国共产党的七十年》中对于"文革"损失的描述，展现1978年中国的建设情况，最后引用邓小平的"贫穷不是社会主义"证明不能固守传统模式。

讲述：邓小平曾说过，"贫穷不是社会主义"。"文革"后的中国百废待兴，党和国家应该何去何从？社会主义道路应当怎样走下去？是继续固守传统模式，还是探索一条具有中国特色的社会主义道路？

随后，教师展现中共中央党史研究室第三研究部主编的《邓小平与改革开放的起步》中国家领导人出访次数统计，《党史博采（理论）》2018年第3期李攀撰写的《改革开放的先声——1978年邓小平"北方谈话"》中的北方谈话背景，与《实践是检验真理的唯一标准》图片，请学生分析材料。接着学生结合教材整理十一届三中全会的内容，并朗读其意义，教师提问：为什么说"十一届三中全会是伟大转折"？

学生举手发言，教师总结政治、经济、思想和组织上的不同，突出"转折"意义。

讲述：十一届三中全会之后，中国共产党在新的历史条件下继续探索社会主义道路。

设计意图　通过史料研习，填补学生对于改革开放前情况的认知空白，感受改革开放是党和政府深思熟虑的结果，深化对"实践是检验真理的唯一标准"的认识。此外，以传统社会主义模式对比改革开放的内容，更能促进学生理解十一届三中全会的转折之处，依据唯物史观认识到发展生产力是社会主义的根本任务，呼应中国共产党人的"重新思考"。

二、横向突破：对内改革与对外开放

改革最先从农村开始。教师展示安徽凤阳小岗村18户农民签订的"生死状"，请全班学生朗读后思考，为什么当时的农民要冒着风险分田到户？学生自由发言，教师点评后接着讲述家庭联产承包责任制的内涵，以"一遍哨子不买账……"的顺口溜与1983年农业总产值比上年增长接近8%为对比展现巨变。

讲述：实行家庭联产承包责任制，是中国针对传统社会主义模式在农民问题上的改革。

设计意图　通过生动的史料，展现在人民公社体制下农民消极怠工的状况，使学生能够设身处地于历史情境中，自然而然地理解小岗村18个农户提出"分田到户"的迫切性，明白对内改革的突破性。在感悟史事、把握来龙去脉的基础上，形成因果思维。

配合纪录片《深圳记忆》相关材料，引导学生理解在深圳设立经济特区的原因。

农村经济体制的改革与经济特区的设立冲击着城市国有企业。教师首先以吴晓波《激荡三十年：中国企业1978—2008》中1984年张瑞敏当厂长为例，请学生评价该体制。再出示《福建日报》上55名厂长与经理呼吁"松绑"的图片，讲授城市经济体制改革。

在讲解建立社会主义市场经济体制时，教师通过1989年东欧剧变与1991年苏联解体，将相关事件进程置于世界格局中叙述，再利用时间轴展示社会主义市场经济体制的建立过程。

本环节最后，教师播放人民日报微视频《1978—2017世界GDP动态排名》。同时展示2020年世界GDP（国内生产总值）排名，强调2020年中国GDP突破100万亿元，是全球唯一实现正增长的主要经济体。

> **设计意图** 针对社会主义市场经济体制的建立这一教学难点，通过叙述东欧剧变展现当时国际背景，再以时间轴形式逐步呈现建立过程。社会主义市场经济体制的建立，与全方位对外开放的新格局共同构成中国特色社会主义之"特"，创造出今日的奇迹。这对于刚度过2020年的学生而言，容易产生共鸣，产生自豪感，从而体悟道路自信。

三、纵向超越："一国两制"构想的创新与实践

教师先请学生阅读教材第172页第一段，找出"一国两制"的含义以及"一国""两制"分别指什么。再揭露李登辉的"两国论"与陈水扁的"一边一国"论，提问：两者是否符合"一国两制"？

> **设计意图** 学生在初中已经学过"一国两制"的内涵，如果再按照教材内容授课，难免有些"新瓶装旧酒"。因此，教师在给出"一国两制"的定义后，通过补充反面材料，正反对比，促进学生进一步理解"一国两制"的前提是"一国"。

随后，教师利用多媒体展示香港澳门回归图片。强调"一国两制"构想的提出最早是针对台湾问题，而首先运用于解决香港和澳门问题。

在此基础上，教师分别展现《中华人民共和国香港特别行政区基本法》节选、《邓小平文选》中主张用和平方式解决问题的段落与《光明日报》相关内容，引导学生思考"一国两制"的创新之处。

讲述："一国两制"是从中国实际出发，是实现祖国统一大业的科学构想，是中华民族对人类政治文明的独特贡献。

环节3：课堂小结

教师请学生分别回顾本节课所学知识，分析、归纳并总结后用板书呈现。

设计意图　以学生为主体回顾知识，有利于学生对本课所学知识进行精细加工，在教师的归纳总结后深化认知结构。

七、作业设计

根据2018年6月中央外事工作会议上习近平总书记关于"百年未有之大变局"的论述，联系所学知识，阅读《探索与争鸣》2019年第1期赵可金撰写的《如何在"百年未有之大变局"中理解中国角色》，尤其"自近代以来……根本性变化"，思考中国如何深化改革从而把握近代以来最好的发展时期。

八、板书设计

九、教学反思

由于缺少实践经验，我在进行教学设计时面临的最大挑战就是时间少、内容多。因此在选取教材内容上一定还有不成熟的地方。但在设计的过程中，我也有自己的探索。如在讲解"一国两制"的内涵时，仅从教材分析含义过于单薄，所以采用正反两方面材料，引用李登辉、陈水扁等人的荒诞言论并向学生提问，从反面深化学生对于"一国两制"的理解。以赛促练，比赛的过程也是锻炼提升的过程。在搜集材料时能够联系现实，将新闻要点与历史知识结合，是我的一大收获。同时，我也学会从课程标准出发，确定教学目标；从历史学术著作、历史教学书籍与各类优质课中汲取养分，为设计一节课提供原动力。

专家点评：中国特色社会主义道路的形成是中国共产党不断探索的结果，也是中国百年历史发展的趋势所致，这也可以成为学生学习改革开放和中国特色社会主义事业开创的视角。该授课者比较有特色地完成了授课设计。一是利用乡土资料，造成视觉冲突并创造思维大空间，思维空间与课堂格局立即被拉大，学生思维被激活。二是重构教科书，把历史行为者的纵横思考与实践作为纵横坐标，把学生拉进历史本身的纵横坐标，而不是先建构理论纵横坐标让学生模仿，这种重整很有意义。三是精选材料服务于教学目标，使得授课较为流畅，学生解决问题也能有的放矢，证据意识同样得到强化。中国特色社会主义道路的开创，是世界社会主义发展历史经验与教训总结的结晶，这一问题的思维路径需要科学的、历史的构建，方能让学生把党史、新中国史、改革开放史和社会主义发展史密切结合。（点评人：付文治，上海市历史特级教师）

案例5
改革开放40年，乘风破浪再扬帆
——《中国特色社会主义道路的开辟与发展》教学设计

南京师范大学　金逸舟

一、教学设计思路

基于新中国前期"二僵三难"的发展困局，1978年召开的中国共产党第十一届三中全会成为中国历史的重要转折点，它实现了党和国家工作重心的转移，做出了改革开放的伟大决策，成为开辟中国特色社会主义道路的起点。改革开放在经济领域首先以家庭联产承包责任制的形式在农村开展，随后又在城市开展的改革，成为社会主义市场经济体制建立的先声；对外开放决策的实施也使得中国与世界经济一体化。邓小平同志提出的"一国两制"伟大构想，为祖国统一提出了创造性的指导方针，在今天仍有着非凡的价值和意义。

二、教学情况分析

1. 学情分析

高一学生已拥有一定的改革开放史相关知识，但还未深入理解其对现代中国的影响。虽没有建立完备的史观，但已具备个性化的思考方式。教师在教学时需要从学生的生活实际出发，创设情境，让教材上的知识点跟现实生活和问题结合。

2. 课标分析

认识真理标准问题讨论和十一届三中全会的历史意义；认识改革开放以来中国在各个领域取得的成就、综合国力及国际影响力的不断提高；认识

"一国两制"对实现祖国完全统一的重大意义；认识中国特色社会主义进入新时代的重大意义，认清我国发展新的历史方位；形成对中国特色社会主义道路、理论体系、制度、文化的形成过程及意义的系统认识。

3. 教材分析

本课是高中历史统编版新教材《中外历史纲要（上）》第十单元第28课，在知识体系上对建国初期社会主义建设起承接作用，在单元设置上对中国特色社会主义道路的开拓和发展起总领作用，在新中国史上则是对中国改革开放新时期的整体叙述。本课共有三个子目：（1）伟大的历史转折；（2）改革开放进程；（3）"一国两制"与祖国统一大业。

三、教学目标

通过梳理改革开放的历史进程，了解改革开放的背景、阶段和成就，分析十一届三中全会"伟大转折"的具体表现，从中国特色社会主义道路的开辟与发展全局视角出发体悟"伟大转折"的时代意义。结合地图，分析选取经济特区位置时的考虑因素，知道对外开放的三个层次，归纳出对外开放的特点，并从现实生活出发深入理解对外开放政策对经济生活的突出影响。了解"一国两制"的提出背景和在香港、澳门的具体实践，知道大陆与台湾往来的重要史实，能够结合课堂所学，理解"一国两制"的伟大意义。

四、教学重难点

重点：十一届三中全会的历史意义，"一国两制"的理论与实践。

难点：改革开放和社会主义现代化建设的基本经验。

五、教学资源与方法

通过展示影像史料与相关文字史料，直观感受改革开放的进程与成就。通过小组讨论与开放性问答发散学生思维，培养合作意识。

六、教学过程

环节1：导入

提问："醒过来""站起来"和"富起来"三个关键词，分别对应哪位人物？

过渡：简述孙中山、毛泽东、邓小平的主要贡献，并引入本课课题。

> **设计意图** 以问题导入的形式增加学生的兴趣。在串联中国近现代史上的三个重要历史阶段的同时，引出本课改革开放历史新时期的知识内容。

环节2：课文新授

一、逆风大浪，何去何从？——伟大转折

讲述："改革是由问题倒逼而产生的"，无论在什么时代，凡是改革，一定是由于现实中存在着不得不解决的问题。

提问：在改革开放前期，新中国又面临着哪些困难局面呢？

> **设计意图** 分析问题与改革之间的关系，引导学生树立唯物史观，理解改革不是一帆风顺的。

材料1：地方政府、企业在计划经济体制下，物资统一供应、价格统一规定、人事统一安排、工资统一定级、财政统收统支等，都像绳索捆绑得企业无法动弹。以至于出现了"修个厕所都要打报告审批"、销售的火柴要涨价两分钱需要层层上报至省委常委会讨论决定。

——吴晓波：《激荡三十年：中国企业1978—2008》，北京：中信出版社，2007年

材料2：1976年浙江省粮票、布票图片

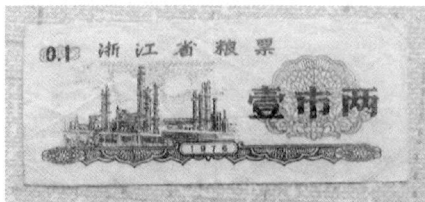

提问：这两则材料体现出当时我国实行的经济体制是什么？这种经济体制又对我国人民的生活造成了什么样的困扰？

材料3：1977年高考准考证图片

材料4：播放电视剧《大江大河》宋运辉参加高考片段

提问：从宋运辉高考受阻的故事，你如何评价当时中国的思想局面？

材料5：在江苏，国营企业的发展速度不如地方工业，地方工业的发展速度又不如社队工业。因为地方工业留利比例（60%）超过国营企业（利润全部上交），而社队工业的留利比例（80%）又超过地方工业。

——薛暮桥：《对于计划管理体制的一些意见》，载《经济研究参考资料》，1979年第71期

材料6：国营企业效益日趋下降也导致国家财政收入困难。财政收入的年均增长，"一五"时期为11.0%，"二五"时期为0.2%，1963—1965年为14.7%，"三五"时期为7.0%，"四五"时期为4.2%。1974年、1976两年为负增长，出现了"大跃进"以来第二个财政困难时期。从财政角度看，单纯依靠国家财政投资支持国有企业发展的老模式已经到了它的极限。

——国家统计局编：《中国统计年鉴（1993）》，北京：中国统计出版社，1993年

提问：以上两则材料分别反映了哪两方面的问题？

设计意图　引用来源可靠的历史数据，从计量史学的角度入手，通过让学生比对数据间的异同，锻炼学生史料实证和历史解释的能力。

提问：在国家财政面临困难、国有企业发展困难的情况下，人民的生活水平如何？

材料7：城市居民的生活虽然有国家保障，但职工工资20年没有上涨，生活消费品凭票购买，住房严重紧缺，上千万知识青年、下放干部、知识分子和其他城市下放人员要求回城，全国城镇有两千万人等待就业，等等。

——《李先念在中央工作会议上的讲话》（1979年4月5日），载《中国改革开放经济政策法律全书（第一卷）》，长春：吉林人民出版社，1995年

材料8：农村、城市图片各二则

农村

儿童衣着	土坯房

城市

大量知青返城	上海陆家嘴旧貌

设计意图 真实的图片引入，创设历史情境，让学生能够感同身受地体会到改革前夕人民生活的不易，让学生感受到改革势在必行的重要性。

提问：十一届三中全会被称为新中国历史上的伟大转折，"转折"体现在何处？

设计意图 小结"改革前夕的困局"知识点，同时过渡到十一届三中全会的召开，引导学生形成完善的知识体系。

活动：观察图片，思考图片分别对应的是哪方面的拨乱反正措施。

材料9：

改正"文革"时期的错误：

刘少奇追悼会　　　　　　　　平反证明书

改正新中国建立后的错误：

右派分子、地主分子、国民党投诚人员平反证明书（略）

改正社会关系的错误：

文件下达后，经过一年多的努力，在这项工作结束时，有70万小商、小贩、小手工业者被从原工商业者中区别出来，恢复了劳动者身份。各地在开展区别工作的同时，贯彻执行中央12月17日批转的《关于对原工商业者的若干具体政策的规定》，摘掉了原工商业者的资本家或资本家代理人的帽子。

——中国共产党中央批转中央统战部等六部门：

《关于把原工商业者中的劳动者区别出来问题的请示报告》，

1979年11月12日

讲解："解放思想，实事求是"的新发展——十一届六中全会《关于建国以来党的若干历史问题的决议》；社会主义民主法治的新发展——1982年宪法。

> **设计意图** 真实图片有助于为学生提供具象的图片记忆点。让学生理解十一届三中全会多方面的历史影响，为后续改革开放知识点的学习奠定思想基础。

二、风起浪涌，奋发改革——伟大实践

材料10：1978年12月 严立华家

"我们分田到户，每户户主签字盖章。如此后能干，每户保证完成每户全年上交（缴）的公粮，不在（再）向国家伸手要钱要粮。如不成，我们干部作（坐）牢杀头也干（甘）心，大家社员也保证把我们的孩子养活到18岁。"

——吴敬琏：《当代中国经济改革教程》，上海：上海远东出版社，2010年

提问：家庭联产承包责任制的特点是"统分结合"，如何理解这一特点？

> **设计意图** 回忆初中所学内容，锻炼自主梳理知识的能力。

小组讨论：为什么首先在农村开始经济体制改革？

材料11：一方面，农业增长速度缓慢，而人口快速增加和工业化

快速推进，导致农产品供给严重不足。以粮食为例，在计划经济体制下，尽管农业资源向粮食生产倾斜，强调"以粮为纲"，国内粮食产量虽有一定增加，但仍需要进口，缺口呈增加之势。另一方面，农业发展的滞后，不仅不能满足工业化和城市化发展对农产品的需求，还导致农村市场对工业品需求的不足，城市新增加的劳动力不能充分就业，甚至发生动员大批知识青年到农村就业的"逆城市化"现象。在改革前城乡经济交换关系下，农民又成了受国民经济发展缓慢影响最大的群体，他们是最贫困的群体。1978年全国农村有2.5亿人没有解决温饱问题，占乡村人口的30%以上。

——郑有贵、李诚贵主编：《一号文件与中国农村改革》，合肥：安徽人民出版社，2008年

设计意图 锻炼学生的历史解释和史料实证能力，在解读史料的过程中，培养学生"论从史出"的意识。

材料12：

1978—1998年农民人均纯收入增长情况示意图

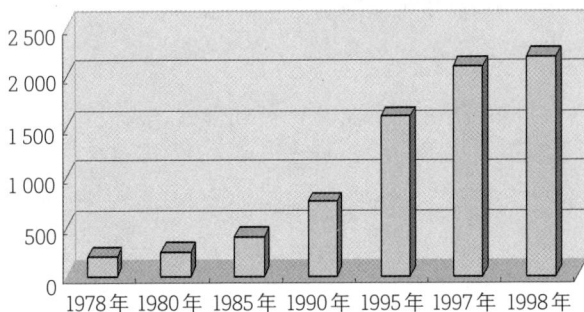

提问：结合图表回答，家庭联产承包责任制的推行有何意义？

材料13：我国经济管理体制一个严重缺点是权力过于集中，应该有领导地大胆下放，让地方和工农企业在国家统一计划的指导下有更多的经营管理自主权。……当前最迫切的是扩大厂矿企业和生产队的自主

权，使每个工厂和生产队能够千方百计地发挥主动创造精神。

——邓小平：《解放思想，实事求是，团结一致向前看》，1978年

提问：根据材料回答，当时的城市经济体制出现了哪两个问题？

材料14：全国工业总产值的所有制结构图

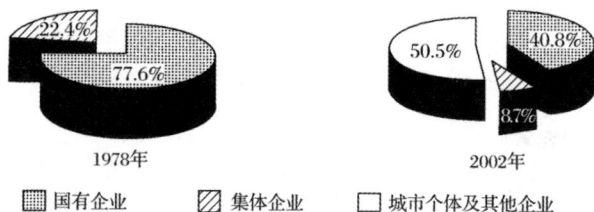

改编自国家统计局《新中国五十五年统计资料汇编》

提问：图表反映了城市经济体制改革中的什么变化？它表明所有制转变的方向是什么？这种变化产生了什么影响？

设计意图　锻炼学生的读图能力，数据和图表的运用有助于更直观地表现出经济上的增长和转变，带给学生具象化的认识。

过渡：在农村和城市的改革如火如荼地进行时，对外开放政策的推行让中国一步步与国际接轨，站上时代鳌头。

活动：结合课本内容，划分对外开放的三个阶段。

材料15：

对外开放三阶段示意图（见《义务教育教科书（五·四学制）中国历史》（第四册），北京：人民教育出版社，2019年）

提问：为什么选择深圳、珠海、汕头、厦门四个城市作为第一批经济特区？它们具有什么优势？

设计意图　地图的运用有助于学生建立时空观念。设置的问题没有标准答案，言之有理即可，可活跃课堂气氛，拓宽学生思路，培养学生的历史解释能力。

时间轴：中国特色社会主义道路的开辟与理论发展

材料16：播放1978—2018年中国国内生产总值指数变迁视频

设计意图　视频能更直观地展现改革开放40年中国的经济飞跃，培养学生的家国情怀和自豪感。

三、乘风破浪，扬帆起航——伟大构想

活动：阅读课本内容，归纳"一国两制"构想形成的基本史实与内涵。

板书："一国两制"构想阐释结构图

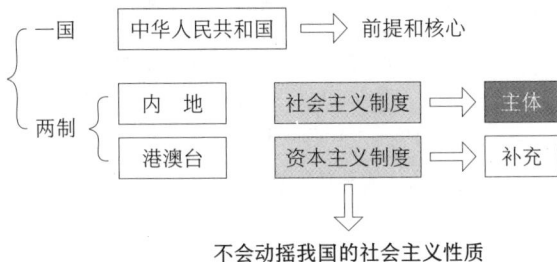

一国 —— 中华人民共和国 ⟹ 前提和核心

两制 —— 内 地 —— 社会主义制度 ⟹ 主体

两制 —— 港澳台 —— 资本主义制度 ⟹ 补充

⟹ 不会动摇我国的社会主义性质

活动：根据初中所学内容和课本内容，梳理"一国两制"在实践上的成果。（香港、澳门回归基本史实，两岸关系发展）

提问：从香港、澳门问题的解决看，"一国两制"构想有何历史意义？

设计意图　梳理"一国两制"构想及实践相关内容，可以锻炼学生的自主学习与归纳能力。解读"一国两制"提出的历史意义，进行教学立意的升华，强调"一国两制"的重要性，培养学生的家国情怀。

环节3：课堂小结

"改革是由问题倒逼而产生的。"在中国特色社会主义道路开辟与发展过

程中，党和人民在困难中砥砺前行，在经济、政治、法律、思想文化方面都进行了拨乱反正。改革开放是中国特色社会主义道路上的一座丰碑，既镌刻了党与人民的奋斗与追求，也指引着我们向更光明的前路奔去！

七、作业设计

访谈家中长辈并结合个人生活，总结改革开放以来日常生活的改变，感受改革开放对人民生活的积极影响。

八、板书设计

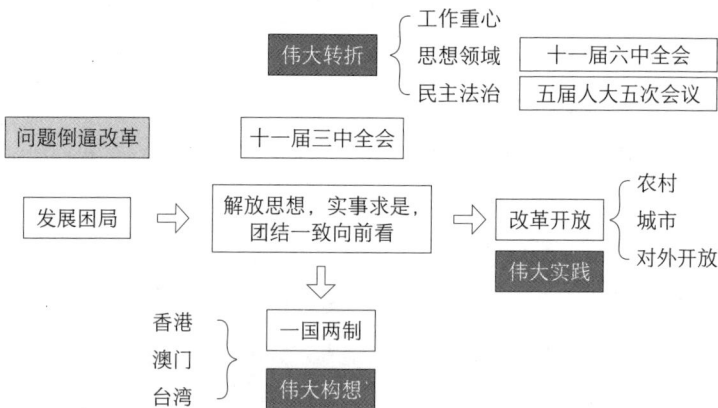

九、教学反思

本课教学内容的创新点在于以习近平总书记在庆祝改革开放40周年大会上的重要讲话为出发点，以"逆风大浪，何去何从""风起浪涌，奋发变革"和"乘风破浪，扬帆起航"三个层次，和政治、经济两大方面，梳理改革开放40年的历史进程脉络和重大成就，引导学生结合现实理解各项决策的颁行和改革开放对新中国的巨大影响。不足之处在于教学内容体量大、课堂时间紧张，因此在实际教学中多以教师讲授为主，课堂讨论时间较少。教学设计中预设的讨论与师生互动都需要学生有较高的配合度和扎实的基础知识，因此教师在授课前需要对学生情况有清晰的认知。在实际教学中，可以采取设置导学案或布置预习作业等方式帮助学生建立本课大致的知识框架，再利用课堂教学将该框架补充完整。

　　专家点评：中国特色社会主义道路的开辟和发展是一个大概念，可以通过时间河流中的前后细节呈现给学生，让学生逐渐感觉历史的动力源泉；也可呈现整个大概念的历史前因、内容结构、社会影响。该授课者采用了后者，场面宏大、意境深远，较有特色。

　　首先，授课者以精当史料呈现中国特色社会主义道路开辟前的背景，这需要学生开动历史思维，活跃自身的情感，运用合理的方法去分析阐释，主客观因素交相变化，对学生学科素养的锤炼很有意义。其次，授课者注意到了学生的学习过程特点和对学习结果的诉求，问题设计贴近学生、情境构建注重多元、学习结果立足长远，历史学科立德树人的目标达成度更高。

　　数据史料和其他文献史料的使用方法，跟对史料价值和历史价值的挖掘是不一样的。中学历史教师需要从方法论的角度审视，历史学科五大核心素养需要在求真前提下择机采用适切的方法培育，这方面值得深入思考。（点评人：付文治，上海市历史特级教师）

案例6
流行语中的改革开放
——《中国特色社会主义道路的开辟与发展》教学设计

上海师范大学　汪佩瑶

一、教学设计思路

改革开放是一部鲜活的历史。中国共产党第十一届三中全会召开，做出改革开放战略决策，中国特色社会主义道路由此开辟。对内改革，对外开放；港澳回归，祖国统一大业在"一国两制"构想下逐步推进。中国共产党领导人民在实践中探索，推动中国特色社会主义道路不断向前发展。

二、教学情况分析

1. 学情分析

高一学生具备基本的认知能力，但迁移能力与反思能力仍较薄弱。

2. 课标分析

认识真理标准问题讨论和十一届三中全会的历史意义；认识改革开放以来中国在各个领域取得的成就，综合国力及国际影响力的不断提高；认识"一国两制"对实现祖国完全统一的重大意义。

3. 教材分析

本课内容贴近学生日常生活。自改革开放以来，祖国发生的翻天覆地变化有目共睹。内容将日常生活与史实相结合，生动活泼。

三、教学目标

知道十一届三中全会后改革开放的历史进程；了解改革开放40年来的

重要史实及其成就；通过解读时代流行语并结合时间轴，涵养时空观念；知道结合不同角度的史料构成证据链；认识流行语在一定程度上能够反映社会群众的生活，折射社会群众的社会观念与价值取向；通过学习微观小人物的奋斗历史，感知改革开放的历史大背景，认识到人民群众是历史的创造者，增强"道路认同"与"道路自信"。

四、教学重难点

重点：理解并掌握十一届三中全会后改革开放的历史进程。

难点：以时代流行语为解读视角，理解并掌握十一届三中全会后改革开放的历史进程。

五、教学资源与方法

教科书、幻灯片等多媒体材料及方法。

六、教学过程

环节1：导入

出示当下的流行语"冲鸭""我太难了"，师生共同讨论这些流行语通常在何种语境中出现，反映运用者何种心理。

讲述：同学们好，今天我们一起学习第28课。首先，我们一起来看两则流行语——"冲鸭！"和"我太难了！"这两则流行语能反映出人物群体怎样的心理呢？加油鼓劲和失望沮丧。由此我们可以发现，流行语能反映社会现实与时代的变迁，是我们回眸历史的一扇窗户。今天我们就以流行语为视角，来学习改革开放的这段历史。

> **设计意图** 引导学生知道，流行语在一定程度上能够折射出特定人群的共同心理，反映社会发展现实。

环节2：讲授新课

一、出示"实践是检验真理的唯一标准"，以及1978年5月13日《光明日报》文章及其主要作者回忆片段

讲述：首先，我们来看第一则：实践是检验真理的唯一标准。

这则流行语首次出现于《光明日报》1978年5月11日，据这篇文章的主要作者回忆：文章一刊登，无数学子拥在校园的阅报栏前，争相阅读。请同学思考：仅凭这篇文章和文章作者的回忆，就能得出"实践是检验真理的唯一标准"这一结论吗？（板书：实践是检验真理的唯一标准）

> **设计意图** 从思考"流行语"的标准出发，引导学生从不同角度（如他者视角）搜集史料。

二、出示《人啊，人》作品片段及作者背景介绍

讲述：不能！还需要从旁观者的第三者视角来搜集材料。那么只要是除作者之外的第三者都可以吗？我们来看戴厚英的回忆。这句话直抒胸臆，表达作者对"实践是检验真理的唯一标准"这句话的赞同与支持态度。可是她的话有多少信度？该如何判断？结合作者个人经历来看。她出生于1938年逝世于1996年，有可能目击这一文章，还会目击从"文革"结束到这篇文章发布期间的社会动态。女作家，有可能阅读这一篇文章。她的回忆与第一作者的回忆以及新闻报道构成证据链，材料信度增加。

> 关于实践是检验真理的唯一标准的讨论，把我从黑暗引向光明。
> ——戴厚英：《人啊，人！》，北京：人民文学出版社，2007年

> **设计意图** 教师示范—学生接受，引导学生结合个人际遇考量史料的信度，挖掘戴厚英的情感态度。引导学生将上述材料互相印证并构成证据链。

三、师生结合上堂课学习十一届三中全会的相关内容，共同讨论：为何"实践是检验真理的唯一标准"会成为流行语？

讲述：这句话不断被各大报纸媒体拿来讨论，直至9月，四个月之后，依然在讨论。为何这句话能成为时代流行语？作者说的对，说出了大家的疑惑和思考。那个时代，为何会产生这样的疑问？

设计意图 教师示范，从个人、时代与社会的视角解读流行语，温习十一届三中全会的背景及相关内容。

过渡：十一届三中全会后，思想的解放吹响了对内改革、对外开放的号角。党和国家领导人在有序恢复民主与法制的同时，逐步将工作重心放在经济建设上。在经济建设过程中，人们面临着层出不穷的新情况与新问题。

四、出示邓小平《解放思想，实事求是，团结一致向前看》片段

教师提问：在经济建设方面我们要学什么？从哪里学？向谁学？

讲述：没错，这些背景就是十一届三中全会的背景。由此我们可以看出，对流行语的解读，除了从作者个人际遇来看，还可以从哪一角度解读？时代背景。请同学们结合教材，告诉老师十一届三中全会的召开时间以及其内容、意义。（板书十一届三中全会）我们国家的任务不再是阶级斗争，而是转入经济建设，这是一次伟大的历史转折。我们进入了一个新的阶段，面临着新问题新情况，该如何解决呢？要善于学习，善于重新学习。学什么？怎么学？向谁学？

因此全党同志一定要善于学习，善于重新学习。

——邓小平：《邓小平文选》，北京：人民出版社，1994年

设计意图 引导学生学习下一环节对内改革中家庭联产承包责任制的内容。

五、出示"万元户"、赵汝兰的相关报道以及1980年政府工作报告数据

结合教材，教师教授家庭联产承包责任制的内容。教师提问：为何当时农民的生活会发生这样的变化？

1979年全国粮食产量统计表

年　份	粮食产量（单位：万吨）	增长率（单位：%）
1978年	30 475	/
1979年	33 212	8.6%

数据来源：《关于1980、1981年国民经济计划安排的报告》

讲述：我们来看第二个关键词"万元户"。"万元户"首次出现于1980年新华社的报道中。1979年11月17日，赵汝兰一家收入过万的故事被报道，被转载多次，"万元户"成为人们的口头流行语。为何当时农民的生活会发生这样的变化？（板书：家庭联产承包责任制）从1978年和1979年全国的统计数据来看，家庭联产承包责任制确实激发了农民的积极性。

> **设计意图**　教师示范，学生模仿，引导学生考量史料的"效度"。

过渡：农业根基稳，发展底气足；对内改革，城市经济体制改革也在进行中。

六、结合步鑫生奋斗故事，师生共同学习城市经济体制改革的内容

讲述：1984年小个子步鑫生来到浙江海盐衬衫总厂任厂长。他采用了现代管理体制，短短两年内，厂子的效益增加了60%。

> **设计意图**　结合小节四归纳总结——微观小人物为美好生活的奋斗，离不开改革开放的宏观背景。

过渡：赵汝兰、步鑫生的变化见证了我国实施家庭联产承包责任制和城市经济体制改革。他们不是时代零星的浪花，而是时代的缩影，与众多"万元户""下海人""下岗再就业人"以及其他为美好生活而打拼的改革开放亲历者们一起汇成翻滚的浪潮；他们的探索、试误与智慧，为改革开放深入发展提供了宝贵的经验。面对经济建设中的新问题与新情况，我们从党和人民智慧的实践中学习，从经验教训中学习。

改革开放，对内改革，对外开放。

七、出示地图，讲述我国逐步建立全方位对外开放的新格局

讲述：从经济特区到沿海开放城市、沿海开放区、沿江开放港口城市、沿边开放城镇、内地省会开放城市，我国逐步建立全方位对外开放的新格局。

> **设计意图** 师生共同学习全方位对外开放新格局的形成过程。

过渡：一时间，国外新兴事物涌入国门。"可乐""肯德基""麦当劳"成为热词，逐渐走入家家户户。其中，有一个在当时看不见，现在正当红的词语也悄无声息地走了进来，给我们今天的生活带来翻天覆地的变化，它就是"互联网"。

八、结合1997年至2015年中国网民数量统计图，讲述互联网技术"走进来"与中国互联网企业"走出去"的故事

讲述：根据2017年统计的全球最智能的50家公司，中国上榜的企业有4家。

> **设计意图** 结合互联网，师生共同学习对外开放中的"引进来"与"走出去"，理解中国对外开放的特点。

过渡：改革开放后，人民生活水平显著提高，中国综合国力迅速提升。中国特色社会主义道路的发展在经济方面取得突破的同时，党和国家也在政治方面进行积极探索，理论引导实践，取得丰硕成果。

九、出示关键词"东方之珠""你可知Macau"

结合教材内容，概述"一国两制"的基本内涵及其在香港、澳门回归问题上的成功运用。

> **设计意图** 进一步充分理解中国特色社会主义道路在政治方面的发展，培养家国情怀。

环节3：课堂小结

改革开放是一部鲜活的历史。人民为美好生活奋斗而洒下的每滴汗水皆是量变。从政策调整到制度创新，在党和国家的领导下，中国特色社会主义

道路越走越自信，越走越有底气，实现了量变到质变的飞跃。

七、作业设计

请你找一找，改革开放时期还有哪些流行语？你认为它们流行的原因有哪些？

八、板书设计

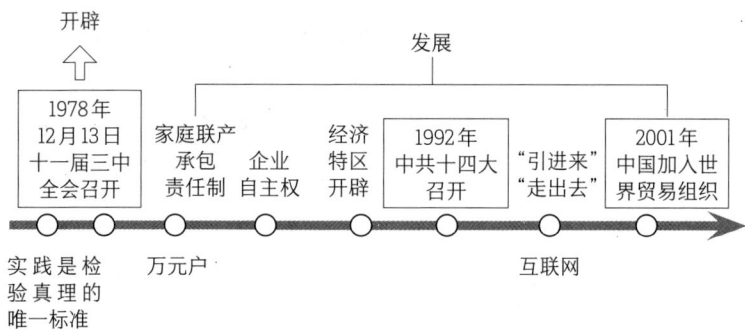

> **设计意图**　时间轴与事件相结合，帮助培养学生的时空观念，洞悉作者的个人际遇与创作意图，洞察改革开放的时代特征，体会背后折射的大众心理与社会价值取向才是从历史视角穿透流行语的关键。

九、教学反思

本课内容量较大，对于较常规的史实多依靠学生自主完成学案。较多地采用了历史证据链互证的学习方法，所以对于学生的参与度和理解力要求较高。尽管在必要之处有意配合了数据表格、新闻图片并且有意与当下新时代的内容相联系，下一步仍该考虑如何在此基础上更进一步启发学生的兴趣。

专家点评：中国特色社会主义道路的开辟和发展，从观念史、社会史的角度设计也可以曲径通幽。该授课者作为初登讲台的小老师，从流行语变化探究社会巨变，是不错的方法视角。

首先，能以流行语呈现和设计待学习的问题，很有探究学习的特点。其次，能围绕流行表象深入历史深处，又能回归对流行语的进一步解释，使得流行语的运用不仅仅是诱导学生学习历史，更是作为历史实证和历史解释的元素，让学生始终充满好奇。再次，个案与历史整体之间的关系也被授课者注意到，并以历史学的方法让学生不断深入思考，也是有价值的。

展现高歌猛进的历史巨变进程的时候，历史思维如何时时闪烁火花，历史深处的矛盾、历史场景中人们的自我扬弃、各种力量之间的抵牾与河流都是还原历史激发思维的重要因素，没有暗流激荡自然没有浪花飞扬，值得认真挖掘。（点评人：付文治，上海市历史特级教师）

案例7
从小城温州的崛起看改革开放的时代浪潮
——《中国特色社会主义道路的开辟与发展》教学设计

浙江师范大学　俞露婷

一、教学设计思路

本课从伟大的历史转折和改革开放进程展现改革开放的成果，围绕"一国两制"与祖国统一大业说明祖国统一的重要意义，这均属于在中国特色社会主义道路发展过程中取得的瞩目成就。故本课的教学立意为我国在中国共产党的带领下于重重困难中寻求突破，开辟中国特色社会主义道路的伟大历程。

二、教学情况分析

1. 学情分析

本课内容在初中《历史与社会》教材中有所提及，但由于时间跨度大、涉及范围广以及各个篇目间逻辑关系并不明显，学生在整体认识中国特色社会主义道路的开辟与发展进程上有一定难度。

2. 课标分析

课标中对本课的要求提及真理标准问题讨论、十一届三中全会、改革开放的成就、中国特色社会主义道路的重要意义等内容。本课还应使学生形成对于中国特色社会主义道路、理论体系、制度、文化的形成过程及意义的系统认识，这是本课所要达到的最高目标。

3. 教材分析

本课为人教版《中外历史纲要（上）》第十单元第28课，设置有伟大的历史转折、改革开放进程、"一国两制"与祖国统一大业三目。本课主要讲述了十一届三中全会召开以来我国发展进程中的重大历史事件，其中涉及十一届三中全会、平反冤假错案、"八二宪法"、农村和城市经济体制改革、对外开放及"一国两制"等内容。

三、教学目标

阅读相关历史材料，了解改革开放以来中国在对内改革方面取得的成就；通过观察中国地图，探索认识我国对外开放的新格局；通过制作时间轴，梳理祖国统一大业的进程；感悟我国在中国共产党的带领下于重重困难中寻求突破，从而开辟中国特色社会主义道路的伟大与不易；体会改革开放对于我国综合国力提高和中国特色社会主义道路发展的重要推动作用。

四、教学重难点

重点：十一届三中全会的意义，改革开放的进程及成就。

难点：十一届三中全会后的平反冤假错案工作和民主法制发展，农村和城市经济体制改革。

五、教学资源与方法

教学资源：教材、相关专著、多媒体等。

教学方法：讲授法、小组讨论法、材料分析法。

六、教学过程

环节1：导入

以1976年发生的重要历史事件导入。提问：有人将1976年称为"没有春天"的一年，那么1976年到底发生了什么，会让人发出这样的感慨呢？

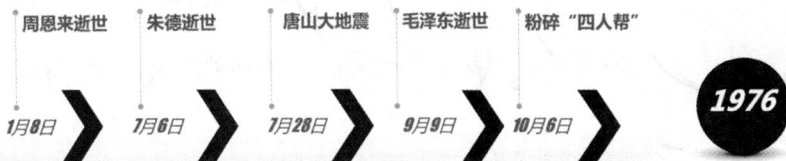

周恩来逝世	朱德逝世	唐山大地震	毛泽东逝世	粉碎"四人帮"	
1月8日	7月6日	7月28日	9月9日	10月6日	1976

设计意图　从"1976年是没有春天的一年"这一感慨引起学生的思考，激发学生的探索兴趣，为讲述十一届三中全会的转折埋下伏笔，导入新课学习。

环节2：讲授新课

一、伟大的历史转折

讲述伟大历史转折发生的背景，并通过表格梳理十一届三中全会的内容：

1977年2月7日的两报一刊社论《学好文件抓住纲》中写到"凡是毛主席作出的决策，我们都必须拥护，凡是毛主席的指示，我们要始终不渝地遵循"。

1978年5月，真理标准问题的讨论在全国范围内展开。《光明日报》发表《实践是检验真理的唯一标准》，纠正了长期以来束缚人们的"左"的错误，为即将召开的一场会议做了重要的思想理论准备。现在请大家快速阅读本课第一自然段，结合表格从思想、政治、组织三个方面思考：为什么十一届三中全会被称为新中国成立以来党和国家具有深远意义的历史转折点呢？

	会议前	会议后
思　　想		
政　　治		
组　　织		

设计意图　通过表格这一形式进行十一届三中全会召开前后的对比，便于学生对于十一届三中全会是"伟大的历史转折点"这一概念的理解。

会议认真地讨论了"文化大革命"中发生的一些重大政治事件，也讨论了"文化大革命"前遗留下来的某些历史问题。……

为了保障人民民主，必须加强社会主义法制，使民主制度化、法律化，使这种制度和法律具有稳定性、连续性和极大的权威，做到有法可依，有法必依，执法必严，违法必究。从现在起，应当把立法工作摆到全国人民代表大会及其常务委员会的重要议程上来。

——中共中央文献研究室：《三中全会以来重要文献选编》，北京：人民出版社，1982年

请同学们结合以上材料思考，为建设社会主义现代化强国，党领导人民进行了哪些工作？

引导学生回答：平反冤假错案和加强民主法制两方面。

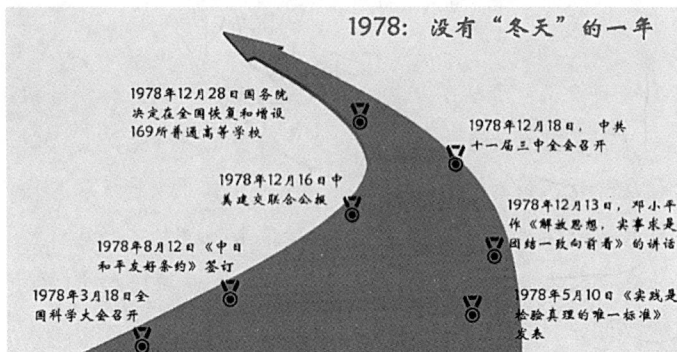

1978：没有"冬天"的一年

1978年12月28日国务院决定在全国恢复和增设169所普通高等学校

1978年12月16日中美建交联合公报

1978年8月12日《中日和平友好条约》签订

1978年3月18日全国科学大会召开

1978年12月18日，中共十一届三中全会召开

1978年12月13日，邓小平作《解放思想，实事求是团结一致向前看》的讲话

1978年5月10日《实践是检验真理的唯一标准》发表

在课的开始我们将1976年称为"没有春天"的一年，而就在两年后的1978年则被人称为"没有冬天"的一年。从"没有春天"到"没有冬天"，短短两年间，中国发生了翻天覆地的变化。请结合之前所学思考，推动这些巨变发生的根本因素是什么？

设计意图 通过1978年与1976年的鲜明对比，突出十一届三中全会召开后各方面工作的推进的重要性，以及党的领导这一根本因素。

二、改革开放进程

通过温州的城市发展，探索认识改革开放后进行的一系列措施及其成就。

讲述：十一届三中全会的召开让当时的中国发生了巨变。那么1978年以来中国又有哪些方面的成就与发展呢？接下来我们就通过一座城市的发展

历程来认识中国特色社会主义道路的发展与成就。浙江温州曾被人笑称为"四线"小城。20世纪50年代，温州因靠近台湾而地处"前线"；60年代被称为"火线"；70年代由于投资受限，是发展的"短线"；直到改革开放以后温州才有了真正的"起跑线"。

> 乐清农科员南士木回忆说："实行联产承包责任制后，农民种粮积极性大为高涨。但随着柳市手工业、商业的迅速发展，农业成了一种可有可无的副业。"
>
> ——朱幼棣、陈坚发：《温州大爆发》，桂林：漓江出版社，1989年

> 家庭联产承包责任制是农民以家庭为单位，向集体经济组织（主要是村、组）承包土地等生产资料和生产任务的农业生产责任制形式。它是中国现阶段农村的一项基本经济制度。在农业生产中农户作为一个相对独立的经济实体承包经营集体的土地和其他大型生产资料（一般做法是将土地等按人口或人劳比例分到农户经营），按照合同规定自主地进行生产和经营。其经营收入除按合同规定上缴一小部分给集体及缴纳国家税金外，全部归于农户。集体作为发包方除进行必要的协调管理和经营某些工副业外，主要是为农户提供生产服务。
>
> ——萧浩辉等：《决策科学辞典》，北京：人民出版社，1995年

请问以上材料中提到的"联产承包责任制"指的是什么制度？结合概念解释思考，为什么温州乐清在实行家庭联产承包制之后农民种粮积极性大为高涨呢？

> 30多年苦心经营的国营企业，被三五年发展起来的个体和集体经济大大超过了。厂长们忧心忡忡，他们说，我们温州国营工业机构轻型，设备陈旧、老化，同时工资分配、用工制度、干部任免、产品价格等方面，被捆得死死的，我们是捆绑着手脚同个体和集体竞争的。
>
> ——中共温州市委宣传部：《温州改革试验新印象》，温州市委宣传部，1989年

当时温州国营企业面临着什么问题呢？这些问题最终得到解决了吗？

讲述：当时温州国营企业面临的情况并不是个案，此时全国各地的国营企业或多或少存在着相似的问题。在实践中，中央认识到农村的改革对城市产生了一定的影响，城市经济体制改革势在必行。为此，中央决定按照逐步扩大国有企业经营自主权、实行政企分开的原则进行城市经济体制改革综合试点。这一系列措施对城市经济产生了巨大的推动作用，温州国营企业面临的问题也最终得以解决。20世纪80年代的温州由此抓住了机会，成为改革开放中的"模范生"。那么温州作为全国改革开放的典范，在对外开放方面有何成绩呢？我们接下来看几件大事，从中寻找答案。

设计意图 通过两段有关农村和城市经济体制改革的材料，让学生了解当时农村和城市经济情况，从而知道经济体制改革的必要性。

1980年，宁波—温州—香港海运航线正式通航。

1984年，温州被批准为全国首批14个沿海港口开放城市之一。

1988年，温州市首家外商投资企业——温州米莉莎皮件有限公司成立；温州市政府颁发《温州市鼓励台湾同胞投资的暂行规定》。

1992年，国务院批准设立温州经济技术开发区。

1993年，温州市首次单独在澳门举办出口商品暨经贸合作项目洽谈会。

1997年，香港特别行政区全国政协委员视察团来温考察。

——温州市委党史研究室：《温州改革开放40年大事记》，杭州：浙江人民出版社，2019年

通过阅读温州改革开放以来的大事记，大家认为哪些事件对于温州的发展来说最为重要？

1984年，温州被批准为全国首批14个沿海港口开放城市之一，这一事件确实对温州的发展有着非常重要的影响。那么自十一届三中全会召开以来，我国对外开放的进程是怎样的呢？又呈现出怎样的格局呢？请同学们根据地图总结归纳。

讲述：从1980年设立深圳、珠海、汕头、厦门四个经济特区，到1984年开放14个沿海港口城市，再到后来的一批经济技术开发区和保税区，我国的对外开放逐渐形成了从沿海到沿江、从沿边到内陆，多层次、多渠道、多种形式的新格局。

> **设计意图**　温州的"小城大事"展现了温州改革开放以来的重大事件，由此引导学生选择其中对于温州发展有着重大意义的事件，提高学生学习对外开放内容的兴趣。

我们可以在大事记中看出，改革开放以来温州与港澳台之间的合作交流增多，那么温州与港澳台地区之间的沟通交流主要是得益于什么构想的提出呢？

三、"一国两制"与祖国统一大业

1997年7月1日，中国对香港恢复行使主权。1999年12月20日，中国对澳门恢复行使主权。香港、澳门的接连回归，标志着祖国统一大业向前迈出了重要一步。所以接下来，请同学们将课本翻到第172页和173页，阅读相关内容，然后用时间轴的方式梳理两岸关系的变化情况。

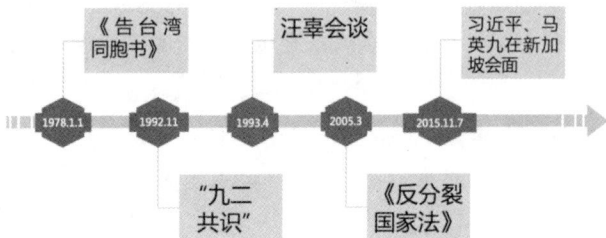

《告台湾同胞书》		汪辜会谈		习近平、马英九在新加坡会面
1978.1.1	1992.11	1993.4	2005.3	2015.11.7
	"九二共识"		《反分裂国家法》	

> **设计意图**　学生自己通过阅读课本来制作时间轴，加深对于两岸关系变化的印象，并体会"一国两制"构想的伟大。

环节3：课堂小结

在本节课中，我们见证了中国特色社会主义道路的开辟与发展的伟大历程，也从小城温州的崛起中见证了改革开放的时代意义。但是任何波澜壮阔的序曲，都离不开大开大合的时代撞击，如果没有改革开放这样的宏观背景和党的正确领导，任何设想和计划都难以实现。那么改革开放40年来，在中国共产党的带领下，伟大的中国人民又创造了什么奇迹呢？我们下节课再见！

> **设计意图** 通过简单回顾，让学生加深对本课基本知识框架的记忆，并体会到中国特色社会主义道路开辟与发展的不易与伟大，提升家国情怀。

七、作业设计

1. 复习本课内容，在练习本上画出本课的思维导图。

2. 阅读《邓小平时代》一书（此为拓展任务，可在寒假期间完成）。

八、板书设计

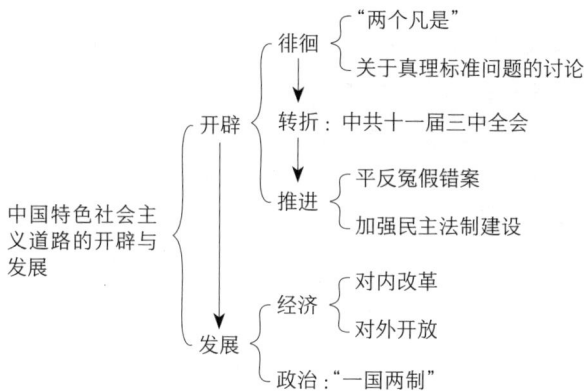

九、教学反思

从课程开展角度看，本课整体上获得了较好的效果与反馈，基本完成课前制定的教学目标。学生对于本课逻辑理解清晰，内容掌握扎实，主题理解深刻。而对教学者来说也体验了一次从零开始的教学过程，从教材分析、教学设计、课堂教学、课后反思中获益颇多。基于本人对于课堂教学情况的反思，将本次教学中的不足之处总结为以下三点。第一，问题设计需改进，本课中设问大多依托于所给材料，且部分问题的设计没能起到促进学生思考和加深学生对内容理解的作用。第二，关于家国情怀的教学目标完成度有待提高，在教学过程中本人过于重视学生对知识点的掌握，使得所设计的提升学生家国情怀的环节没有达到理想效果。第三，学生参与度有待加强，新教改提倡以学生为本，而本次课堂并没有给学生留下足够的自我探究时间。

专家点评：中国特色社会主义道路的开辟和发展是一次国家变革，是一次历史巨变，抓住"变"之核心，是让学生从历史现象进入历史深层学习的最佳立足点，显然，授课者抓住了课魂。

首先，授课者关注了"变"的核心要素——"年"：1976年至1978年的三年；"30年"的温州；27年的港澳台；最后说到改革开放"40年"。时间的延伸展现的是历史巨变的大场面，有的急剧，有的渐进，历史在时间的维度上展示了不同的色彩，学生会抓住理解历史的第一要素——时间。其次，授课者以"春天""冬天""捆绑""年表""时间轴"这些不同的场景元素让学生思考历史，多元化的情境能保持学生学习的活力与思维力。

如何精简学生的重复性思考从而提升学习力，如何围绕核心问题提升学生对中国特色社会主义的开辟和发展伟大历史巨变的深刻思考，提高学习效率，需要聚焦点，需要紧致的思维结构，这些都值得探讨。（点评人：付文治，上海市历史特级教师）

案例8
改革赢发展　开放迎未来
——《中国特色社会主义道路的开辟与发展》教学设计

湖州师范学院　黄洁如

一、教学设计思路

2020年10月，中央发布公告支持深圳实施综合改革试点，这为推进改革开放再次指明了方向，也进一步突显了改革开放的重要性。改革开放分为对内改革与对外开放两部分。对内改革使中国的经济实力大大增强，中国人逐渐意识到只有摆脱旧的计划经济体制，才能赢得发展。而对外开放是中国与世界不断接触、交流的过程，在这个过程中中国人逐渐形成了坚持开放共赢，才能迎接美好未来的观念。

二、教学情况分析

1. 学情分析

高一学生在学习了中国古代史、近代史后，在历史理解能力、分析能力、概括能力等方面已经有所提升。因此在教学中除了让学生掌握基本知识点外，还要培养学生独立思考、探究学习的能力。

2. 课标分析

分析《普通高中历史课程标准（2017年版2020年修订）》后可以发现，改革开放是十一届三中全会和邓小平相关联后的重要历史现象。通过本课教学要让学生认识到改革开放对中国各领域以及综合国力、国际影响力的作用，进而深入理解十一届三中全会是中国历史上的伟大转折以及邓小平的伟大贡献。

3. 教材分析

　　本课是人教版必修《中外历史纲要（上）》第十单元第28课《中国特色社会主义道路的开辟与发展》第二个子目"改革开放进程"，本课通过对内改革、对外开放两方面印证了改革开放是中国现代化的必由之路。

三、教学目标

　　围绕对内改革与对外开放两部分内容，通过分析史料，理清家庭联产承包责任制、国有企业改革、经济特区等概念，认识改革开放取得的巨大成就以及中国综合国力、国际影响力不断增强的现实，深入理解"生产关系要适应生产力的发展""实践是检验真理的唯一标准"等原则，培养用辩证唯物主义和历史唯物主义分析历史问题的能力；通过创设历史情境，抓住特定的时空背景和阶段特征，感悟改革过程中的辛酸苦楚，增强对祖国的认同感、归属感、使命感与责任感，增强以爱国主义为核心的民族精神和以改革创新为核心的时代精神。

四、教学重难点

　　重点：理解十一届三中全会的历史意义。

　　难点：认识改革开放和社会主义现代化建设的基本经验。

五、教学资源与方法

　　教学资源：本次教学主要利用了现代化的多媒体教学设备，同时要求学生分成三组在课前对家中长辈进行访谈，搜集有关60至70年代、80至90年代以及现在比较常见的结婚聘礼材料。

　　教学方法：本次教学围绕为什么、是什么、怎么样三个主要问题运用了谈话法、调查法、史料分析法、历史情境法等有效的教学方法。

六、教学过程

环节1：导入

　　学生交流展示搜集到的有关结婚聘礼的口述材料，引导学生思考不同时代结婚聘礼变化的原因，认识到中国各方面的变化得益于改革开放。教师讲解改革开放的含义，明确改革开放包含对内改革与对外开放两部分。

> **设计意图** 教师利用学生主动调查到的口述历史材料，以"结婚聘礼"为突破点，引入本节课的主要教学内容，让学生认识到史料是认识历史的桥梁。

环节2：讲授新课

一、对内改革

（一）农村经济体制改革

1. 引入两则材料，探究家庭联产承包责任制的实施原因。

　　小岗村曾是个"吃粮靠返销，花钱靠救济，生产靠贷款"的"三靠队"，很多生产队由队长带领，拿着盖上公章的介绍信，打起凤阳花鼓，集体外出乞讨。

　　——《义务教育教科书·历史与社会·九年级下》，北京：人民教育出版社，2018年

　　1978年安徽省遭遇大旱，这是新中国成立以来安徽省干旱时间最长、范围最广、程度最重的一年，粮食减产严重。

　　——蒋尚明、黄天元、金菊良、汤广民、沈瑞：《安徽省抗旱服务体系现状调研与思考》，载《水利水电快报》，2018年第1期

1978年安徽省大旱

要求学生根据材料自行思考或与同桌讨论交流：为何要改革？改革为何会从小岗村掀起？

教师总结：人民公社时期实行集中管理、集中劳动、统一分配的体制，

不少群众消极怠工，再加上遭遇大旱，这让原靠乞讨可勉强维持生计的小岗村雪上加霜。在双重困境下，小岗村村民决心做出改变。

2. 引入两则材料，探究家庭联产承包责任制的主要内容。

小岗村的"生死状"

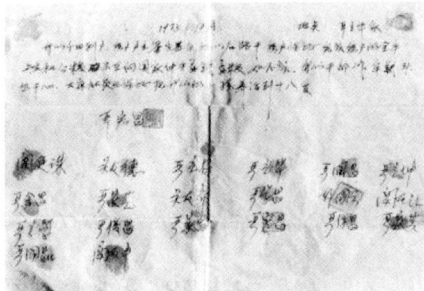

1978年年底，凤阳县小岗村18户农民冒着风险签订"生死状"，将村内土地分开承包。开创包干到户、分田到户的先河。

——山东省政协文史资料委员会编：《山东农村经济改革亲历记》，北京：中国文史出版社，1999年

实行大包干后流行的顺口溜：大包干，大包干，直来直去不拐弯，保证国家的，留足集体的，剩下都是自己的。

——沈正赋：《对话新闻　新闻采写理论与实践》，芜湖：安徽师范大学出版社，2018年

根据材料回答：安徽凤阳农民进行了怎样的尝试？

教师总结：家庭联产承包责任制是以家庭为单位，农户自行承包经营集体的土地和其他生产资料，包产到户、包干到户。经营收入除小部分按规定上缴集体及国家外，全部归农户所有，自负盈亏。

3. 引入一则材料，探究家庭联产承包责任制的成果及影响。

1979年10月，小岗村打谷场上一片金黄，经计量，当年粮食总产量66吨，相当于全队1966年到1970年5年粮食产量的总和。

——王雅文、汪海燕编著：《历史洪流中奋斗的故事新版》，沈阳：辽宁人民出版社，2012年

教师引导学生体会小岗村的前后差异，讲解家庭联产承包责任制的影响：土地所有权与经营权相分离，激发了农民的劳动热情，农村生产力得到

大解放，农业生产和农民收入显著提高。引导学生理解"生产关系要适应生产力发展水平"这一基本原则。

4. 结合材料讲述安徽省委第一书记万里的故事，感受经济体制改革的艰难以及老一辈共产党员心系民众、独具魄力的形象。

> "包产到户想干多少年就干多少年！"
>
> "怕这怕那是不必要的，也是可以解决的！"
>
> "准不准你们干，这个官司交给我万里打好了！"
>
> ——全国政协文史和学习委员会主编：《步履写真》，北京：中国文史出版社，2011年

5. 乡镇企业的异军突起

教师分析乡镇企业产生的背景：包产到户普遍推广后，农民从土地的束缚中解放出来，身处土地严重缺乏地区的农民选择离开土地。要求学生思考不再进行农业生产的农民可以去做哪些工作，引导学生认识到这群从土地上脱离出来、具有冒险精神的人诱发了乡镇企业的意外崛起。

教师总结：随着农业生产向专业化、商品化、社会化发展，农村乡镇企业也迅速发展，为农民致富和实现现代化开辟了道路。以此为基础，改革开始向城市推进。

设计意图 利用不同材料理清了为什么、是什么、怎么样等多个问题，注重突出学生的主体地位，利用环环相扣的问题、感人肺腑的故事，引导学生独立思考，产生共鸣。

（二）城市经济体制改革

教师创设情境，描述一家国有企业的经营形式：政府给企业下达生产任务，对产品进行了严格的规定，并全面负责企业的各项事务。工人上下班时间固定，每月工资固定。

教师要求一部分学生担任这家国企的管理者，一部分学生担任技术工人。再询问不同角色学生的感受，鼓励学生提出有关城市改革的措施。

学生进行小组讨论，理解核心问题在于企业自主权不大，压抑了企业、工人的积极性，再进一步提出政企分开、调整分配方式、发展社会主义商品经济等改革举措。

教师总结：1984年，十二届三中全会对城市改革提出了系统的意见和措施。1992年，中国共产党十四大对经济体制改革提出了更高的要求。经过几年的努力，中国的经济实力明显增强，越来越多人认识到，必须摆脱旧的计划经济体制全面推进改革，才能赢得发展。

设计意图　创设历史情境，使学生代入角色，想时人所想，逐渐形成历史观感，帮助学生更好地理解较为抽象的教学内容。

二、对外开放

（一）为何要对外开放？

引入材料，认识对外开放的重要性与必要性。

> 现在的世界是开放的世界。中国的发展离不开世界。……三十几年的经验教训告诉我们，关起门来搞建设是不行的，发展不起来。
>
> ——《邓小平文选》第二卷，北京：人民出版社，1983年

依据上述材料，教师引导学生分析世界的形势，使学生明白全球化是大势所趋，任何国家都不可能孤立于世界之外，对外开放是跟紧时代潮流的必要选择。

（二）如何对外开放？

播放相关纪录片短片，让学生结合纪录片和课本按照时间顺序整理我国对外开放格局形成的过程。让学生认识到中国已经形成了"经济特区—沿海开放城市—沿海经济开放区—内地"这样全方位、多层次、宽领域的对外开放格局。

（三）对外开放效果如何？

引入1978—2015年深圳地区生产总值的增长表格，以最早开放的经济特区深圳为证据，向学生展示对外开放取得的成就。

1978—2015年深圳的地区生产总值

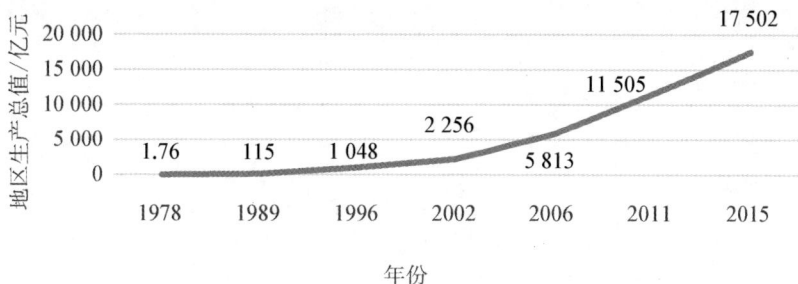

数据来自深圳微博发布厅

要求学生仔细观察图表中的数据，说一说自己的感想。

教师总结：深圳作为最早的经济特区是我国对外开放的"试验田"，它是对外开放的缩影。随着时代的发展，中国对外开放取得了更大的成果。2010年，中国国内生产总值超过40万亿元，成为仅次于美国的第二大经济体。今天，站在时代前端的我们要深切认识到，坚持开放共赢，才能迎接美好的未来。

设计意图 围绕为什么、怎么做、怎么样三个问题，向学生展示了对外开放的原因、过程以及效果。在教学过程中，采取了视频、学生自行梳理等多种形式，引导学生自主学习教材内容，并进行归纳整理，形成清晰的历史线索，有助于自学能力的提升。

七、作业设计

引导学生认识到我国改革开放事业面临的问题，安排学生以"我为改革开放献计献策"为题，收集相关材料，总结我国为解决各项问题采取的举措，并提出自己的意见。

设计意图 教师引导学生辩证看待改革开放，引起学生思考。课后作业可以加深学生对改革开放的了解，引导学生提出自己的看法，做到从实践中来，到实践中去。

八、板书设计

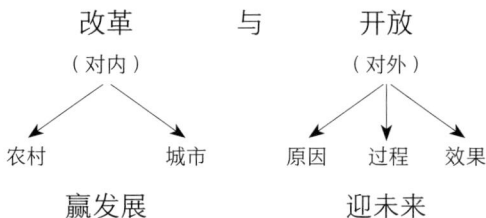

九、教学反思

本节课围绕为什么、是什么、怎么样三个问题展开谈话法、史料分析法，利用讲故事的方式展开情感陶冶法、历史情境法，理清了本节课的主要知识线索，帮助学生较好地掌握了重要知识点。但这个过程仍存在较多问题，比如为了在有限的时间内完成教学目标，在运用史料的过程中仅将史料作为印证知识点的证据，隔靴搔痒，未能对其进行深层次的剖析。再比如本次授课对象为浙江学生，对外开放对浙江的影响是深刻的，在课前设置的访谈中还可增设对外开放这一模块，学生亲身的调查会比老师生硬给予的数据更有亲切感、说服力。在整个教学设计中我也遇到过许多困难，比如我给学生布置了调查不同时代结婚聘礼演变这一课前作业，但其实我对此也不是非常了解，因此我查阅了许多资料，并请教了自己的长辈。再比如在备课时我希望可以切身体验时人的感受，翻看了很多回忆录，最后在《步履写真》中找到了万里书记的故事，感触颇深，因此将这一素材加入课程，希望和学生们一同感受时人的艰辛与坚持。当然，学生在整个课堂中的表现是让我比较惊喜的，尤其是在我讲授乡镇企业突起这一板块时，"卖粮食"这一答案是我备课时并没有预料到的，这或许就是沈大安老师说的，"课堂教学要将'预设'和'生成'结合起来，好的课堂效果也只有在师生互动中才能生成"。总体来看，学生更喜欢参与式的课堂，更喜欢与自己生活贴近的教学，在日后的教学中我应该更加关注学生在教学中的主体地位。同时还应该注意协调史料与课程容量的关系，做到不为史料所困，尽量回归真实的历史。

专家点评：改革开放有很多故事，历史课堂教学中的故事不只有趣，更主要的是故事中的历史春秋、人物天地透射出历史理路和人的智慧以及家国命运。授课者抓住故事的价值完成了授课。

一方面，授课者知道如何呈现故事，故事的核心是具象的人物：小岗村的人、乡镇企业中的人、买卖粮食的人、工厂里的人……故事的呈现平实而又深刻。另一方面，授课者引导学生分析故事的目标鲜明而又适当，"赢""迎"两个动词更加突出了人，让学生充分感到历史不仅仅是知道故事，历史素养的培育是真正的目标。

改革开放是一次伟大实践，也是一次思想观念解放的具体体现，是中国特色社会主义道路开辟和发展的核心，那么，是突然决策，还是逐渐摸索使然？是政府和民间相互联动，还是单向的影响过程？与国际国内时局是联动还是相互作用？这些都是深入改革开放历史学习的重要思考点，值得深入探讨。（点评人：付文治，上海市历史特级教师）

案例9
从"变与不变"中迈向中国复兴新征程
——《改革开放以来的巨大成就》教学设计

苏州大学　姚翠

一、教学设计思路

变与不变是改革开放的典型特征。变的是阶段任务,不变的是为民初心;变的是累累硕果,不变的是科技创新;变的是外部形势,不变的是变革勇气。总体来说,在这个大变革、大发展的时代,我们为了让"变"坚持正确方向,就必须在"不变"中高举中国特色社会主义旗帜,坚持中国特色社会主义道路和理论体系,让学生明白这是我国改革开放以来取得一切成绩和进步的根本原因。

二、教学情况分析

1. 学情分析

学生在初中时已学习过中国共产党第十一届三中全会、中国特色社会主义形成与发展等一部分史实,也通过各类媒体对改革开放等内容有了较为感性的认识。但是本课时间跨度大,学生对这一时期的认知建构具有一定难度。

2. 课标分析

掌握十一届三中全会召开的重要意义及其背景;认识改革开放后各个领域所取得的成就,如在思想、法制等方面的拨乱反正;正确认识到中国特色社会主义理论是马克思主义中国化的重要表现;在现代化建设中感受改革开放对人民生活的影响,帮助学生认识中国特色社会主义制度的优越性。

3. 教材分析

本课是对《中外历史纲要（上）》第十单元共两课内容的整合。这两课分别是《中国特色社会主义道路的开辟与发展》和《改革开放以来的巨大成就》，共六个子目，第一课的三个子目主要围绕改革开放的前因后果及其过程展开；第二课的三个子目，按时间顺序介绍中国特色社会主义理论的形成，并在后两个子目集中介绍了改革开放以来我国在中国特色社会主义理论的指引下，在综合国力、国际影响力等方面的巨大提升。

三、教学目标

通过梳理十一届三中全会后改革开放的历史进程，了解改革开放40多年来的重要史实及其成就；通过分析史料，感受改革开放不同阶段的基本特征和内在联系，提升历史素养。

通过展示改革开放以来所取得成就的相关图文史料，直观感受我国综合国力的提升；通过结合乡土史料和时事热点，提升运用唯物史观分析问题的能力。

认识到中国特色社会主义理论体系是全党全国人民为实现中华民族伟大复兴而奋斗的行动指南，形成对中国特色社会主义的系统认识，培养创新意识，提升民族自尊心与自豪感，感悟家国情怀。

四、教学重难点

重点：十一届三中全会召开的背景和历史意义，中国特色社会主义道路的开辟。

难点：对中国特色社会主义道路、理论体系、制度、文化的形成过程及意义形成系统的认识。

五、教学资源与方法

教学资源：教材、网络、图书馆、档案馆等。

教学方法：史料教学法、合作探究法等。

六、教学过程

环节1：导入

展示两张1978年和2019年的全家福，向同学们提问：能从这两张照片中看出有什么变化吗？

讲述：两张相隔40年的照片，不光体现了一个家庭的变化，更反映了我们国家的巨大提升。不变的是我们对家、对祖国的坚守，而变的是我们对新事物的包容，改革开放就是这样变与不变的交融。今天就走进我们的新课，去感受这样的交融。

> **设计意图** 从"小家"变迁中记录改革开放以来祖国"大家"的日益富强，而全家福这种图片也是微观史料，它所展现的历史知识与宏大的历史形成互补的关系，能够培养学生阐释历史事物、探讨历史问题的能力。

环节2：讲授新课

一、理论先行迎春天

（一）春天的总设计师——邓小平

根据邓小平的人生经历（略），找到他思想发展的原因。

教师总结：邓小平青年时期在欧洲留学的经历，以及"文革"时期下放农村的经历让他想通过向外界学习，改善中国的现状。

> **设计意图** 通过对邓小平的生平介绍，让学生认识到邓小平的留学经历令他拥有国际视野，认识到改革开放是大势所趋。

（二）春雨绵绵润万物——十一届三中全会

根据三则史料，教师引导学生阅读教材第169页的引言，了解十一届三中全会召开的背景。

"四人帮"加在人们身上的精神枷锁还远没有完全解脱，对"四人帮"设置的禁区，要敢于去触及，敢于去弄清是非。

　　——胡福明、孙长江：《实践是检验真理的唯一标准》，载《光明日报》，1978年5月11日

　　一个党，一个国家，一个民族，如果一切从本本出发，思想僵化，迷信盛行，那它就不能前进，它的生机就停止了，就要亡党亡国。再不实行改革，我们的现代化事业和社会主义事业就会被葬送。

　　——邓小平：《解放思想，实事求是，团结一致向前看》，1978年

　　三月以来，工业生产和交通运输一月比一月好，原油、原煤、发电量、化肥、水泥、内燃机、纸及纸制品、铁路货运量等，五、六月份创造了历史上月产的最高水平，军工生产的情况也比较好。

　　——国务院：《关于今年上半年工业生产情况的报告》，1975年

　　邓小平在十一届三中全会提出了哪些内容？引导学生认识十一届三中全会的内容和意义。

　　设计意图　通过分析史料和结合所学的知识，使学生能够对十一届三中全会的背景有较全面和系统的认识，能够认识到全会召开的重要意义。

二、大刀阔斧行改革

（一）在思想上拨乱反正

通过两则史料，请同学分析对刘少奇的评价变化的原因。

　　1968年八届十二中全会批准《关于叛徒、内奸、工贼刘少奇罪行的审查报告》，并作出把刘少奇"永远开除党籍，撤销其党内外一切职务"的决议。在59位正式代表和74位列席代表中，只有陈少敏（女）一人不畏高压，坚持自己的意见，当别人高举双手的时候，她把脸俯在桌子上表示反对……

　　——顾保孜：《中南海人物春秋》，北京：中共党史出版社，2009年

党内根本不存在所谓以刘少奇、邓小平为首的"资产阶级司令部"。确凿的事实证明，硬加给刘少奇同志的所谓"判徒""内奸""工贼"的罪名，完全是林彪、江青等人的诬陷。八届十二中全会对刘少奇同志所作的政治结论和组织处理，是完全错误的。

——《关于建国以来党的若干历史问题的决议》

从建国后这场最大的冤假错案，引出1981年中国共产党第十一届六中全会上通过《中国共产党中央委员会关于建国以来党的若干历史问题的决议》，从而帮助学生认识到这标志着中国共产党在指导思想上完成了拨乱反正。

> **设计意图**　引用文献史料，使学生加深对《决议》的理解，并通过对刘少奇评价的转变认识到改革开放对解放思想的重要作用。

（二）在法制上恢复发展

从口述史料认识法治地位的转变以及法制建设的意义。

西南政法大学校长龙宗智的回忆：起初的法学教学，没有教材，都是用老师的讲义，还有一些小册子，大家课堂记笔记。直到三年级，才用统编教材。由于专业叫绝密专业，连教材都是机密，课程结束后要回收。

——王健：《西政78级：一群人与一个时代的法治变迁》，《改革开放40年：听他们讲那过去的事》，2018年

顾培东（现西南政法大学法学院教授）当时就在学校办了一个叫《争鸣》的墙报，是钢笔写的，直接张贴在通往教室和食堂的"必经之路"上。据顾培东回忆，法学的非法学的，都可以在上面发表自己的观点，进行激烈交锋。

——王健：《西政78级：一群人与一个时代的法治变迁》，《改革开放40年：听他们讲那过去的事》，2018年

从十一届三中全会后法制建设的完善，认识到民主法制建设进入新

阶段。

设计意图 通过西南政法大学法学院教师的回忆，发挥口述史料鲜活生动的特点，令学生认识到改革开放以来法制建设的完善和发展的必要性。

（三）在经济上内外出击

1. 对内搞活

（1）农村：实行家庭联产承包责任制

根据以下材料，引导学生讨论当时人们排斥包产到户的原因。

> 1978年底，安徽省凤阳县小岗村18户农民为摆脱贫困，暗中自发将集体耕地包干到户。1979年2月，中国共产党安徽省委召开会议，决定在肥西县山南公社进行包产到户试点，指出：许多干部一讲到包产到户，就心有余悸，可以说谈"包"色变，但农民普遍希望包产到户，这是矛盾，必须要在实践中加以检验。会议强调试点不宣传、不报道、不推广。
>
> ——胡绳：《中国共产党的七十年》，北京：中共党史出版社，1991年

学生在教师的引导下认识"左"倾错误的影响。通过了解当时干部都谈"包"色变以及联系已学知识，认识凤阳小岗村那18户农民的勇气，并正确认识实行家庭联产承包责任制能为人民致富开辟一条新路。

（2）城市：经济体制改革——海尔篇

通过两则史料，引导学生认识城市经济体制改革的内容、意义，教师对城市经济体制改革重点进行简单讲述。

> 材料1：1984年刚上任青岛电冰箱厂（海尔集团前身）厂长的张瑞敏说："上班八点钟来，九点钟走人，十点钟时，随便往厂区大院里扔一个手榴弹也炸不死人。"
>
> ——张瑞敏回忆

材料2：2019年，外国权威机构Brand Finance制作了中国最具价值的500个品牌榜单，即便是这段时间以来呼声极高的华为，在该榜单上也只能排名第6，海尔却以4 075.85亿元位居第三。

——数据源自英国权威品牌价值咨询公司Brand Finance：《2019年全球最具价值品牌年度报告》

材料1的局面是什么原因造成的？从材料1到材料2反映了我国经济体制发生了怎样的变化？分析这一变化的意义。

设计意图　通过史料对比，使学生认识当时农村的"左"倾思想给农民造成的影响，赞赏小岗村的人民敢闯敢拼的勇气；并通过海尔工厂地位的转变，使学生认识到经济体制改革意义之重大、深远。

2. 对外开放

根据三则乡土史料，请学生回忆与梳理中国对外开放的进程和特点，并阐述苏州改革开放之路取得成功的原因。

① 沿海地区对外开放示意图（见《义务教育教科书（五·四学制）中国历史》[第四册]，北京：人民教育出版社，2019年）

② 改革开放之苏州篇

昆山之路：昆山曾经在苏州所辖区县排名最后；2004年，昆山因聚集了3 200多家台资企业而声名鹊起，成为全球电子信息产业重镇，成为"中国百强县之首"，并且蝉联至今。

——摘选自中国台湾网《港澳台胞见证改革开放——昆山："小六子"的华丽转身》

张家港精神：20世纪80年代的张家港长期在苏南地区经济垫底。1992年秦振华上位之后，打了三个硬仗。其中一个硬仗，全力实施港口工业城市发展战略：120多个大项目纷至沓来，一批世界500强和跨国大公司落户。

——摘选自中国青年报《穷沙洲上长出"张家港精神"》

园区经验：20多年前的苏州工业园区到处是泥泞水塘，都难找到落脚的地方。1994年，园区却开创了中国与新加坡政府合作开发产业园区的先河。2017，苏州工业园区在全国经开区（国家级经济技术开发区）综合考评中位居第一。

——摘选自澎湃新闻《苏州工业园区25年正青春：不断输出的"园区经验"精髓是啥》

学生活动：创新的精神；敢拼的勇气；国家政策的支持等。

教师总结：学生简单梳理中国对外开放的进程和特点，通过苏州的成功经验认识到成就背后的多方面原因，如国际局势、国家政策、领导人等等。在此基础上，教师引出2019年苏州成为中国自由贸易试验区的时事新闻。

> **设计意图** 利用乡土史料，一方面起到激发学习兴趣的作用，另一方面使学生能够把地方历史置于宏观的历史大背景下，为后面教学奠定思维基础。

三、辉煌成就看今朝

（一）思想激荡改革路

学生通过阅读课本第175—177页内容，完成中国特色社会主义理论形成过程的表格，教师通过史料引导学生阐述对"创新"在中国特色社会主义理论体系发展中价值的看法。

很多事实都可以表明，一个国家能够在大局上展现强有力的态度和作风，在一定程度上将有利于调控市场经济带来的盲目自发性，解决与社会公众利益相冲突的一系列问题……。敢于创新的勇气与意志能够促进党和政府在社会生活的各个层面不断开展持续深入的变革，在一定意义上体现了创新是党和政府发展的活力与源泉。

——宋丽丹：《国外看"中国道路"取得成就的主要原因》，《红旗文稿》，2015年

改革开放40年的伟大实践充分证明，改革开放创造的奇迹不是天上掉下来的，而是来自中国共产党和中国人民的理论创新、实践创新、制度创新、文化创新以及其他各方面创新。回顾改革开放的光辉历程，总结改革开放的伟大成就，传承改革开放的宝贵经验，必须要继承和弘扬创新精神。

——习近平：《在庆祝改革开放40周年大会上的讲话》，2018年

设计意图　使学生认识到创新在中国特色社会主义理论体系中的重要位置，激发学生的创新精神。教师以"创新"设问，学生在梳理中国特色社会主义理论体系的发展脉络的同时，也能认识到这种创新与继承有机统一，既一脉相承又与时俱进。这样就鼓励学生在思维上也要勇于突破陈规，在继承中发展，在开拓中创新。

（二）硕果累累立东方

教师首先讲述综合国力的含义，再展示改革开放以来中国所取得的成就。

【图像史料展示，师生互动】（1）国民经济的展示中，通过"第一""首位""40多年连续增长"等字眼，使学生认识到中国特色社会主义道路是大胆迈向中华民族伟大复兴之路；（2）在基础设施建设中，对交通方面的展示可以通过"立硬币"活动，使学生认识到中国交通之稳、技术之先进；港口建设方面，教师讲述中国在世界港口吞吐量中的地位，以及联系苏州是世界十大港口之一的乡土史料；在高新技术方面，播放视频了解外国人对"新四大发明"的看法；在文化事业方面，展示多国版本的《甄嬛传》剧照；在国防军事方面，展示习近平在南海检阅海上编队以及中国第六批赴马里维和的图像。

设计意图 通过多种史料的举例分析，以及多种教学活动，学生不仅能掌握时事热点，更能由此衍生对陈述性知识的理解，寓教于乐；同时大量的乡土史料能够激发学生共鸣，升华学生情感，树立学生的民族自豪感，认识到外国人口中沉睡的巨龙已逐渐苏醒，中国的实力在愈发增强。

（三）合作共赢享未来

教师播放"人民日报采访'一带一路'倡议下22个国家的在华留学生"的采访视频，讲述中国是一个负责任大国。2013年提出"一带一路"的倡议后，中国经济更是在为世界经济添砖加瓦。

设计意图 通过影像史料，学生能够认识到改革开放以来人民生活的翻天覆地，能够在这一过程中既深化创新精神，也进一步认识社会主义制度的优越性，培养家国情怀。

四、初心勿忘中国梦

关注时事：疫情中的"中国效率"和"中国担当"——疫情前后武汉市体育馆对比图、云录制12天建成雷神山医院、在改革开放中成长的企业捐赠及中国援外抗疫志愿服务。

设计意图 联系时事热点，能够让学生真切地感受到中国强大的综合国力以及中国在世界疫情防控中展现的大国担当。

七、作业设计

观看《可口可乐：致敬改革开放40年》视频，围绕视频中任意元素，查阅相关材料，针对这一元素近40年来的发展进程，加以梳理并谈谈你的看法。（要求：史论结合，观点明确，逻辑清晰；不少于400字）

（视频地址：https://www.digitaling.com/projects/40438.html）

设计意图 从可口可乐这种微观史料着手，可以激发学生的好奇心和求知欲；通过研究性学习，帮助学生学会学习，提高搜集和处理信息的能力，锻炼学生史论结合的历史表达能力。

八、板书设计

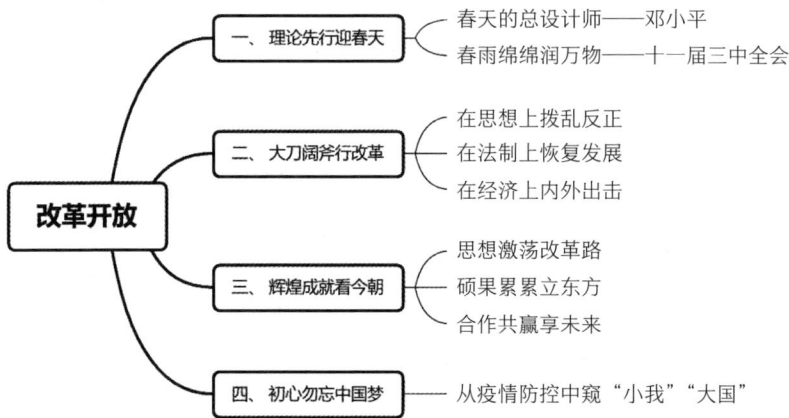

改革开放

一、理论先行迎春天 —— 春天的总设计师——邓小平
　　　　　　　　　　春雨绵绵润万物——十一届三中全会

二、大刀阔斧行改革 —— 在思想上拨乱反正
　　　　　　　　　　在法制上恢复发展
　　　　　　　　　　在经济上内外出击

三、辉煌成就看今朝 —— 思想激荡改革路
　　　　　　　　　　硕果累累立东方
　　　　　　　　　　合作共赢享未来

四、初心勿忘中国梦 —— 从疫情防控中窥"小我""大国"

九、教学反思

　　笔者在本节课的教学设计中，运用大量乡土史料和图像史料，以更形象的方式展现改革开放以来的巨大成就；同时在运用文字史料时，笔者偏向运用在已有史料基础上的升华，或是利用已有知识和新知识之间的横向联系和纵向对比，促使学生思维能通过"够一够"，从而更深刻地理解知识点及其背后蕴含的情感与价值观。笔者在教学问题设计上，缺乏对问题之间的关联性的考虑，此外对某一现象研究的深度不够，并没有深度剖析现象的本质内涵，在引导学生方面还存在不足。因此，以后要多多观摩优秀教师的课堂，多看相关教育学、历史学文献，优化课堂内容的深度以及知识点之间的融会贯通，不断提高自身的教学素养。

　　专家点评：中国特色社会主义道路的开辟和发展的根本目标是国强民富，是中华民族的复兴。着眼点在于我们的党、我们的国家、我们的人民，这些变化的关联是构建这一课的灵魂，该授课者认识到了课魂。

　　一方面给予学生多层次材料，使其深入思考并理解中国共产党的伟大转变；另一方面，从国家之巨变、人民生活之变化的多样化视角理解这一历史转折，浑然一体地引导学生把握大时代、大格局，宏大历史进程中的核心线索得到凸显。

　　运用乡土史资料讲述中国特色社会主义道路的开辟和发展，其意义在哪里？这是由学生的学习目标和学习中遭遇的问题决定的。40 年前新中国的巨变对于当下中学生来讲要么有陌生感，要么视之为理所当然，不认为是一次艰难探索和历史转折，找不到与今天的联系，然而它其实是为今天全面深化改革奠定了基础，也提出了新目标，产生了需要解决的新问题。学生如何理解改革开放进程中更多的历史场景的落差以及行为者的考量？乡土史料的使用应该为之服务。（点评人：付文治，上海市历史特级教师）

案例10
追梦之旅的累累硕果
——《改革开放以来的巨大成就》教学设计

扬州大学 刘霞

一、教学设计思路

本课围绕"追梦"一词展示中国在改革开放以来取得的巨大成就。中国不断地追寻着属于这个新时代的一系列梦想，中国不断上升的综合国力和不断扩大的国际影响力正说明了中国的追梦脚步从未停止。而正是由于我们与时俱进地坚持和创新中国特色社会主义理论体系，所以才在追梦的征程中阔步向前。中国梦是指向未来的梦，我们必须迎难而上不断取得更大的成就。

二、教学情况分析

1. 学情分析

高一年级的学生对于改革开放的背景知识有一定的了解，但历史逻辑思维和历史分析能力比较欠缺，因此需要教师进行引导。具体到本课来说，中国特色社会主义理论体系是难点，这一部分理论性较强、比较抽象，学生不易理解知识的内在逻辑，故教师在讲授时应注意灵活整合知识内容。

2. 课标分析

本课讲述的是改革开放以来的巨大成就，属于中国改革开放新时期的历史。改革开放是中国人民和中华民族发展史上的一次伟大革命，推动了中国特色社会主义事业的伟大飞跃。本课的主旨在于突出改革开放取得的成就，以及中国特色社会主义理论体系的历史地位。

3. 教材分析

　　本课选自人教版《中外历史纲要（上）》第十单元第29课。改革开放40多年来，中国社会主义现代化建设取得历史性成就，综合国力不断增强，科技创新能力持续提升。学好本课有助于学生深刻感受到祖国日益昌盛的时代面貌，增强学生的自豪感和爱国情怀，更加清楚地认识到自身的使命和责任。

三、教学目标

　　通过呈现文字、图片等史料和解读教材，了解改革开放以来中国在经济、科技、文化教育等领域取得的一系列成就，体会中国不断扩大的国际影响力，坚定文化自信、道路自信；通过对史料及史实的分析，探究中国取得举世瞩目成就的原因；从唯物史观视角对中国现状及未来走向作出合乎逻辑的历史解释；通过体会改革开放以来中国取得的成就以及思考未来的走向，增强自豪感、主人翁意识和家国情怀。

四、教学重难点

　　重点：改革开放以来巨大成就的具体表现。

　　难点：改革开放以来取得巨大成就的原因。

五、教学资源与方法

　　教学资源：教材教参和多媒体网络技术相结合。

　　教学方法：教授法、创设情境法和阅读指导法。

六、教学过程

环节1：导入

　　　　材料1：

教师活动：我将出示改革开放前后四大件的对比图，使学生感受到改革开放后的历史性变化，进而引领学生学习改革开放以来取得的巨大成就，由此引入新课的学习。

设计意图　通过图片的对比让学生更深刻地体会新时代的面貌，能够激发学生的学习兴趣，直入主题。

环节2：讲授新课

在讲授新课的环节，首先我将引入习总书记的一句话："我们都在努力奔跑，我们都是追梦人。"接着指出：中国自改革开放以来，不断地追寻着属于这个新时代的一系列梦想，一代代中国人正是因为怀揣梦想，踏上了追梦的征程。

一、追梦脚步

（一）不断上升的综合国力

教师活动：我将出示图片材料引导学生对改革开放前后中国的经济实力、基建设施、高新技术、文教事业等领域进行对比，从而让学生通过纵向比较感受中国不断上升的综合国力。并指出：正是由于中国经济实力的不断提升，中国在国际上的话语权不断扩大。

学生活动：跟随教师的节奏认真阅读史料，了解改革开放以来中国在经济、基础设施、文化教育等领域取得的一系列成就等基本史实。

设计意图　学生通过自主阅读史料了解基本史实，能够提高课堂参与度，从而掌握知识。

（二）不断扩大的国际影响力

时　　期	表　　现
20世纪50年代	**联合苏联"一边倒"** 毛泽东提出了"另起炉灶""打扫干净屋子再请客"和"一边倒"等三条方针。"一边倒"即倒向社会主义一边。

（续表）

时　期	表　现
20世纪60年代	**反帝、反修两条线** 毛泽东提出了"两个中间地带"的战略思想，即依靠第一中间地带，争取第二中间地带。"中间地带"包括亚非拉发展中国家和以欧洲为代表的发达资本主义国家。
20世纪70年代	**"一条线""一大片"** 面对苏联的威胁，提出实施从日本到欧洲一直到美国的"一条线"的战略，并同广大亚非拉国家拓展外交关系，调整对美政策，实现了关系正常化。
20世纪80年代以来	**独立自主、不结盟** 在邓小平外交思想指引下我国坚持独立自主，不同任何大国结盟，也不支持它们一方反对另一方。积极开展以联合国为中心的多边外交，参与地区性国际组织的外交活动，发展与周边国家的睦邻友好关系。

整理自教育部：《中外历史纲要（上）》，北京：人民教育出版社，2019年

教师活动：这一部分内容我将要求学生回答中国近几年来的一系列外交成就，并用表格列出新中国外交的发展历程，进而展示中国在国际舞台上的话语权，从而让学生体会到中国不断扩大的国际影响力。

学生活动：结合时政新闻回答中国近几年的外交成就，感受不断扩大的国际影响力。

教师活动：随后我将向学生提问：为什么改革开放以来取得了巨大的成就？

设计意图 学生通过自主结合现实生活的热点新闻去感受这一变化，能够直观地体会历史与现实的结合。同时采用设问引入下一部分。

二、引领追梦：与时俱进的理论体系

教师活动：我将出示有关史料并向学生提问：什么是中国特色社会主义理论？它经历了怎样的发展历程？进而通过表格的形式列出中国特色社会主义理论体系的形成与发展过程，并引导学生认识到它们的关系是一脉相承、与时俱进、不断创新。

　　学生活动：认真分析史料并思考问题，理解中国特色社会主义理论体系是中国共产党领导改革开放和社会主义现代化建设伟大实践的理论结晶，是坚持和发展中国特色社会主义的行动指南。

　　教师活动：紧接着我将指出虽然中国自改革开放以来取得了举世瞩目的成就，但仍然面临着错综复杂的发展问题以及风云变幻的国际环境，因此我们必须居安思危，警钟长鸣。

> **设计意图**　教师通过引导学生阅读史料以及提问的方法，能够启发学生思考，培养学生分析理解史料的能力。同时通过问题引导学生居安思危，培养学生从历史昭示未来的历史解释能力。

三、梦指未来：迎难而上共建中国梦

　　教师活动：我将要求学生讨论改革开放以来存在的问题以及对未来的展望。

　　学生活动：畅所欲言，积极探讨问题并相互交流观点。

> **设计意图**　学生通过自主思考未来中国的愿景问题，能够增强爱国情怀和主人翁意识。

七、作业设计

　　（1）结合所学知识，谈谈你对下列材料的理解。

> 　　中华民族追求梦想的道路艰难曲折。为了实现民族复兴，亿万人魂牵梦萦，几代人上下求索，奋勇不屈的中国人民在黑暗中艰难前行。直到以马克思主义为指导、勇担民族复兴大任的无产阶级政党——中国共产党登上历史舞台，中华民族才终于迎来凤凰涅槃、浴火重生的曙光。
>
> 　　　　　　　　　　——《习近平新时代中国特色社会主义思想学习纲要》

　　（2）结合下列材料以及中国近年来所取得的科技成就，谈谈科技创新在

引领发展、建设创新型国家中的重要作用。

2017年5月3日，中国科学技术大学潘建伟教授宣布，研究团队构建了世界首台超越早期经典计算机的单光子量子计算机。据介绍，一台操纵50个微观粒子的量子计算机，对特定问题的处理能力可超过超级计算机。

——《量子计算机，开启中国速度》，《人民日报》，2017年5月4日

（3）结合下列材料，谈谈你对中国特色社会主义进入新时代的重大意义的理解。

经过长期努力，中国特色社会主义进入了新时代，这是我国发展新的历史方位。

中国特色社会主义进入新时代，意味着近代以来久经磨难的中华民族迎来了从站起来、富起来到强起来的伟大飞跃，迎来了实现中华民族伟大复兴的光明前景；意味着科学社会主义在二十一世纪的中国焕发出强大生机活力，在世界上高高举起了中国特色社会主义伟大旗帜；意味着中国特色社会主义道路、理论、制度、文化不断发展，拓展了发展中国家走向现代化的途径，给世界上那些既希望加快发展又希望保持自身独立性的国家和民族提供了全新选择，为解决人类问题贡献了中国智慧和中国方案。

这个新时代，是承前启后、继往开来、在新的历史条件下继承夺取中国特色社会主义伟大胜利的时代，是决胜全面建成小康社会、进而全面建设社会主义现代化强国的时代，是全国各族人民团结奋斗、不断创造美好生活、逐步实现全体人民共同富裕的时代，是全体中华儿女勠力同心、奋力实现中华民族伟大复兴中国梦的时代，是我国日益走近世界舞台中央、不断为人类作出更大贡献的时代。

——习近平：《决胜全面建成小康社会　夺取新时代中国特色社会主义伟大胜利——在中国共产党第十九次全国代表大会上的报告》（2017年10月18日）

八、板书设计

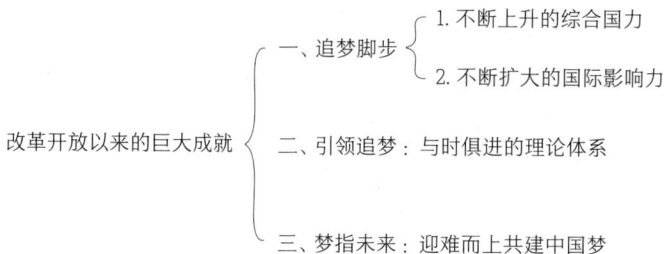

改革开放以来的巨大成就
- 一、追梦脚步
  - 1. 不断上升的综合国力
  - 2. 不断扩大的国际影响力
- 二、引领追梦：与时俱进的理论体系
- 三、梦指未来：迎难而上共建中国梦

九、教学反思

参加这次比赛，我收获了很多教学感悟，在准备过程中我不断打磨教学思路，能够按照教学计划通过整合教学内容向学生传递知识信息。同时在这次录课中我也发现了不足，首先，由于本课在教学比赛过程中只讲了其中一节内容，因此很多问题并不能及时发现。其次，在教学过程中由于时间受限，因此教师与学生互动不够，不能收到学生及时有效的反馈。最后，讲课的语言组织和表达能力有待锤炼和提高。

专家点评：中学生对改革开放成就的理解，有些是散点式的，有些是很局部的，有些是关注现在与自己有密切关联的；能够通过归类分析全面认识的，或能够看到成就背后的历史力量和历史矛盾的相对比较少。该授课者已经想到了这样的学情，有了着手解决的尝试。

首先，能够将对比跟激活和发展学生历史思维高度结合，看到情境中的反差甚至割裂更能启迪学生深入思考，这样一来学生的学习活动效果与效率都会很高。其次，运用追踪反思的方式激发学生探究历史成因，这样的教学处理顺利地把教师讲授变为学生学习和探究，这一环节的行进也很成功。再次，一个民族或国家能生生不息是由于积极追求一个又一个梦想。整节课的线索清晰，帮助学生聚焦问题，也是提高课堂效率的成功之处。

改革开放的宏大历史进程如何在时空上定位，如何体现40年开局、发展到收获中国特色社会主义道路的辉煌成功，这是锻炼学生认识改革开放史的重要视角。一节课中如何培养学生，需要深入探究。（点评人：付文治，上海市历史特级教师）

案例11
从家乡之变到国家之变

——《改革开放以来的巨大成就》教学设计

扬州大学　徐寅洁

一、教学设计思路

　　自1978年12月十一届三中全会开始，中国进入改革开放和社会主义现代化建设新时期。改革开放40多年来，中国取得了举世瞩目的巨大成就，综合国力不断增强，国际影响力不断扩大。改革开放以来中国取得一切成绩和进步的根本原因，在于开辟了中国特色社会主义道路，形成了中国特色社会主义理论体系，确立了中国特色社会主义制度，发展了中国特色社会主义文化。

二、教学情况分析

1.学情分析

　　学情分析是教学设计的基础。本课授课对象是高一学生，从能力基础来看，经过初中的历史学习，高一学生具备了一定的史料信息提取能力，但史料的理解归纳能力有所欠缺。在认知特点上，根据皮亚杰的认知发展理论，这一阶段学生的认知特点是思维活跃、好奇心强。高一学生更关注有趣的或者贴近现实生活的历史材料与历史事件。此外，高一学生在八年级（下）时已经学习过改革开放后中国外交事业的发展、改革开放以来取得的科技文化成就等与本课教学内容相关的部分基础知识，但学生对其历史发展脉络并不熟悉，缺乏系统认识。

　　基于学情分析，本课拟采用探究式教学，以"变"为课魂，重组教材内容，由果寻因、启发思考。先讲中国改革开放以来的成就表现，之后探究取得成就的原因，最后引导学生思考未来的改革开放之路如何走。溯流探源，层层递进，渗透历史学科五大核心素养。

2. 课标分析

　　课标要求为：认识邓小平理论、"三个代表"重要思想、科学发展观、习近平新时代中国特色社会主义思想，认识中国特色社会主义理论体系的形成过程及意义；通过了解中国在各个领域取得的成就、综合国力及国际影响力的不断提高，认识中国特色社会主义道路的重要历史地位。

3. 教材分析

　　本课是《中外历史纲要（上）》最后一课，上承中国特色社会主义道路的开辟与发展。教材内容包括三个子目，分别是"中国特色社会主义理论体系的形成与发展""综合国力不断提升"和"国际影响力不断扩大"。子目之间暗含内在逻辑联系：在中国特色社会主义理论的指导下，中国综合国力不断提升，进而国际影响力不断扩大。同时，国内国际的巨大成就又证明了中国特色社会主义理论的正确性，并进一步推动中国特色社会主义理论体系的发展和完善。

三、教学目标

　　把握中国特色社会主义理论体系的形成与发展过程，认识在其理论指导下中国在各个领域取得的成就，培养用历史唯物主义分析历史问题的能力；通过今昔对比，拉长历史时间维度，辅以大量翔实可信的数据，认识在不同时间和空间下的中国改革开放成就；通过设置问题和探究活动，利用史料分析中国特色社会主义理论体系和综合国力、国际影响力提升之间的关系，论述中国模式的未来前景；通过学习改革开放以来中国在各个领域取得的巨大成就，形成对中国特色社会主义的道路自信、理论自信、制度自信和文化自信，培养民族自豪感。

四、教学重难点

　　重点：中国特色社会主义理论体系的形成与发展过程，中国改革开放以来取得的巨大成就。

难点：中国取得巨大成就的根本原因。

五、教学资源与方法

教学资源：课件。

教学方法：讲述法、探究法。

六、教学过程

环节1：导入

　　请同学们设想一下，如果你生活在改革开放前，你的生活会是什么样子？和现在的生活有何不同？请学生作答，分析学生的答案突出今昔生活变化，顺势引入课题。

> 设计意图　创设情境，从学生的日常生活切入，拉近历史与生活的距离。

环节2：讲授新课

第一部分：成就表现

　　以教师家乡——江阴为例，由今至昔，利用具体数据讲述如今江阴的经济发展，之后出示图片，带领学生回顾1983年、1987年的江阴，配合图片讲述当时江阴的社会状况。之后以江阴的华西村为例，从昔至今，配合图片讲述华西村自1961年建村以来不断改革的历史。

> 设计意图　选取贴近学生生活的现实案例，分别以江阴和华西村作为中国城镇改革开放和中国农村改革开放的典型，利用翔实可信的数据和今昔对比突出变化之巨，让学生能够生动直观地感受到改革开放前后的变化。利用乡土资源激发学生对家乡的热爱和自豪感，实现课程思政的育人目的。

　　播放根据世界银行数据制作的视频，讲述中国的经济总量、外汇储备，用三个"第一"、一个"第二"突出中国综合国力的强大。之后举例简要说明中国改革开放以来的科技成就。

> **设计意图** 利用学生喜闻乐见的抖音视频直观展现中国经济的崛起，同时回归教材，从宏观层面讲述中国改革开放以来在经济和科技方面的成就，从家乡之变到国家之变，与前面的乡土案例形成由点到面的互动。

聚焦移动支付，讲述中国由"票证时代"到如今"无现金时代"的发展历史。

> **设计意图** 由面到点，选取学生感兴趣的"支付宝""微信"为例，让学生感受到改革开放后科技发展带来的改变，拉近现实与历史的距离，使历史课堂贴近学生生活。

概述改革开放40年的巨变体现在教育、医疗、生态建设、军事实力等众多方面。

> **设计意图** 帮助学生形成整体认知。

播放视频，全面展现中国如今的繁荣富强。教师讲述："正是因为综合国力的不断提升，中国的国际影响力才不断扩大。"自然过渡到下一子目的讲授。

> **设计意图** 通过播放视频给学生一个放松、缓冲的时间，同时吸引学生的注意力，激发学生学习下一子目的兴趣。

带领学生简要回顾新中国外交的发展历程，之后简要讲述中国20世纪90年代外交三大考验：1993年银河号事件，1996年台海危机，1999年我国驻南联盟大使馆被炸。

> **设计意图** 回顾旧知，帮助学生了解历史发展脉络。通过讲故事引起学生兴趣，同时展现中国外交曾经的艰难历史。

出示图片"总统的眼泪"，讲述新冠肺炎疫情期间塞尔维亚总统向中国求助的故事。讲解中国在全球治理中的重要地位，在此基础上拓展到讲述中国正推动构建人类命运共同体。之后简要讲解改革开放以来中国的外交理念。

> **设计意图**　选取现实案例，贴近学生生活，与前面的外交考验形成对比，由点到面、由实践到理论、由具体到抽象地展现中国国际影响力不断扩大的动态过程，紧紧围绕本课"变"的课魂。

第二部分：成就原因

出示材料，设置问题：中国改革开放以来综合国力不断提升，国际影响力不断扩大的根本原因是什么？指出"上层建筑反作用于经济基础"的历史唯物主义原理。

> 材料1：改革开放以来我们取得一切成就和进步的根本原因，归结起来就是：开辟了中国特色社会主义道路，形成了中国特色社会主义理论体系。
>
> ——中国共产党第十七次全国代表大会报告

> **设计意图**　帮助学生从唯物史观角度理解教材内容内在的逻辑联系，同时培养学生的史料信息提取能力。

出示材料，设置问题：改革开放和社会主义现代化建设过程中，中国共产党人是如何从理论上应对和解决不同的时代问题的？这些理论分别解决了中国怎样的时代问题？组织学生阅读教材和小组讨论，完成表格填写。

> 材料2："时代是出卷人，我们是答卷人，人民是阅卷人。"习近平总书记的这一精辟论述，彰显出共产党人强烈的历史担当和深厚的人民情怀。中国共产党人面对时代的问卷，领导全国人民在改革开放中开辟了中国特色社会主义道路，取得了巨大成就，进一步坚定了道路自信、

理论自信、制度自信、文化自信。

——石平：《时代是出卷人　我们是答卷人　人民是阅卷人》，载《求是》，2018年第7期

时　　间	理　　论	解决问题	意　　义

> **设计意图**　立足教材，培养学生的归纳概括能力，帮助学生构建知识框架。

设置问题："时代是出卷人，我们是答卷人"，在中国特色社会主义理论的指导下，中国共产党人交出了一份怎样的答卷？让学生阅读教材，结合所学知识回答问题。

> **设计意图**　紧扣材料，适时回顾前两子目内容，加强学生对于"实践源于理论，理论指导实践"的理解。

第三部分：思考未来

教师引导学生结合中国改革开放以来的成就论证中国模式是成功的，人类历史并非只有西方一种模式。中国的改革开放一直在路上。

> **设计意图**　培养学生自主探究的能力和辩证看待历史事件的意识，通过探究活动检测学生对本课内容的掌握情况。

环节3：课堂小结

从1978年改革开放以来，中国发生了翻天覆地的变化，一代又一代的中国人见证着综合国力不断提升，国际影响力不断扩大。中国的改革开放能

够取得如此巨大的成就，根本原因在于坚持中国特色社会主义理论体系的指导。中国改革开放的成就也证明了中国特色社会主义道路一定会越走越宽广。

> **设计意图**　简洁梳理本节课的内容，理清教材暗含的逻辑线索。

七、作业设计

查找改革开放前后反映家乡经济发展的图片，写一篇对改革开放影响认识的300字左右的小作文。

八、板书设计

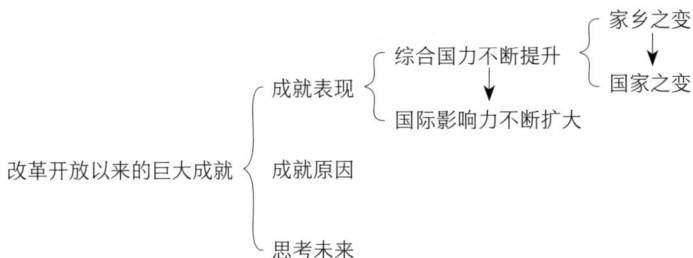

九、教学反思

本课教学始终围绕"变"字，前后照应、有机融合，基本实现了课堂教学和思政教育的双线教学。大量现实案例、多媒体资源的运用，充分激发了学生的学习兴趣，避免教材与现实割裂的情况。但正因如此，本堂课少了些"历史课"的味道。这次比赛让我重新审视自己的教学理念和教学方法，如何打造一堂艺术性与历史性兼具的历史课，值得深入钻研、思考。

专家点评：呈现当代史的材料丰富多元但更清晰，促成中国40年巨变的原因很多但更聚焦。该授课者触及了成就的真正体现在于党和国家的治理能力和人民的幸福满足感、祖国的强大，注意到了多种原因中的"出卷人""答卷人""阅卷人"，意境悠远深刻。一方面，授课者在完成建设成就的学习中关注到数据，关注到个体的人，关注到疫情当下得到的改革开放红利，这些资料显然着眼于学生学习，很有价值。另一方面，求索历史原因的学习中，注意到构建视角，时代、党的领导、人民的奋斗，这些都能一定程度地发展历史思维，培育历史素养。改革开放大幕的揭开、剧情起伏走向高潮，应该不是一路上扬，应该是"抑扬顿挫"的历史进程。中学生在学习中应该既是演员，也是观看者和思考者，"人"是关键因素。这样的一节课怎么让学生入戏和出戏是个好课题，需要深入探讨。（点评人：付文治，上海市历史特级教师）

案例12
看果·探因·思路
——《改革开放以来的巨大成就》教学设计

安徽师范大学 沈小舟

一、教学设计思路

自1978年改革开放以来，我国发生了翻天覆地的变化，在改革开放的成果中，我国的综合国力和国际影响力都得到了巨大的提升。从成果倒推原因，探究改革开放以来中国特色社会主义理论体系的发展之路，最后结合当前面临的挑战与机遇，提出要居安思危，坚定信念，思民族复兴之路。

二、教学情况分析

1. 学情分析

本课授课对象是高一新生，他们通过八年级的学习，史学素养有了一定的提高；同时，关于我国改革开放的史实，学生基本耳熟能详。因此本课教学的关键在于如何把改革开放新时期的发展与现代化的探索连接到一起，如何结合本课内容分析历史材料，把所掌握的知识转化成解决问题的能力，以及如何在时政材料较多的情况下注入历史感。

2. 课程标准

（1）认识中国特色社会主义理论体系对建设中国特色社会主义的重要指导意义；

（2）认识中国特色社会主义进入新时代的重大成果与意义，认清我国发展新的历史方位；

（3）形成对中国特色社会主义道路、理论体系、制度、文化的形成过程及意义的系统认识。

3. 教材分析

本单元一共有两课，第28课重点讲述了改革开放的进程和"一国两制"的提出与实现，为29课对于改革开放以来取得的巨大成就的学习打下基础；第29课作为整本书最后一课，体现了中国当今的发展以及中国人民对未来的展望。本课内容贴近学生生活，将历史事件融于时政，将生活与课本结合。

三、教学目标

通过认识改革开放以来中国在各个领域取得的成就、不断提升的综合国力和不断扩大的国际影响力，形成对中国特色社会主义道路、理论体系、制度、文化的形成过程及意义的系统认识。通过展示改革开放40多年以来我国在五个方面的重大成就，认识到我国不断提升的综合国力与不断扩大的国际影响力，认清我国发展新的历史方位，认识新时代中国全方位外交布局的意义，体会中国特色社会主义进入新时代的重大意义。

四、教学重难点

重点：了解改革开放以来的成就。

难点：理解改革开放的成就与中国特色社会主义理论体系的关系。

五、教学资源与方法

教学资源：教材教参、多媒体网络。

教学方法：教授法、创设情境法等。

六、教学过程

环节1：导入

展示图片：1949年与2019年阅兵仪式场景对比图

师：通过对比图让学生意识到建国以来尤其是改革开放40多年以来，我国实力的跃升。这节课让我们一起走进这段历程，来看看改革开放还给中国带来了哪些成就。

1949年阅兵仪式　　2019年阅兵仪式

设计意图　将1949年阅兵现场和2019年阅兵现场作对比，引出改革开放给中国带来的巨大变化。以直观的图片的对比，以阅兵这样耳熟能详的事件作导入，易引起学生兴趣。

环节2：讲授新课

一、看改革开放之果

（一）向内：综合国力不断提升

1. 国民经济新速度

1978年与2018年全球GDP排名（略）

师：将1978年与2018年全球GDP排行中中国的排名作比较，让同学们感知改革开放40多年来，中国快速健康发展的国民经济，并且指出中国GDP年实际增速高达9.3%，对全球经济增长的贡献率接近30%。

2. 基础设施新发展

师：人们常说要想富先修路，那么我们就从路看起。大家现在如果要旅行，性价比最高的交通工具是什么呢？

生：是高铁。

师：大家对高铁的印象又是怎样的呢？

生：高铁非常方便、快捷、整洁。

师：将近代我们的第一条铁路与"复兴号"对比，得出结论：中国在高铁方面已经完成了从跟跑到领跑，从"引进来"到"走出去"的过程。

师：除了高铁，基础设施的发展还在哪些方面便利了我们的生活呢？

这里老师以自己国庆期间出行为例，购票可以依靠移动支付完成，查找旅行攻略需要网络的支撑，出行在外查看地图离不开北斗定位系统的发展。而这一系列由科技武装的基础设施的发展就大大提高了我们的生活水平。此外，科技还帮助我们完成了自古以来人们上天入地下海的美好梦想。

嫦娥工程成功登月并一次次打破纪录，连接着香港、澳门、珠海的港珠澳大桥横空出世，能够下潜至海平面下7 000米的蛟龙号也正式投入使用，这一桩桩一件件都标志着中国正在由"中国制造"走向"中国智造"。

> **设计意图** 基础设施方面案例较多，将自己出行的经历串成一条线，让学生有真实的共鸣，在记住知识点的同时，切实感受到身边发生的巨大变化。

合作探究一：结合改革开放以来我国取得的科技成就，谈谈科技创新在国家建设中的作用。

3. 国防建设新辉煌

师：习近平总书记指出："实现中华民族的伟大复兴……对军队来说，也是强军梦。"这个强军梦不仅指军队实力上升，也强调军备武器的发展。

师：这是由中国自主研发的东风核导弹，仅仅一枚就非常庞大，并且它的最远射程可以达到12 000千米，威力非常大。军备武器不仅是维护国家安全的重要基石，也是我国进行和平威慑的核心力量。

中国不仅发展自身，还积极参与国际事务，就在2020年9月，我国发布了维和白皮书。近30年来，我国军队参加国际维和行动25次，累计派出官兵4万多人，维和官兵人数居世界首位。

> **设计意图** 将我国的强军梦，由内而外向学生展示，从提升自身到捍卫国家再到国际维和，让学生比较清晰地感受到中国国防实力的跃升以及中国作为大国的责任与担当。

4. 文化自信新局面

师：第一张图是孔子学院在韩国建成时双方代表的合照。截止至2018年，孔子学院已在全球建立548所，"儒学热"的兴起，标志着孔子学院

孔子学院在韩国建成

1978年与2017年入学率对比图

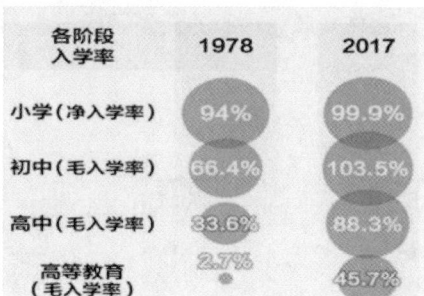

各阶段入学率	1978	2017
小学（净入学率）	94%	99.9%
初中（毛入学率）	66.4%	103.5%
高中（毛入学率）	33.6%	88.3%
高等教育（毛入学率）	2.7%	45.7%

已经带领着汉字和儒学思想走进了许多国家。此外，还有"汉服热""中医热""中华美食热"，这些都昭示着我们高度继承和弘扬着我国的优良传统文化。

师：我们看到第二张图片，这是1978年和2017年各个阶段的入学率。请同学们来说一说从这张图片里，能得出哪些信息呢？

生：我国基础教育和高层次人才的培养均得到较大发展。

设计意图 在文化自信方面，从两点入手，一是植根传统，走向世界；二是通过教育延续文化的生命力。以这两点来看文化自信在中国的确立的情况。

（二）向外：国际影响力不断扩大——国际关系新里程

师：外交部部长王毅在中国发展高层论坛午餐会上说道："每一段国际关系的形成，每一个国际体系的建立，都带有鲜明的时代印记，也必须随着时代发展不断创新完善。"

师：根据前面的学习，我们知道世界现在面对的是一个快速崛起的中国，而中国也在面对着一个形势复杂，机遇与挑战并存的世界。经济全球化、世界多极化，霸权主义与强权政治仍然存在。请同学们想一想，如果是你身处其中，你会选择合作还是对抗呢？

设计意图 以王毅的话来提醒学生，外交政策的选择需要以现实为依据，告诉学生当前国家与世界的局势，引导学生做出正确的选择。

师：民之所向便是国之所往，习近平总书记就是在这样的环境下提出了以合作共赢为核心的新型国际关系，打造人类命运共同体。那么这两句话是什么意思呢？

"潜力发展带"　　　　陈薇院士在塞拉利昂　　　中国加入"新冠疫苗计划"

师：首先就要提到大家非常熟知的一个词"一带一路"。我们看到第一张图，在东亚经济圈和欧洲经济圈中间的叫作潜力发展带，这里的国家具有发展的潜力。以卖煎饼为例向同学们解释何为"赋能"。截至2020年已经有138个国家加入"一带一路"，2 000多个项目正在运转，而值得一提的是，连接着中国与欧洲的中欧国际铁路集装箱班列，在这次疫情中成为运送口罩等物资的"生命之路"。

师：说到疫情，那么我们就来看看体现中国外交理念的另一个事件。我们来看第二张图，一群非洲人在开心地举起一名中国人，而这位中国人，就是在2015年带着当时新研发出来的埃博拉疫苗奔赴非洲的国际战士，也是2020年研发出新冠疫苗的"人民英雄"——陈薇院士。并且中国已正式加入了"新冠疫苗实施计划"，为连接着许多国家的抗疫生命线添砖加瓦。

这些都在说明中国作为一头睡醒的雄狮，依旧倡导合作共赢，倡导建立人类命运共同体。就像习近平总书记说的那样："中国始终是世界和平的建设者、全球发展的贡献者、国际秩序的维护者。"

二、探中国崛起之因

改革开放以来，中国在各个方面取得了巨大成果，那么是什么成就了今天的盛世呢？通过2019年10月1日的群众游行方阵，回顾中国特色社会主义从"关键抉择""与时俱进"到"科学发展"最后到"伟大复兴"的历程。实现中国梦，我们需要选择一条群众拥护的路，而这条路就是中国特色社会主义理论的发展之路。

设计意图　联系导课，用2019年国庆群众游行方阵引出中华崛起之因，将中国特色社会主义理论体系发展分成四步，分别是站稳脚跟求发展、挺直腰杆求创新、抬头挺胸求兼顾、大步向前求复兴，引导学生感知中国特色社会主义理论体系的重要意义。将每个思想串成一个中心、两个基本点、三个代表、四个方面、五位一体、四个全面、两个一百年和一个中国梦，并强调中国特色社会主义理论体系是完成中国梦、满足人民愿望的必由之路。这样设计既有助于学生记忆，又点名道路主旨，帮助学生对于中国特色社会主义理论体系形成清晰认知。

三、思民族复兴之路

我们沿着中国特色社会主义道路一步步前进，一路上收获无数果实，路越走越宽，果实也越摘越丰硕。但我们向远望去，在未来的路途上，仍然存在着荆棘与陷阱，我们要如何避开它们继续走向康庄大道呢？

设计意图　通过对所谓修昔底德陷阱和中等收入陷阱等进行分析，让学生意识到要想完成中华民族的伟大复兴，我们仍有一段不平坦的路要走，需继续坚定信念，方能扬帆远航。

七、作业设计

请同学们结合身边发生的巨大变化以及当前局势，搜集资料，谈谈如何推进中国特色社会主义现代化建设。

八、板书设计

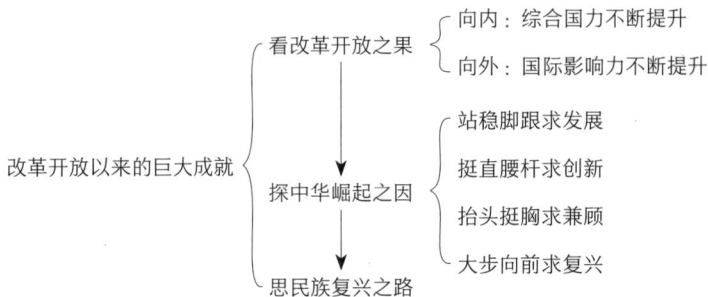

设计意图　通过观察改革开放以来综合国力和国际影响力的提升，探究改革开放以来中华崛起的原因，通过四个步骤来阐释指导思想的正确性与必要性；最后回顾过去，展望未来，思考民族复兴道路。

九、教学反思

纵观我的整个教学过程，教学设计围绕着"看果，探因，思路"的教学理念展开，以改革开放取得的巨大成就为主题，加强本课历史纵深性。但是，由于学生个体差异，预设与生成之间存在偏差，这启示我需继续深入了解学情，在与学生的良性互动中传递知识，培养学生历史思维。

专家点评：将改革开放的开局、奋斗、成就凝聚为看果、探因、思路三个环节，该授课者的视角建构比较成功。达成了课标、教科书、学生学习三者之间的关系建构和知识解构，有可行性。在引领学生认识成就中关注"新"，从学生认知方法与情感上看很贴切，既有直观的形象感，又有引导深思的提升感。在探究历史变局原因中关注历史行为主体"站稳""挺直""抬头""大步"的时间与行为的历史内在逻辑，这样探究学习符合历史逻辑，更能让学生走进历史现场感悟这种努力、这种情怀如何成为推动历史变局的关键性因素，收到了很好的效果。改革开放和中国特色社会主义道路的开辟发展与学生既有亲近感又有距离感，如何把学习者带进更加生动的历史现场应该有很多方式方法，值得进一步探究。（点评人：付文治，上海市历史特级教师）

案例总评

　　改革开放与社会主义现代化建设新时期包括逾40年的动人心弦的历史。纵向来讲是中国共产党带领中国人民从建立新中国、走向社会主义再到国家富强的三大历史贡献的结果；从20世纪历史风云变化中看，是世界社会主义伟大实践的重要成果，是人类文明历史发展的重要部分。当下应该将改革开放史放入大历史进程中让高中生认识。中学生为什么要学习这一部分内容？是要认识这一历史进程中的主客观因素变化，尤其是中国共产党带领中国人民在主观上所做出的种种努力和创举及其历史成就；是要掌握学习当代史的方法和历史学科能力；但更重要的是让当下中学生认清我国发展新的历史方位，认识实现中华民族伟大复兴目标的行动指南和精髓，立足当下，展望未来，成长为中华民族伟大复兴事业的合格建设者。

　　十二位同学基本以较为扎实的教师基本功对课程标准、教科书做出了较好的文本重构，在分析中基本着眼于学生学习，以此作为教学设计的起点十分重要。其次，这些同学都关注到了学情，尤其是初高中历史的贯通，基于高中生的认知规律和认知诉求设计教学流程，贯彻教学目标，这对于中学历史教学最为关键。再次，这些同学在教学中都能聚焦问题精选材料、精心设计师生对话，使学生在问题导向、情境引导中发展历史思维，夯实学科素养。这样围绕目标构建课堂教学，能基本达成课堂教学价值。总体来看，都知道把知识建构为学习结构，把知识进行解构以培育学生素养，都希望通过课堂教学让学生学会文本重构和知识解构，这些也都是走向中学历史教师岗位必需的能力和意识。

　　对于即将走上中学历史教师岗位的历史系学生来说，要在几个方面提升自己，让自己以独特的姿态走上讲台。第一，要充分凝练知识体系与学习结构，形成一节课的灵魂主旨。要用史学专业的基本方法去弄清楚历史知识的基本理路，教师对知识理解的简单化会成为阻碍教学效果的致命因素。教学的基本方法是影响课堂生成优劣的关键，需要将所学用起来。第二，要有聚焦核心问题设计解决问题步骤的基本能力。简单来讲就是需要思考"学生为什么要学习这一课？""学生怎么解决学习的难题？"两个问题。知识的价值和意义寻求，需要授课者用自己的心来体会，知识学习的方法虽然有很多种，但如何吸引学生兴趣，如何让学生掌握最佳方法是最基本的问题，只有面对学习的问题解决才能设计好一节课。第三，要强化构建情境的能力。要在信息化时代根据学生认知特点建构各式各样的了解知识、认识知识、应用知识和创新能力塑造的情境，研究如何融合语言文字图像来创建历史学习情境，这样构建起来的课堂将是师生心灵打通的有意义的课堂。

　　总结这些作品，同学们在实践中迈出了坚实的一步，能够整理知识，建构学习策略，创设优良的师生关系和课堂结构，在某个方面呈现出重要的亮点。这一切应该使得同学们有更强烈的自信和精力进行进一步的教学实践，也需要为之创造更多的机会和空间来助推。（点评人：付文治，上海市历史特级教师）

第 四 章

征 程

案例1
巨轮的"乘风破浪"探索
——《中华人民共和国成立和向社会主义的过渡》教学设计

安徽师范大学　　许多

一、教学设计思路

1949年10月1日，中华人民共和国在北京宣告成立，中国历史也就此开启一个新纪元。为了巩固新生政权，新中国在中国共产党的领导之下，无畏国内外不安定因素，发展重工业，开展一五计划，建立起社会主义制度，在外交也有新的建树，创造出历史性的成绩，给社会主义发展史书写了浓墨重彩的一笔。

二、教学情况分析

1. 学情分析

本节课授课对象为高一学生。通过初中《中国历史》（第四册）的学习，他们对于这一部分的内容有一定程度的认识与基础，但对历史事件的认识仍然处于感性的阶段，还不具备全面认识历史事件的能力。在本节课的讲授之中，要将新中国在政治、经济、外交等方面的成就有机地结合起来，并且利用各类史料，帮助学生更好地理解新中国成立和社会主义革命的深远意义以及毛泽东领导的中国共产党人做出的彪炳史册的贡献。

2. 课标分析

根据《普通高中历史课程标准（2017年版2020年修订）》，本课的课程标准为：认识中华人民共和国成立的伟大意义；概述新中国巩固人民政权的主要举措；认识新中国为民主政治建设和向社会主义过渡所做出的努力。

分析：通过了解新中国的相关史实，从而认识中华人民共和国成立的伟大意义，并简要了解新中国巩固政权的措施，再进一步探讨在外交和社会主义基本制度方面所取得的成就。几个部分之间并不孤立，而是相互联系的。

3. 教材分析

《中华人民共和国成立和向社会主义的过渡》一课是《中外历史纲要（上）》第九单元第一课。本课主要介绍了顺应潮流的中国共产党领导中国人民建立新中国，巩固人民政权，开创独立自主的外交，建立起社会主义制度，为当代中国的进步和发展奠定了政治前提和制度基础。本课共分为四个子目，前两个子目以时间顺序进行，后两个子目则从外交和社会主义制度建立方面进行阐述，揭示了中国共产党带领中国人民完成中国历史上最伟大的历史变革的过程。

三、教学目标

识记中华人民共和国成立和巩固人民政权的相关史实，以唯物史观的视角了解新中国成立的历史意义。通过史料分析的方式，分析新中国独立自主的外交和过渡时期总路线、第一届全国人民代表大会，理解新中国对世界社会主义发展和建立起社会主义制度的历史意义，培养历史解释和史料实证的能力。了解抗美援朝中涌现的英雄模范和以毛泽东为代表的中国共产党人领导中国人民谋解放、谋幸福的历史贡献，培养家国情怀。

四、教学重难点

重点：新中国成立的伟大意义，巩固新生政权。

难点：独立自主的和平外交的影响，社会主义制度的基本确立及其意义。

五、教学资源与方法

教学资源：文献史料、历史图片、历史地图。

教法：多媒体辅助教学法、讲授法、谈话法、史料分析法。

学法：自主学习、合作学习。

六、教学过程

环节1：导入

出示下列材料，讲述新中国这艘巨轮即将起航，以"在驶向未来的航程之中又将经历怎样的挑战？"引出本课。

> 新中国站在每个人面前，我们应当欢迎它。新中国的航船桅顶已经冒出地平线了，我们应该鼓掌欢迎它。举起你的双手吧，新中国是我们的。
>
> ——毛泽东：《新民主主义论》（1940年）

> **设计意图**　引用毛泽东《新民主主义论》的内容，让学生进一步体会新中国成立的不易，迅速进入本课主题。并且将新中国比作一艘巨轮，串联起整节课。

环节2：讲授新课

一、巨轮起航——中国历史新纪元

1. 教师提问：在新中国这艘巨轮起航之前，共产党人进行了怎样的准备？并展示政协会议的成就。

2. 教师讲述开国大典的相关史实，出示斯塔夫里阿诺斯的评价并提问：为什么新中国的建立是中国历史也是世界历史的一个转折点？

> 共产党领导人毛泽东于1949年10月1日在北京宣布中华人民共和国成立，这是中国历史的一个转折点，实际上也是世界历史的一个转折点。
>
> ——［美］斯塔夫里阿诺斯：《全球通史——1500年以后的世界》

> **设计意图**　这一子目内容以识记性知识为主，加之在初中历史中有所涉及，因此以学生回答、教师加以概括总结作为主导。以后人评价使学生思考，结合之前所学内容起到复习的作用，使学生以唯物史观的视角从对人民、对国家、对世界这三个层面理解新中国成立的历史意义，完成教学目标。

二、无惧风浪——巩固政权的挑战

（一）不平静的"海域"和不安定的"内部"

教师讲述当时国际国内背景，展示国民党炸毁的电厂、桥梁图片及物价飞涨的材料。

国民党炸毁的电厂、桥梁图片

——左图，《轰炸后的杨树浦发电厂》，上海市档案馆藏；右图，《当年被炸毁的海珠桥》，载《羊城晚报》，2011年9月14日

1949年5月30日上海市主要生活必需品价（人民币）

中等籼米每市石	4 800元
"兵船"牌面粉每袋	1 350元
龙头细布每匹	7 700元
烟煤每吨	20 000元
猪肉每市斤	3 207元

1949年6月9日上海市主要生活必需品价（人民币）

中等籼米每市石	16 000元
"兵船"牌面粉每袋	3 995元
龙头细布每匹	13 500元
烟煤每吨	49 500元
猪肉每市斤	6 000元

上海市政府：《上海经济上的重要问题概述》，1949年9月，上海市档案馆存件

（二）战胜风浪，巩固政权

引导学生阅读课本，教师通过图片史料和课本"史料阅读"部分讲述军事上、经济上巩固政权的措施以保证"巨轮"战胜风浪。

全国大陆的解放形势图（见《中外历史纲要（上）·历史地图册》，中国地图出版社，中华地图学社，2019年）

> 设计意图　通过教师讲述并结合图片史料、自主分析史料的方式得出新中国面临的复杂的国内外形势，发现此时中国共产党和中国人民面临的困难之大，巩固政权迫在眉睫；以《全国大陆的解放形势图》使学生了解大陆的解放进程，培养学生的时空观念；充分利用课本上的史料资源，感悟中国人民志愿军的英雄气概，培养学生的家国情怀。

三、扬帆远行——中国腾飞新起点

（一）社会主义基本制度的确立

1. 出示毛泽东关于中国现状的评价及中国与印度、美国的钢和电产量的比较，提问：当时中国经济存在什么问题？并以材料3讲述新中国发展重工业的理由。引出过渡时期总路线和一五计划的相关史实，利用地图讲述所获成就。

材料1：现在我们能造什么？能造桌子椅子，能造茶壶茶碗，能种粮食，还能磨成面粉，还能造纸，但是，一辆汽车、一架飞机、一辆坦克、一辆拖拉机都不能造。

——毛泽东：《关于中华人民共和国宪法草案》，1954年

材料2：

中国与印度、美国的钢和电产量的比较

	中国（1952年产量）	印度（1950年产量）	美国（1950年产量）
钢产量（人均）	2.37千克	4千克	538.3千克
发电量（人均）	2.76千瓦时	10.9千瓦时	2 949千瓦时

课程教材研究所、历史课程教材研究开发中心编著：《中国历史·八年级下》，2006年

材料3：工业化的速度首先决定于重工业的发展，因此我们必须以发展重工业为大规模建设的重点。……要求我们以有限的资金和建设力量，首先保证重工业和国防工业的基本建设，特别是确保那些对国家起决定作用的，能迅速增强国家工业基础与国防力量的主要工程的完成。

——《中国共产党中央关于编制一九五三年计划及五年建设计划纲要的指示》（1952年12月22日）

材料4：

中华人民共和国建立初期经济恢复与发展示意图（见《中外历史纲要（上）·历史地图册》，中国地图出版社，中华地图学社，2019年）

2. 讲授社会主义改造的相关内容。

3. 学生阅读课本第160页最后一段，完成下列表格，了解新中国政治制度体系，并总结中国这艘巨轮行驶在正确的航道之上。

时间	
会议	
成果	
性质	
原则	
意义	

（二）外交新面貌

1. 教师讲述米高扬访问西柏坡和司徒雷登离开中国的相关史实，引出新中国外交即将发生新变化；引导学生阅读"历史纵横"，以表格形式展示独立自主的和平外交政策的具体内容。

方针内容	含　义	意　义
"另起炉灶"	不承认国民党政府同各国建立的旧的外交关系	改变半殖民地地位 建立独立自主的外交

（续表）

方针内容	含　义	意　义
"打扫干净屋子再请客"	帝国主义在华特权必须取消，民族解放必须得到实现	巩固独立自主建立平等外交
"一边倒"	站在社会主义和世界和平民主阵营一边	维护独立自主在国际关系中不致孤立

2. 教师出示下图，提问：在1949至1953年间有了新的外交方针但为什么没有太多国家和我们建交？并引导学生以材料2进行解答。

材料1：

1949—2008年中国新增建交国家数

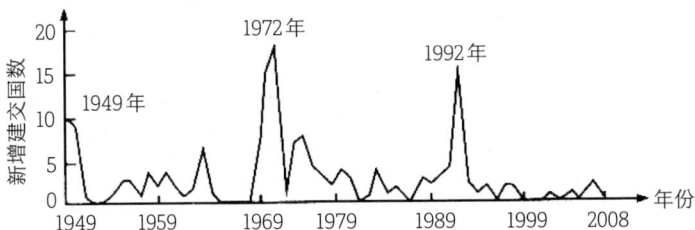

材料2：（中国）把许多第三世界国家看成革命国家，认为中国有义务支持这些国家的革命力量推翻其政府。这导致许多亚洲新独立的国家对新中国产生恐惧感。

——徐云峰：《中国当代政治实践的"和"理念》，北京：中央文献出版社，2010年

3. 讲述和平共处五项原则的相关史实，展示下列材料，感悟中国提出和平共处五项原则的原因；小组合作探究课本第159页的"学思之窗"，探讨和平共处五项原则带来了怎样的影响。

我们不会干涉你们的内政，不会在你们那儿宣传共产主义，也不会去推翻你们的政府，我们是讲友好的。你们采取什么制度、政策和宗

教，那是你们自己的事，我们不会也不应去干涉。我们一定在五项原则
的基础上支持你们，这对双方都有利。

　　　　——毛泽东：《亚非国家要团结起来，保证和平与独立》，1956年

4. 展示周恩来在亚非会议上的发言，讲述"求同存异"外交方针的相关
史实。再次出示上图，体会"求同存异"方针带来的影响。

　　　中国代表团是来求同而不是来立异的。在我们中间有无求同的基础
呢？有的。那就是亚非绝大多数国家和人民自近代以来都曾经受过，并
且现在仍在受着殖民主义所造成的灾难和痛苦。这是我们大家都承认
的。从解除殖民主义痛苦和灾难中找共同基础，我们就很容易互相了解
和尊重、互相同情和支持，而不是互相疑虑和恐惧、互相排斥和对立。

　　　　——周恩来：《在亚非会议全体会议上的补充发言》，1955年

设计意图　　在第一部分社会主义基本制度的确立之中，通过大量的史料
展示新中国恢复国民经济后的现实——重工业水平仍然落后，使学生理
解为何要制定过渡时期总路线和一五计划；在社会主义改造这一部分，
知识点较难理解，则通过教师的讲授来完成教学任务；在社会主义政治
制度方面，以学生自主学习为主。而在第二部分外交新面貌之中，使用
米高扬和司徒雷登的"一来一去"引起学生的学习兴趣，通过自主学习
和教师讲授的方式，让学生对新中国成立初期的外交形势有更为明确的
认识；详细讲授和平共处五项原则，利用课本材料得出影响；共同探究
求同存异的方针内涵。最终得出中国在外交方面的大国担当，展现家国
情怀。

环节3：课堂小结

　　新中国这艘巨轮，从1949年10月1日起航，无惧国内外对我们的
"攻击"与风浪，顺利解决了这些航行途中的问题，并且在航行中不断完
善自身，处理好和海域中的其他船只的关系，体现了我们的大国担当。
我们所获的成就离不开中国共产党的领导，中国这艘巨轮终于奔向了新
的未来。

设计意图 以教师回顾本课主要内容为主，依旧以巨轮串联起整节课，使学生体会新中国成立的巨大影响。

七、作业设计

设计1949—1956年新中国大事件时间轴。

设计意图 巩固本课所学的同时，以时间轴的形式培养学生的时空观念，加深对本课的理解。

八、板书设计

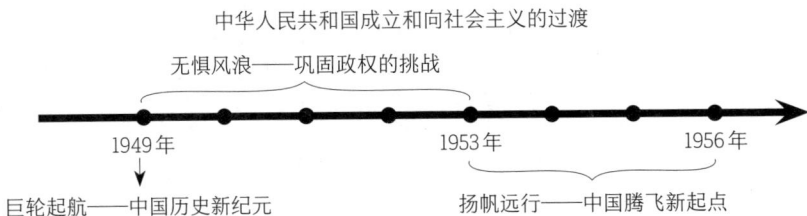

中华人民共和国成立和向社会主义的过渡

无惧风浪——巩固政权的挑战

1949年　　　　　　　1953年　　　　1956年

巨轮起航——中国历史新纪元　　　扬帆远行——中国腾飞新起点

九、教学反思

本节课通过"巨轮"的发展来串联整节课，能引起学生的兴趣。通过教师讲述、史料实证、多媒体教学辅助等教学手段完成教学，充分运用教材内容，但由于本节课的知识点众多，一些较为简单的内容处理以教师讲授为主，缺少了史料佐证的环节；而在最后一个环节之中又补充了较多知识点，在社会主义改造的讲解之中仍然可能出现学生难以理解的情况。因此要在之后的教学过程中有所取舍，紧紧围绕重难点；还要设计出更多学生感兴趣的环节，调动学习的积极性。

专家点评：本教学案例基于课程标准要求，关注到课文各子目之间的内在联系，意在揭示中国共产党带领中国人民完成中国历史上最伟大的历史变革过程，立意恰当；教学中注重各类史料，尤其是数据史料的运用以凸显"成就"，实证意识值得肯定；引导学生运用表格整理相关知识结构，以此了解新中国的政治制度体系，对教学难点的突破也有思考。本课课题为《中华人民共和国成立和向社会主义的过渡》，教学重心当落在"成立"与"过渡"的关系上，并以此凸显对于"社会主义"这一概念的认识，由此架构起从政治、军事、经济、外交等多个领域"认识新中国为民主政治建设和向社会主义过渡所做出的努力"，因此，教学的内容结构似有进一步厘清的空间。此外，关于新中国成立的伟大历史意义，也不一定要求学生去诠释国外史家的评论，综合审视当时国内外具有权威性报纸的相关评论，其意或也自明。（点评人：於以传，上海市历史特级教师）

案例2
摸着石头过河：有失也有得
——《社会主义建设在探索中曲折发展》教学设计

安庆师范大学　张倩文

一、教学设计思路

新中国成立后完成了三大改造，进入了全面建设社会主义时期。中共八大为这一时期的良好开端，分析了当时社会的主要矛盾以及正确的路线方针；"双百方针"和"关于正确处理人民内部的矛盾"的提出也是这一时期社会主义建设成功的探索。但社会主义建设总路线的提出以及"大跃进"和人民公社化运动，使得我国社会主义建设偏离了八大提出的正确路线；"文化大革命"的发生更使得社会主义建设的探索历程艰难曲折。

二、教学情况分析

1. 学情分析

在初中阶段对全面建设社会主义时期的学习过于浅显，仅仅对基本史实做了简要介绍，本节课内容又较为丰富与复杂；但学生对历史课程经过了一段时间的学习后，已经能初步阅读与分析史料，因此可采取图片与史料相结合的方式进行教学。

2. 课标分析

《普通高中历史课程标准（2017年版2020年修订）》要求了解20世纪50至70年代中国探索社会主义建设道路的曲折进展和伟大成就，认识"文化大革命"的错误与教训。基于这样的要求，在教学过程中重点突出这一时期建设社会主义的探索过程，使学生在掌握基本史实后感悟社会主义建设成就的来之不易。

3. 教材分析

　　本课分为"全面建设社会主义""文化大革命""伟大的建设成就"三部分，主要围绕社会主义建设的探索、曲折、成就三个方面展开。本课内容涉及史实繁杂，在教学过程中，要使学生理清这一时期探索的历程以及分析曲折背后的历史原因，并理解这一时期在中国社会主义发展史上的重要地位。

三、教学目标

　　通过学习本课，能够掌握20世纪50至70年代中国探索社会主义的重大成就及失误，并分析认识其各个阶段的历史地位。了解探索历程的艰难曲折、社会主义建设取得的伟大成就，加深对唯物史观的认识，提升用历史唯物主义和辩证唯物主义分析历史问题的能力。通过史料还原史实，了解历史发展过程，加深对历史的深入认知和理解，并感悟这一时期中国人民艰苦奋斗、奋发图强的时代精神，体会祖国强盛的来之不易，形成对祖国的高度认同感、归属感和责任感，树立道路自信、理论自信、制度自信和文化自信，增强爱国主义精神。

四、教学重难点

　　重点：中共八大的正确决策、"大跃进"和人民公社化运动。

　　难点：分析20世纪50至70年代中国在社会主义建设道路探索中取得的经验和教训。

五、教学资源与方法

　　教学资源：丰富的图片资源、史料资源。

　　教学方法：利用宣传画、报刊剪影等历史图片渲染情境，借助史料加深对课本知识的掌握与理解。

六、教学过程

环节1：导入

　　设置三幅"大跃进"时期的图片，引导同学们观察并得出图片内容都具有不切实际的共同点。

肥猪赛大象，就是鼻子短。
全社千一口，足够吃半年。

一个萝卜千斤重，
两头毛驴拉不动。

ZGM斤水稻

通过这一时期的图片引起同学们的兴趣，并且培养学生分析图片的能力，增强学生的历史解释能力。

环节2：讲授新课

一、全面建设社会主义

（一）成功探索

1. 中共八大

学习八大的内容，通过分析得出主要矛盾背后的实质是先进的社会主义制度与落后的社会生产力之间的矛盾。

设计意图 借助课本知识，培养学生的阅读分析能力，使其能够透过现象看本质，加深对唯物史观的认识，并培养学生利用唯物史观解决问题的能力。

"八大"的路线是正确的，提出的许多新的方针和设想是富于创造性的，它为新时期社会主义事业的发展和党的建设指明了方向。但是，由于实践的时间很短、理论上和思想上还不可能很成熟，许多新的观念和方针还不可能牢固地确立并取得共识，"八大"的正确路线未能坚持下去，中国的社会主义道路面临着曲折和新的探索。

——吴于廑、齐世荣：《世界现代史》，北京：高等教育出版社，2001年

借助材料提问：如何评价中共八大？

> **设计意图**　材料和问题结合，培养学生分析材料的能力，引导学生理解中共八大是社会主义全面建设时期的一个良好开端。

2."双百方针"

> 艺术上不同的形式和风格可以自由发展，科学上不同学派可以自由争论。
>
> ——毛泽东：《关于正确处理人民内部矛盾的问题》，北京：人民出版社，1966年

借助材料引出"百花齐放、百家争鸣"方针的提出并简要介绍其成果。

> **设计意图**　材料与课本知识结合，提高学生对课本的掌握程度，并拓展学生的知识面。

3.《关于正确处理人民内部矛盾的问题》

由毛泽东提出的将正确处理人民内部矛盾作为国家政治生活的主题，引出整风运动的情况及影响，进而引出反右派斗争，并由反右派斗争被严重扩大化得出良好的主观愿望造成了不幸的后果。

> **设计意图**　对此时期具体情况的介绍可使学生更容易进入历史情境，并且可很好地由成功探索过渡到探索失误。

（二）曲折探索

1.社会主义建设总路线

结合宣传画介绍社会主义建设总路线的具体内容并对其进行评价。

设计意图 利用宣传画渲染历史情境，加深学生对社会主义建设总路线的认识和理解。

2."大跃进"

以图片设问：大办钢铁的危害有哪些？如何对"大跃进"进行客观评价？

设计意图 加深学生对特定历史情境的认识，培养学生分析历史图片的能力，并使学生充分参与课堂。

3. 人民公社化运动

材料1：到1958年底，全国74万个农业合作社合并为2.6万个人民公社，99%的农户都参加了人民公社。

——赵娜娜：《"大跃进"时期河南省武陟县农村公共食堂研究》，上海师范大学博士学位论文，2019年

材料2：不但土地等生产资料公有，而且经济活动的若干环节也公有；一切财产统一核算，统一分配；大办公共食堂。

——赵娜娜：《"大跃进"时期河南省武陟县农村公共食堂研究》，上海师范大学博士学位论文，2019年

材料3：干不干，都吃饭，干不干，都吃一样饭。吃饭人多，出勤人少；装病人多，吃药人少；学懒人多，学勤人少；读书人多，劳动人少。

——周树立：《"大跃进"经济发展模式个案研究》，载《中州大学学报》，2001年04期

材料4：生产关系必须适应生产力的发展，既不能超越，也不能阻碍，否则就要受到惩罚。"人民公社化运动"就是违背了这一经济社会规律，急于从刚建立的社会主义生产关系和上层建筑基础上快速过渡到"共产主义"社会。

——马力、侯晓晶：《浅析人民公社化运动失败原因》，载《才智》，2011年04期

借助材料1和2提问：人民公社化运动的特点是什么？借助材料3提问：人民公社化运动带来了什么消极后果？借助材料4提问：如何客观评价人民公社化运动？

> **设计意图** 材料结合问题，以问题带知识点，环环相扣。培养学生结合史实与材料分析问题解决问题的能力。

二、"文化大革命"

（一）原因

毛泽东在1966年5月5日同阿尔巴尼亚党政代表团谈话时说："有的时候我也忧虑。说不想，不忧虑，那是假的。""我们是黄昏时候了，所以，现在趁着还有一口气的时候，整一整这些资产阶级复辟。"

——萧延中、曾子墨：《探索毛泽东晚年的生命焦虑》，载《史林》，2007年04期

借助材料提问："文化大革命"发生的原因是什么？

> **设计意图** 通过史料还原历史事实，加深学生对历史事件的认识，培养学生在历史情境中分析问题的能力。

（二）过程

将"文化大革命"的过程分为发动、夺权、抗争、林彪反革命集团的覆灭、全面调整、粉碎"四人帮"六个阶段，介绍相关史实。

设计意图　分阶段介绍"文化大革命"过程，使学生更容易掌握相关史实，并能了解历史发展过程。

（三）影响

引入图片，借助图片让学生归纳"文化大革命"导致的后果，并总结经验教训。

设计意图　提高学生的图片分析能力，并使学生意识到社会主义建设的探索历程艰难曲折，体会当前成就来之不易。

三、伟大的建设成就

我们现在赖以进行现代化建设的物质技术基础，很大一部分是这个期间建设起来的；全国经济文化建设等方面的骨干力量和他们的工作经验，大部分也是在这个期间培养和积累起来的。这是这个期间党的工作的主导方面。

——《关于建国以来党的若干历史问题的决议》

借助材料提问：这一时期的经济建设有着怎样的历史地位？

设计意图　通过分析材料，了解这一时期经济建设在历史上的重要性，形成对这一时期建设的总体认识。

将1956—1976年的主要成就和人物楷模按照地理位置呈现在中国地图上。借助图片引出历史知识，分析这一时期建设成就的历史意义。

设计意图　通过地图呈现，使学生更能直观感受这一时期的建设成就，并结合特定历史情境分析，使学生充分感受人物楷模的精神力量。

　　尽管我们的社会主义制度还是处于初级的阶段，但是毫无疑问，我国已经建立了社会主义制度，进入了社会主义社会，任何否认这个基本事实的观点都是错误的。我们在社会主义条件下取得了旧中国根本不可能达到的成就，初步地但又有力地显示了社会主义制度的优越性。

——《关于建国以来党的若干历史问题的决议》

　　借助材料总结我国在探索适合中国国情的社会主义道路过程中取得重要的经济成果，并分析得出社会主义制度具有优越性。

> **设计意图** 通过反复运用材料并呈现新材料，让学生在尽可能占有史料的基础上，提出更完整的历史解释。

环节 3：课堂小结

　　提问：依据本课学习内容，说说你对建设社会主义道路的认识与感悟。

> **设计意图** 借助开放式问题总结，培养学生发散思维。

七、作业设计

结合本节课的内容，写一篇关于对社会主义建设的认识的小作文。

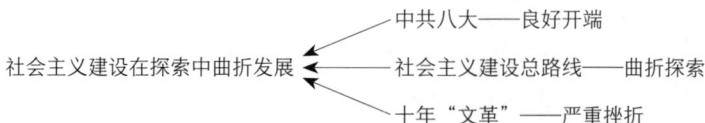

　　　　　　　　　　　　　　　　中共八大——良好开端
社会主义建设在探索中曲折发展 ◄—— 社会主义建设总路线——曲折探索
　　　　　　　　　　　　　　　　十年"文革"——严重挫折

八、板书设计

设计意图　提炼社会主义建设的几个重要事件并简要概括其历史地位，使学生能够掌握本节课的整体脉络。

九、教学反思

本次教学实践带给我的收获与感悟很多，我体会到了在教学设计时要严谨与规范，在课堂教学中要注重学生的主体地位，并且了解到丰富知识储备对历史教学的重要意义，这让我意识到在今后的学习中要更加重视对自身素养的提高。此次教学过程中也有很多需要改进的地方，比如知识之间的衔接不够自然，因此要不断学习优秀教学实例的衔接过渡方法；比如与学生的互动比较生硬，在以后的教学实践中要注重对学生的启发引导。通过这次竞赛我学到了很多东西，今后也要积极学习探索，不断提升自身能力与素养。

专家点评：本教学案例从"教学设计思路"和"板书设计"看，似乎仅是聚焦于本课前两子目的教学；但从"教学目标"和"教学过程"看，似乎又是覆盖整课的内容，这是两种不同的教学思路。如果立足于一堂课完成这篇课文所有内容的教学，则本课的基本线索为"探索"的"曲折发展"，重心似应放在第三子目"建设成就"上，即以相对具体翔实的史料——包括数据、实例、主要人物的典型事迹等——展现这一时期中国人民艰苦奋斗、奋发图强的精神面貌，以此引导学生"理解政治、经济、外交、国防等领域所取得的成就在新中国历史上所具有的开创性、奠基性意义"，从而达成课程标准所提出的教学要求。同样，在这一过程中，学科核心素养的各项要求也就有了达成的依托。（点评人：於以传，上海市历史特级教师）

案例3
筚路维艰，拔丁抽楔
——《社会主义建设在探索中曲折发展》教学设计

杭州师范大学　徐樱姿

一、教学设计思路

中国社会主义建设道路的探索是一个拔丁抽楔的过程，其间经历了严重的曲折。但从总体上看，中国迈入社会主义建设的前20年仍取得了瞩目的成就，而探索中的经验教训和人民群众所体现出的艰苦奋斗的精神也为新时期中国特色社会主义道路的开创提供了宝贵的财富。

二、教学情况分析

1. 学情分析

学生在初中阶段已经了解中国在20世纪50至70年代发生的主要历史事件以及取得的相关建设成就。进入高中后，学生的思维能力得到进一步发展，有利于辩证地看待历史问题。但其学习积累不够系统，历史核心素养有待提高。另外本课知识点体量大，学生可能有畏难心理，需要教师引导学生形成整体脉络，突破重难点。

2. 课标分析

本课课标是在初中基本史实学习的基础上，进一步要求高中生认识"文化大革命"的错误及教训，理解伟大成就的开创性、奠基性意义，体现对历史解释能力的要求；而了解和感悟这一时期中国人民的精神面貌，则强调了对于学生家国情怀这一核心素养的培养。

3. 教材分析

本课体量大、时间跨度长。前两个子目勾勒出我国1956—1976年的历史进程，叙述了第一代党中央领导集体领导全国人民探索中国社会主义道路的不懈努力及遭遇的困难和挫折。第三个子目以专题方式集中介绍了20年间各方面的建设成就以及当时的英雄模范，展现出当时中国人民艰苦奋斗、奋发图强的精神风貌。

三、教学目标

梳理20世纪50年代至70年代中国社会主义建设过程中具有开创性和奠基性的伟大成就，在史料研读中感受人民群众的建设热情，体悟其对于历史创造的重要性；溯源各个领域成就的发明者或奠基人，了解先进典型和英雄模范的事例，感悟时代精神，树立对国家、民族的历史责任感和使命感；分析"左"倾思想影响，深入理解社会主义探索时期发展的曲折，通过对比同一时间的中日发展差异，深入认识"文化大革命"的错误；并通过总结20年建设过程中的经验教训，从唯物史观视角对于20世纪50至70年代中国社会主义建设道路的探索做出客观评价。

四、教学重难点

重点：20世纪50至70年代中国探索社会主义建设道路的曲折进展和伟大成就。

难点："文化大革命"的性质。

五、教学资源与方法

教学资源：多媒体（PPT）、黑板、粉笔。

教学方法：讲述法、直观图示法、比较分析法、史料分析法、归纳法。

六、教学过程

环节1：导入

愿你把自己美丽的青春毫无犹豫地献给伟大祖国的社会主义建设。

其元同学勉。

——王宝国，1955 年 7 月 4 日

（展于浙江省档案馆，温州垦荒队员笔记）

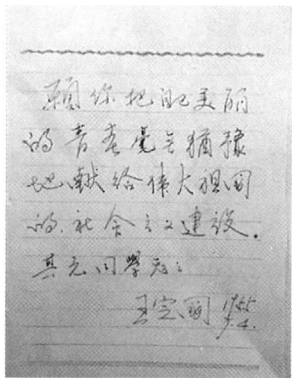

教师：1956 年我国基本完成对生产资料私有制的社会主义改造。彼时举国上下对于社会主义事业的建设充满了斗志和信心，在 1956 年登上大陈岛的首批 227 名青年志愿垦荒队员，平均年龄不满 20 岁，最小的只有 14 岁。然而，20世纪 50 至 70 年代的社会主义建设的探索可以满足人们的期望吗？中国共产党和社会各阶层人民又在其中发挥了怎样的作用呢？让我们一起走进今天的学习，来了解这位志愿者为之奉献青春的社会主义建设。

设计意图　通过乡土材料的导入，拉近课程内容与学生的距离，同时让学生感悟垦荒青年们奋斗的精神，认识到社会主义建设初期举国上下动员发展经济的时代背景。

环节 2：讲授新课

第一幕　良好开端：中共八大的召开

> 我们这次大会的任务是：总结从七次大会以来的经验，团结全党，团结国内外一切可能团结的力量，为了建设一个伟大的社会主义的中国而奋斗。
>
> ——本书编委会编：《中华人民共和国国史全鉴　第 2 卷　1954—1959》，北京：团结出版社，1996 年

提问：结合教材第 163 页 "史料阅读" 中的内容思考，其与材料中的发言有着怎样的联系？结合课本回答，为了完成材料中所提出来的任务，大会讨论了哪些内容？

教师：请大家阅读教材第 163 页 "学思之窗" 内容。

提问：毛主席为什么会在这个时候强调团结的问题呢？

要点：借鉴苏联和东欧各国在社会主义建设中的经验教训，考虑我国1956年前后出现的少数人"闹事"问题，得出结论——能否正确处理人民内部矛盾问题，是能否实现团结的重要保证。

> **设计意图**　用照片构建历史场景，加深学生记忆，引出中共八大召开的背景；利用教科书上的"史料阅读"板块与课外史料的结合，体现出毛泽东思想的引领作用，同时引出对中共八大会议内容的讲解；利用到了课本中的"学思之窗"板块，提升学生历史解释的能力。

过渡：党中央发起了整风运动和反右派斗争解决了政治上的问题后，对于生产建设又提出了怎样的方针路线呢？

第二幕　中道遇阻："左"倾思想的影响

我们应该利用整风运动的伟大成就和第一个五年计划的胜利完成以及其他一切有利条件，调动一切积极的因素，根据勤俭建国的方针，又多又快又好又省地进行各项建设工作……

——《乘风破浪》，载《人民日报》，1958年1月1日，第1版

提问：这则材料交代了一个怎样的时代背景？大家看"又多又快又好又省"这个词，是一种什么感觉？大家觉得这可能实现吗？

1958年普陀县里的一则快板：

工农商学兵，速成一条心，

海水变黄金，协作有干劲，

男捕万担鱼，女种双万薯，

粮食堆成山，幸福乐无穷。

——金骏：《浙江普陀县东海人民公社的新气象》，载《中国水产》，

1958年第12期

提问：这则快板中表达了创作者怎样的情感？大家认为语句里所描绘的美好景象会一直持续下去吗？

活动：情境创设

提问：小赵和小钱看到小孙的情况，心里会怎么想呢，他们又会怎么做呢？

设计意图　让学生阅读史料，自主挖掘关键信息，了解社会主义建设总路线提出的社会背景。通过情景设置，学生换位思考，可以更加深刻地了解总路线忽视客观经济规律的弊端。

第三幕　迷而知返：国民经济的调整

9月底，全国82个大中城市的粮食库存比上年同期减少近一半，不到正常库存量的1/3。

——《中国共产党历史》（第二卷）上册，北京：中共党史出版社，2011年

教师：这则数据告诉了今天的我们1960年的艰难局面。这是由哪些原因造成的呢？

过渡：领导人们又是如何应对困难局面的呢？

出示课本图片：七千人大会期间，毛泽东、刘少奇、周恩来、朱德、陈云、邓小平在一起。

提问：画中的人物为何而来？

追问：在1960年至1964年期间，作为国家领导人，他们还可能出现在哪些重要会议之中？这些会议的目的是什么？有着怎样的意义？

（教师讲述有关国民经济调整的知识点）

设计意图　让学生了解经济困难，包括其形成的多种原因以及它造成的破坏；通过一连串的问题引领学生了解国民经济调整期间的重要会议，从而落实知识点。

• 课堂小结：

中共八大是中国社会主义建设道路的良好开端，但社会主义建设的探索过程也是一场与"左"倾错误作斗争的过程。

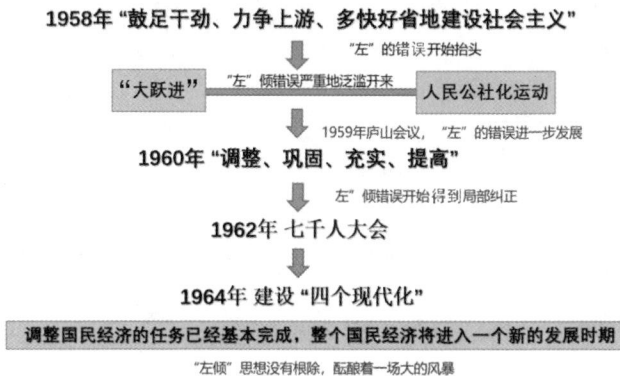

1958年"鼓足干劲、力争上游、多快好省地建设社会主义"

"左"的错误开始抬头

"大跃进" — "左"倾错误严重地泛滥开来 — **人民公社化运动**

1959年庐山会议，"左"的错误进一步发展

1960年"调整、巩固、充实、提高"

"左"倾错误开始得到局部纠正

1962年 七千人大会

1964年 建设"四个现代化"

调整国民经济的任务已经基本完成，整个国民经济将进入一个新的发展时期

"左倾"思想没有根除，酝酿着一场大的风暴

设计意图　展现"左"倾错误对于中国社会主义建设的阻碍，通过梳理，将其具体落实到历史事件上，使学生对其演变的脉络更加清楚。同时也为讲解"文化大革命"的爆发，做好铺垫。

第四幕　风雨飘摇："文化大革命"

【学生活动】

以时间轴的形式，整理出"文化大革命"从爆发到结束的过程。要求在设计的过程中清晰体现"正确"与"错误"的斗争，并在时间轴上标明每个斗争阶段的结果。

> **设计意图**　让学生掌握利用时间轴学习历史的方法；通过对"文革"时期斗争的了解，扩展历史学习的视野，了解"文化大革命"造成的破坏，从而更好地理解它的性质。

过渡："文革"时期的社会经济建设是否真的完全停滞了呢？

第五幕　栉风沐雨：伟大的建设成就

【学生活动】结合课本填写表格

领　域		时　间	建设成就	作用和意义
工　业	"一五"到"四五"建设计划			
	三线建设			
国防科技	两弹一星			
农　业				
教育、医疗等				

（教师点明取得这些成就的具体时间，学生找出哪些是在"文革"期间取得的。）

提问：在上述的成就之中，大家所了解的为此做出了巨大贡献的人物有哪些呢？

【学生活动】

提问：小组讨论，这些人物身上有哪些精神品质？挑选任意人物进行评价。

（小组代表发言后，教师讲授评价人物的方法。）

过渡：上述表格的成就中是否还遗漏了某个方面的内容？

1954年3月29日，杜勒斯在纽约美国海外记者俱乐部发表的演说中表示，美国不承认新中国的立场"是冷静的、合理的"，诬陷中共"缺少真正的和平诚意"，所以美国反对恢复它的联合国合法席位。

——张宏毅等著：《意识形态与美国对苏联和中国的政策》，北京：人民出版社，2011年

尼克松在1970年对外政策报告中提到："中国是一个伟大的生气勃物的民族，不应该继续孤立在国际大家庭之外，从长远来说，如果没有这个拥有七亿多人民的国家的力量，要建立稳定和持久的国际秩序是不

可设想的。"

　　——摘编自李长久主编：《中美关系二百年》，北京：新华出版社，
1984年

　　提问：结合20世纪70年代的国际形势，美国对华态度转变的主要原因
是什么？中美关系转变之后中国的外交事业发生了怎样的变化？

> **设计意图**　伟大建设成就的知识点比较细碎，记忆难度大，给出框架令
> 学生自主梳理，可以加深印象；串联两个子目，加深学生对于"文革"的
> 全面了解；小组探究有利于发挥学生的主观能动性，引导学生体悟当时
> 的时代精神；培养学生史料实证的素养，让学生了解唯物史观下评价历
> 史人物的方法。

● 课堂小结

　　"文化大革命"　　（一）发动背景
　　（1966—1976年）　（二）"文化大革命"的全面发动与抗争（1966—1969年）
　　　　　　　　　　　（三）"文革"中后期的发展与结束（1969—1976年）
　　　　　　　　　　　（四）"文化大革命"的性质

　　伟大的建设成就　　（一）社会主义建设成就
　　（1949—1976年）　（二）打开外交新局面（20世纪70年代）
　　　　　　　　　　　（三）历史意义

> **设计意图**　将两个子目放在一起进行小结，意在体现出社会主义建设探
> 索的生生不息和顽强斗志，虽然经历了十年"文革"的挫折，但是中国
> 社会主义建设道路的探索并没有停止。

环节3：课程总结

　　教师：探索中国社会主义建设道路的初期，人民群众在中国共产党的带
领下在攻坚克难的道路上一往无前。然而，如果把1958年后的新中国比作
一趟长途列车，那么就可以发现车厢里的货物逐渐超载，前进的齿轮愈发超

速，列车失控偏离了轨道。而后，车长陷入了迷茫，乘客们也躁动不安。但这辆列车仍旧磕磕绊绊地向前行进着，因为那些来自不同领域，但都对于目的地充满向往的乘客们站了出来，为将列车拖回正轨而不懈努力，为这趟列车的长久运行做出了开创性的贡献；车长也从脱轨的教训中吸取了经验，重新调整了前进方向，朝着目的地行驶。虽然到达的时间延迟了，但是这趟列车的终点再也不会变了……

七、作业设计

（1）结合有关史实绘制出1957—1978年中国工业的发展趋势图，并说明图中每个阶段呈现上升/下降的原因。同时预习下节课，对1978年后的发展趋势做出大体预测。

（2）阅读教材第164页"史料阅读"和第167页"学思之窗"的内容，并结合今天所学习的评价人物的方法，来评价毛泽东在社会主义建设道路上发挥的作用。

八、板书设计

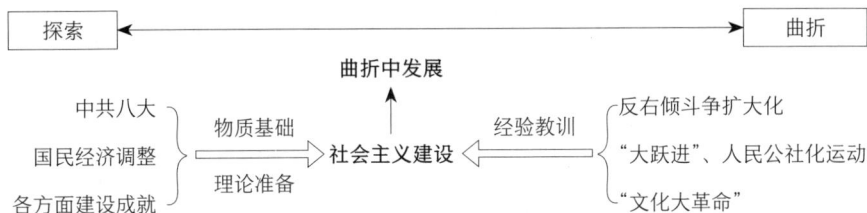

探索 ←————————————————————————→ 曲折

曲折中发展

中共八大　　物质基础　　　　　　　　　经验教训　　反右倾斗争扩大化
国民经济调整　　　　社会主义建设　　　　　　　　"大跃进"、人民公社化运动
各方面建设成就　理论准备　　　　　　　　　　　"文化大革命"

设计意图　使学生能直观地了解课程重点内容并把握到本课立意。

九、教学反思

本次备赛的过程加深了我对于课程思政教育的了解，同时也在很大程度上锻炼了我的教学能力。初版的教学设计使用了大量的史料拓展和学生自主活动，其优势在于增加了课堂内容的丰富性，使得学生在史料分析中对于事件发展的前因后果有更深刻的理解；但是长篇史料和众多活动环节也导致课程较为冗长，既造成了教学时间上的超时，也增加了学生在课程中的阅读负担并忽视了教学重点。由此，赛后在初版教学设计的基础上进行了大幅度削减，根据课标要求和教学反馈对于部分教学内容进行了着重突出。

　　专家点评：本教学案例从本课内容各目之间的联系入手确定教学立意，教学目标和教学重点的确立均较为恰当，板书设计意在呈现对本课内容的结构化把握，教学的整体认识到位；教学设计中关注乡土资源的运用，重视情境创设和比喻方式的运用以拉近历史与现实的距离，运用表格引导学生提炼知识结构，教学方式上的思考也多有亮点。从教学过程看，似乎存在着"力量使用不均"的问题，第五幕的"建设成就"是重点，但相对的"非重点"占了四幕；"建设成就"中包括数据、实例、主要人物的典型事迹等素材，几乎全部交给学生完成，本也无可厚非，但教师如何引导学生认识"这一时期中国人民艰苦奋斗、奋发图强的精神面貌""理解政治、经济、外交、国防等领域所取得的成就在新中国历史上所具有的开创性、奠基性意义"，似也应该做足文章。（点评人：於以传，上海市历史特级教师）

案例4
不忘来路，砥砺前行
——《社会主义建设在探索中曲折发展》教学设计

江苏师范大学　陈昱君

一、教学设计思路

　　1956年社会主义基本制度已经在中国建立起来，如何探索社会主义建设道路，成为全党以及全国人民思考的重要议题。但探索并非是一帆风顺的，既有曲折又有伟大成就，这一阶段的曲折为社会主义建设发展提供了警示，取得的伟大成就则为开创中国特色社会主义道路奠定了基础。

二、教学情况分析

1. 学情分析

　　高中阶段学生的认知水平正处于"经验性"向"逻辑性"转化的关键期，因此本课的教学设计侧重于引导学生主动思考，培养学生的思辨能力和爱国情怀。高中学生正处于三观形成的关键时期，客观理性地学习社会主义建设时期的历史，对于青少年树立正确的历史观具有不可或缺的意义。

2. 课标分析

　　本课课标要求了解20世纪50至70年代社会主义建设道路的曲折与成就，总结社会主义发展道路上的经验教训，体会这一时期中国人民为探索适合中国发展道路进行的不竭努力以及中国共产党在中国发展历程中起到的关键作用。

3. 教材分析

　　"探索社会主义建设的道路"是本课的主线，探索虽然历经波折，却依然取得了辉煌的成就，本课展示了中国人民不屈不挠的探索精神，以及中国共产党在探索道路过程中的关键作用。

三、教学目标

学习社会主义建设的发展历程，总结探索过程中的不足和经验，客观看待历史发展中的错误尝试；在大单元视域下了解中国社会主义建设发展的重要性，理解在探索过程中所取得成就的重要意义以及中国共产党在其中发挥的不可或缺的作用；通过了解展示古今时代楷模的事例，体会中国人民不屈不挠和坚持不懈的品格，理解人民群众对于历史发展的重要意义。

四、教学重难点

重点：社会主义建设的成功探索和伟大成就。

难点：探究社会主义建设的失误原因以及经验教训。

五、教学资源与方法

高一的学生思维较为活跃，主要利用相关视频资料和历史材料进行问题激发，并以自主探究的方法来引导学生，从而有利于整合基础知识，将知识要点化、问题层次化，提高课堂的有效性；通过呈现相关的历史材料和视频资料，教师引导使学生带着问题进入历史情境，进行合作参与问题探究，培养学生主动获取知识的兴趣和思考问题的能力。

六、教学过程

环节1：导入

通过《我和我的祖国》电影的"相遇"片段展示，创设历史情境，由此引出社会主义建设阶段的探索。

同学们，1949年新中国成立百废待兴，而在党的领导下短短20年就成功研制了原子弹和氢弹，为新中国的国防打下了坚实的基础。通过视频不难发现，能在如此艰难的环境下将原子弹研制成功，这离不开无数中国人民的默默努力，这也是全面建设社会主义时期中国人民奋斗的小小缩影。

但在探索社会主义建设的道路中，并非一帆风顺，今天就让我们一起来了解这段历史。请同学们阅读教材，找出时间轴上20世纪50年代至70年代探索的成功与失误的关键事件。

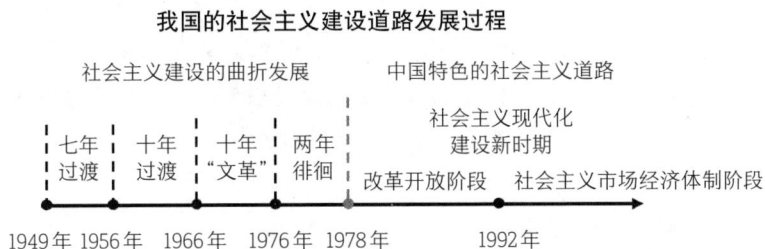

我国的社会主义建设道路发展过程

社会主义建设的曲折发展　　中国特色的社会主义道路

社会主义现代化
建设新时期

| 七年过渡 | 十年过渡 | 十年"文革" | 两年徘徊 | 改革开放阶段 | 社会主义市场经济体制阶段 |

1949年　1956年　1966年　1976年　1978年　　1992年

设计意图　重现原子弹研发的情境，引发学生思考，面对艰苦的环境中国为何在科技上依然取得了如此大的成就，从而培养学生的学习兴趣；梳理时间线索，培养时空观念，培养学生利用时间轴梳理历史事件的能力，加深对历史变迁的理解。

环节2：讲授新课

一、全面建设　艰难探索

同学们，在1956年，三大改造即将完成，社会主义制度在我国即将确立，工业等各方面相较新中国刚成立时期得到较大发展，如何更好地展开全面建设进行下一步的探索至关重要。在此关键之际，中国共产党召开了一场重要的会议，这是哪一场会议呢？它对中国探索社会主义全面建设起到了怎样的作用？

请学生初读教材，找出中共八大对于我国主要矛盾、主要任务的分析，理解八大为中国的建设发展道路指明了方向。请学生再读教材，通过毛泽东《关于正确处理人民内部矛盾的问题》和《论十大关系》等相关历史材料的呈现，使学生理解在社会主义建设的开端，探索的方向符合我国当时国情。

但是在屡次成功探索的经验和对未来生活的巨大期望的双重驱使下，"左"的情绪在党内外悄然滋生，影响了接下来的发展道路，1958年党中央提出了社会主义建设总路线，即"鼓足干劲、力争上游、多快好省地建设社会主义"，这个总路线忽视了客观规律，最终造成了巨大的经济损失。

展示"大跃进"和人民公社化运动的相关漫画，结合1957—1961年全国主要农产品的产量的数据表格，分析"大跃进"和人民公社化运动的消极影响，理解社会主义建设总路线脱离了经济发展水平。

> **设计意图**　通过相关史料的呈现，培养学生解读问题和概括信息的能力，进行历史思维训练。同时从唯物史观角度理解，引导学生理解生产力与生产关系之间的辩证关系，培养历史核心素养。

二、"文革"时期　曲折发展

面对三年的经济困难，尽管进行了短暂的调整，但"左"倾的错误却在接下来愈演愈烈，1966年中国进入了"文化大革命"时期。结合教材，通过时间轴的方式让学生梳理这十年间的曲折发展，同时出示相关的历史材料，同学讨论并结合材料进行探究，概括出建设社会主义道路曲折进展的经验教训。

> **设计意图**　通过时间轴梳理事件发生的经过，培养学生梳理历史事件的方法；通过"文革"相关材料的呈现，培养学生提取信息和客观看待历史的能力。

三、艰苦奋斗　伟大成就

一百多年来，中国人民为了找到一条适合自己的道路，一批批仁人志士不断探索，而党在探索中国社会主义建设的道路上也是历经曲折，但在无数中国人民的共同努力之下，终于取得了伟大的成就。"红旗渠"的建造就是这一时期伟大成就的小小缩影，反映了中国人民艰苦奋斗、不屈不挠的决心与意志。

请学生观看红旗渠建设的相关视频介绍，体悟中国人民的精神和意志。通过表格呈现50年代至70年代在不同领域取得的伟大成就，请同学思考：为什么在经历严重曲折的探索历程中，我国还能取得如此伟大的成就呢？这些成就一定离不开默默付出的每一位中国人。教师展示王进喜、焦裕禄、雷锋的图片，重点选取科学家王承书的事例进行介绍。

王承书主要从事高浓铀的研制，这是原子弹的重要燃料保证，为中国第一颗原子弹的成功爆破做出贡献。她年近半百，多次改行，一次次从零开始，为国家隐姓埋名30多年，用三次"我愿意"肩负起祖国的重担，为祖国奉献了自己宝贵的一生。王承书不仅是在社会主义建设的浪潮中涌现出来的先进典型，更是无数中国科学家和人民群众的缩影。

> **设计意图** 通过视频让学生感悟"红旗渠"的艰苦历史，以及林县无数人民共同努力才有此结晶，理解人民在历史发展中的决定性作用。对真实事例进行学习，从默默无闻的林县人民到各领域的科学家，一方面贴合时政和生活，感悟时代精神；另一方面培养家国情怀和时代责任。

通过相关史料呈现，分小组进行探究，引导学生思考：取得如此伟大成就的原因都有哪些呢？中国共产党的正确领导；广大人民自力更生、艰苦奋斗的伟大精神；科学家和典型英雄人物的无私奉献；等等。这些伟大的成就又为中国的发展打下了怎样的基础呢？

> 社会主义革命已经使我国大大缩短了同发达资本主义国家在经济发展方面的差距。我们尽管犯过一些错误，但我们还是在三十年间取得了旧中国几百年、几千年所没有取得过的进步。
>
> ——邓小平：《邓小平文选》，北京：人民出版社，1983年

从1956年社会主义制度的基本确立到1976年"十年文革"的结束，是中国全面建设社会主义的时期，虽然经历曲折，但在各方面都取得了巨大成就，在新中国的历史上具有开创性、奠基性的意义，并为新的历史时期开创中国特色社会主义道路提供了物质基础、宝贵经验和理论准备。

> **设计意图** 从方法上培养学生的合作探究意识，让学生享受自主学习的乐趣，有利于提升实事求是的精神和探索历史问题的能力。从态度上更深层次地感悟在党和国家的领导下，中国人民不屈不挠、艰苦奋斗的精神是取得伟大成就的关键原因。

四、课后思考

结合共和国勋章获得者屠呦呦、袁隆平、钟南山等的相关事例介绍，以及本节课所学知识，请同学思考在和平时代我们应该如何实现中国梦。

> **设计意图** 联系实际，培养学生的家国情怀，感悟党的领导作用，先进典型人物无私奉献的精神，进行爱国主义熏陶。

环节3：课堂小结

> 一切向前走，都不能忘记走过的路；走得再远、走到再光辉的未来，也不能忘记走过的过去。
>
> ——习近平：《论中国共产党历史》，北京：中央文献出版社，2021年

在中国全面建设社会主义的探索过程中，走过的任何道路我们都不曾忘记，虽然经历了曲折，但中国人民在建设新中国过程中表现出来的艰苦奋斗、奋发图强的精神，依然在每个中国人的心中熠熠生辉，鼓舞我们在未来的道路上不断前行！

七、作业设计

图为1956年的一幅漫画《两把尺》。（画中字："奶奶的尺——量布做新衣。阿姨的尺——测量祖国，建设社会主义。"）请表述漫画反映的内容并阐述原因。

八、板书设计

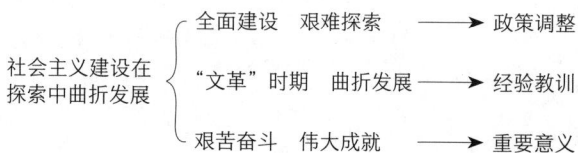

社会主义建设在探索中曲折发展
- 全面建设　艰难探索 ——→ 政策调整
- "文革"时期　曲折发展 ——→ 经验教训
- 艰苦奋斗　伟大成就 ——→ 重要意义

九、教学反思

通过本次比赛我更加深入地理解了历史核心素养在教学实践中的渗透和应用，在教学设计的过程中，材料的搜集和选择上要尽可能贴合历史发展的真实性和社会发展的时代性；在教学目标上，不仅要培养学生客观理性看待历史的能力，而且要提升学生的历史认知和家国情怀，培养正确的历史观。

专家点评：本教学案例立足单元视角整体把握全课内容的意识，凸显了社会主义探索道路中"曲折"与"成就"的内在关系，立意清晰，主旨明确；针对"建设成就"的教学设计，拿实例与主要人物的典型事迹"说事"，重点突出，方法恰当。全课教学将这一时期的探索精神定位为"不屈不挠和坚持不懈"，似与课程标准所要求的"艰苦奋斗、奋发图强"略有距离，而对于建设成就"开创性、奠基性意义"的揭示，似也有进一步强化的空间。此外，教学目标的设定如何凸显、细化学科核心素养中关键能力的培养，当可着力更多。（点评人：於以传，上海市历史特级教师）

案例5
道路曲折向光明
——《社会主义建设在探索中曲折发展》教学设计

苏州大学　周子仪

一、教学设计思路

本节课立足于"立德树人"的教育目标，旨在通过文献研读与史料探究，将爱国主义教育融入历史教学。学生在掌握中国共产党推进建设新中国的实践的同时，能坚定认可中国特色社会主义道路。

二、教学情况分析

1. 学情分析

相较于初中学生而言，高中阶段的学生已经具有了一定的历史知识储备。他们思维活跃，有独立思考的能力，但尚未掌握辩证分析问题的方法，看待历史的角度较为单一，理解政治史问题有一定的困难。

通过前阶段的学习，学生已经掌握了新中国成立与社会主义制度基本建立的相关史实，并对这一时期中国政治、经济、文化等各个领域的基本情况有所了解。不过，学生尚未掌握客观评价历史人物与历史事件的方法，难以多角度分析某一事物的性质或影响。

2. 课标分析

课程标准体现了历史学科核心素养的多方面要求。学生不仅要能够从客观事实上把握20世纪50年代至70年代的历史发展脉络，更要能够通过历史解释，理解和感受各历史事件背后的深刻内涵以及相互的联系。课程标准也要求学生能够掌握唯物辩证法，用历史的思维去评判历史人物与历史事件，并从中感悟中国人民奋发图强的精神风貌。

3. 教材分析

本课是第九单元第二课。新中国在曲折探索中积累了社会主义建设的重要经验，发展了社会主义的经济、政治和文化，取得了举世瞩目的成就。本课内容丰富，时间跨度大，上承新中国成立，下启改革开放，是共和国探索正确的发展道路与前进方向的关键时期，既是第九单元内容的重要组成部分，又是新中国史的重要组成部分。

三、教学目标

通过分析文字、漫画、图表等形成对历史客观、正确的认识；把握1956至1976年中国历史发展的脉络，了解这一时期我国社会主义建设探索过程中的挫折与成就；认识到我国的社会主义建设不是一帆风顺的，学会运用辩证的眼光看待历史、评价历史人物，进而了解历史发展的客观规律；感悟这一历史时期中国人民艰苦奋斗的时代精神，认同中国社会主义道路，树立文化自信以及制度自信，形成为祖国建设而奋斗的共识。

四、教学重难点

重点：中国探索社会主义建设道路的曲折历程。

难点：20世纪50至70年代取得的成就在新中国历史上所具有的开创性、奠基性意义。

五、教学资源与方法

教学资源：图片、视频、音频。

教学方法：讲授法、任务驱动法、讨论法。

六、教学过程

环节1：导入

播放歌曲《社会主义好》导入新课。

设计意图　利用歌曲导入，激发学生课堂学习兴趣。

环节2：讲授新课

教师提问：根据课本内容说一说，中共八大对社会的主要矛盾作出了怎样的判断？提出党和人民的主要任务是什么？

> **设计意图**　引发学生思考，强化学生对中共八大的理解，培养学生从书本中提取信息的能力。

展示整风和反右派斗争的材料。

教师提问：1957年，全党整风运动和全国反右派斗争开展起来，然而，运动良好的初衷却并没有带来理想的效果，请同学们阅读材料，说一说文章作者是如何看待整风反右运动的。

> **设计意图**　培养学生阅读史料并进行历史解释的能力。

展示相关图片、漫画，讲述"大跃进"和人民公社化运动，引导学生体会两者的性质和影响。

教师讲授：1958年5月，在中共八大二次会议上，通过了"鼓足干劲，力争上游，多快好省地建设社会主义"的总路线。在这一路线引领下，"大跃进"和人民公社化运动开始了。"大跃进"和人民公社化运动脱离了国家实际，片面地要求发展生产，造成了严重的后果。总路线反映了广大人民迫切要求改变我国经济文化落后状况的普遍愿望，但是忽视了客观的经济规律，加上对社会主义建设经验不足，以及当时的自然灾害等因素，1959年至1961年，我国经济出现了严重困难。为了克服困难，中共中央对国民经济实行"调整、巩固、充实、提高"的方针，起到了一定的效果。

> **设计意图**　借助漫画与图片介绍"大跃进"与人民公社运动，调动学生的学习积极性，也便于学生理解。同时，教师讲授20世纪60年代初国家对国民经济进行的各项调整。

展示时间轴，请学生进行小组合作，根据课本内容完善"文化大革命"

相关事件。

时　　间	事　件
1966 年春夏	
1967 年初	
1969 年 4 月	
1970—1971 年	
1972 年和 1975 年	
1976 年 9 月	
1976 年 10 月	

设计意图　通过表格梳理，锻炼学生搜索并归纳信息的能力，培养团队意识与协作能力。

展示材料：

　　我国国民经济虽然遭到巨大损失，仍然取得了进展。粮食生产保持了比较稳定的增长。工业交通、基本建设和科学技术方面取得了一批重要成就，其中包括一些新铁路和南京长江大桥的建成，一些技术先进的大型企业的投产，氢弹试验和人造卫星发射回收的成功，籼型杂交水稻的育成和推广，等等。在国家动乱的情况下，人民解放军仍然英勇地保卫着祖国的安全。对外工作也打开了新的局面。

　　　　　　　　　　——《关于建国以来党的若干历史问题的决议》

　　教师讲授："文化大革命"期间，党和人民群众的抵制和抗争在一定程度上使破坏受到了限制，也有着许多伟大的成就需要我们铭记。当然，如果没有"文化大革命"，社会主义建设事业会取得更大的成就。下面就让我们一起来具体地看一看新中国的社会主义探索取得了哪些伟大成就。

> **设计意图** 承上启下，从另一个角度认识"文化大革命"这一特殊历史时期。

利用文字和图片展示这一时期新中国在工业、国防科技、农业、教育医疗和外交方面的多项成就。

> **设计意图** 丰富课堂内容，提升教学的趣味性，使学生掌握基本的历史事实。

教师总结：这些成就在新中国历史上都具有开创性、奠基性的意义，为新的历史时期开创中国特色社会主义道路提供了物质基础、宝贵经验和理论准备。试想，如果没有完整的工业体系，今天的我们在贸易战中是不是会受到更多的制约？如果没有原子弹、氢弹等国之重器，我们的国家安全还能不能得到保障？如果没有杂交水稻，十四亿人口大国会有多少人挨饿？这二十多年的伟大成就，奠定了中国腾飞的基础。

> **设计意图** 讲述20世纪50年代至70年代的成就在新中国历史上所具有的开创性、奠基性意义。

环节3：探究

通过视频与文字材料展示王进喜、雷锋、焦裕禄等人的事迹。

教师提问：你从中看出了怎样的时代精神？

> **设计意图** 体现"家国情怀"的学科核心素养，并使学生了解和感悟这一时期中国人民艰苦奋斗、奋发图强的精神风貌。

环节4：课堂小结

教师讲授：在20世纪50年代至70年代，我国的社会主义事业在探索中曲折前进。我们有过中共八大的成功经验，也经历了"大跃进"、人民公社化运动、"文化大革命"等一系列严重曲折。在这一过程中，涌现了无数英雄的人民，他们身上展现出来的艰苦奋斗、顽强拼搏的时代精神永远熠熠生辉，照亮着党和国家前进的道路。新中国探索社会主义建设道路的过程是曲折的，但未来一定是光明的。而我们作为青年一代，作为社会主义建设的后继力量，也应向英雄的前辈学习，以史为鉴，牢记使命，不断奋斗！

> **设计意图** 总结学生所学知识，强化其记忆，培养其爱国主义热情，激励其为祖国建设而不断奋斗。

七、作业设计

试总结20世纪50年代至70年代我国探索社会主义建设道路中的经验及教训。

八、板书设计

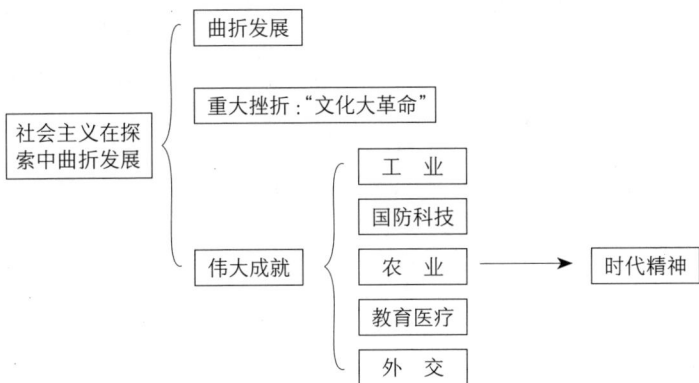

九、教学反思

在备课的过程中，我意识到历史学不仅承担着公民教育的功能，更在人格教育中起到重要作用。作为未来祖国建设的主力军，学生应该充分了解中国历史，树立制度自信与文化自信，为今后的社会主义建设事业增光添彩。学习是一个永无止境的过程。在教学设计的过程中，我感受到了自身存在的不足。作为教师，要充分掌握教学内容，读透教材，积极汲取历史学界研究的新成果，并将知识内化，只有这样才能够将其深入浅出地教授给学生，不断提高教学的质量和效率。同时，也应向优秀的一线教师学习，取长补短，不断提高自身教学水平。

　　专家点评：本课以简洁清晰的设计再现了20世纪50到70年代跌宕波折的20余年，其最大的教学特点是体现了"教是为了学生的学"的理念。中学历史教学的一个基本出发点就是"学术视野，中学立场"，也就是一方面需要教师具备开阔的学术视野并积极运用史学研究成果丰富和优化历史教学；另一方面则需要教师能够换位思考，从学生学的维度设计教学流程和环节，设计相应的思考问题。本课授课教师正是看到了学生"理解敏感政治史问题有一定困难"的学情，将"大跃进""文革"等内容进行了适恰的处理，并在此基础上展开小组合作与学习探究，"体会'大跃进'和人民公社的影响"，"了解和感悟这一时期中国人民艰苦奋斗、奋发图强的精神风貌"。这种学生立场的育人思想，以学定教的教学思路，值得同仁借鉴。（点评人：刘晓兵，上海市历史特级教师）

案例6
多元视角下的改革开放

——《中国特色社会主义道路的开辟与发展》教学设计

苏州大学 杨添翼

一、教学设计思路

1. 教学立意

"文革"结束后，以邓小平为核心的党中央第二代领导集体带领中国人民改革开放，开辟了中国特色社会主义道路，迈入社会主义现代化建设新时期。在这一过程中，党和政府在内政和国家统一方面的探索与实践凝聚了中国人民的独特历史经验，为实现中华民族的伟大复兴奠定了基础。本教学设计从领袖人物与小人物、历史方案与现实问题等多元视角看改革开放40年来的累累硕果，领悟中国特色社会主义道路背后独树一帜的中国智慧。

2. 设计特色

情境再现，引领课堂。本课运用影像史料，重现邓小平同志和撒切尔夫人会晤的历史场景，增强学生历史体验感，激发学生的学习兴趣。同时，本课选用《时代》周刊的历史照片和新闻报道，增强历史教学的感染力。

古为今用，以史为鉴。本课将课程内容与时政新闻相结合，引导学生思考探究现实问题。课程中对于港澳台问题的不同性质的反思、对"一国两制"构想的正确性和可行性的确认、对祖国统一和民族团结的维护都具有高度的现实意义，加强了课程与社会实践的联系。

二、教学情况分析

1. 学情分析

本课需要识记的内容较多且复杂，高一学生对改革开放跟"一国两制"与祖国统一之间的深层逻辑联系难以把控。针对以上问题，本课以邓小平同志的部分生平、经典语录等史料贯穿课堂，通过对其重要论述的研习，明晰中国特色社会主义道路的开辟过程及取得的巨大成就。

2. 课标分析

基于新课标从中国特色社会主义道路的开辟与发展两个角度对本课提出的要求，本课将侧重于这条道路开辟的关键节点——党的十一届三中全会，以及这条道路的探索——改革开放的历史进程，继而从内政与国家统一两方面学习改革开放以来的伟大成就。

3. 教材分析

本课教材内容上承社会主义建设的探索与成就，下启改革开放以来的巨大成就。主要分为三部分：伟大的历史转折、改革开放进程、"一国两制"与祖国统一大业。以中国特色社会主义道路贯穿始终，第一个子目是道路的开辟，后两个子目是内政与国家统一方面的探索与实践。

三、教学目标

结合国内外时空背景和邓小平同志的生平经历，了解真理标准问题讨论、十一届三中全会、平反冤假错案、十一届六中全会、社会主义民主法制建设的恢复与发展的基本史实，把握真理标准问题讨论、十一届三中全会的重大历史意义；结合改革开放的历史进程，对改革开放40年来中国在政治、经济、外交等各方面取得巨大成就的原因做合乎逻辑的历史解释；结合国内外时政新闻，明确港澳回归与两岸关系发展的基本史实并对港澳问题和台湾问题的不同性质有充分认识，探究"一国两制"构想的重大历史意义和现实价值，坚定维护祖国统一与民族团结的信念。

四、教学重难点

重点：真理标准问题的讨论，党的十一届三中全会的历史意义。

难点："一国两制"的重大历史意义和现实价值。

五、教学资源与方法

教学资源：历史图片、文字材料、影像史料、多媒体。

教学方法：讲授法、讨论法、探究法。

六、教学过程

环节1：导入

由一组历史图片与文字材料引入。结合邓小平同志在20世纪70年代的"一落一起"，感受领袖个人沉浮与国家命运紧密结合。

《时代周刊》：1976年1月19日、1978年12月25日和1979年1月1日封面。

教师提问：为什么1978年的《时代》周刊将邓小平评为"年度风云人物"？

学生活动：通过课前预习，基于已有知识储备回答——改革开放。（预设）

邓小平生平年表（部分）

1973年	12月，根据党中央决定，任中央政治局委员、中央军委委员。
1975年	1月，任中共中央副主席、国务院副总理、中央军委副主席等，主持党和国家的日常工作。
	开始全面整顿，纠正"文化大革命"错误。
	年底，在"反击右倾翻案风"运动中再度受到错误批判。（落）
1976年	10月，中共中央政治局执行党和人民意志，粉碎江青反革命集团。"文化大革命"结束。
1977年	5月24日，指出"两个凡是"不符合马克思主义；
	7月，中共十届三中全会通过决议，恢复邓小平原任的党政军领导职务。（起）

根据邓小平纪念网《邓小平生平年表·1971—1980》整理

设计意图　运用历史材料与图片，激发学生兴趣，引导学生进入课程。

环节2：讲授新课

一、开辟篇：转折

分析史料，理解当时中国的社会经济面貌。

（现上海师范大学教授萧功秦对70年代社会生活的口述记录。）

他有段时间少吃不用，积攒了200元，花3个月时间专门去甘肃探亲。"在当时就算是豪举了，这样出门非常艰难，比现在出国还要庆幸。"当时没有什么追求，大家都挣一样的工资，所以是"均贫主义"，也不希望在"金钱"上能出人头地。当时农村的贫苦让他吃惊，在山西，一个柿子只要一分钱，母鸡1块钱，一只羊12块钱。甘肃比较富裕的陇西地区的农民也穷得可怕，有一家全家财产加起来只有16元，没有被子，用牛皮纸袋当铺盖，一家人只有两条裤子，谁出门就该谁穿，更多的时候是睡在家里。

——王恺：《1976年的低级稳定："文革"末年的经济生活》，载《三联生活周刊》，2006年第40期

教师提问：材料体现了当时的中国怎样的社会面貌？
学生活动：回答——当时的中国十分贫穷（预设）。

用史料说明党的十一届三中全会召开前的思想状况，了解关于真理标准问题讨论的过程。

让我们高举毛主席的伟大旗帜，更加自觉地贯彻执行毛主席的革命路线，凡是毛主席作出的决策，我们都坚决维护，凡是毛主席的指示，我们都始终不渝地遵循，最紧密地团结在以华主席为首的党中央周围，紧跟以华主席为首的党中央的战略部署，一切行动听以华主席为首的党中央指挥，同心同德，步调一致，牢牢抓住深入揭批"四人帮"这个纲，去夺取天下大治的新的伟大胜利。

——《学好文件抓住纲》，《人民日报》，1977年2月7日，第1版

学生活动：学生通过阅读材料了解"两个凡是"的主要内容，结合教师的讲解理解关于真理标准问题的讨论的过程和内涵。

结合上述材料，总结十一届三中全会的历史背景：

① "文革"后的两年里，人民生活未明显改善。

② 思想基础：关于真理标准问题的讨论。

设计意图 温故知新，调动学生的知识储备，引导学生深度思考，分析十一届三中全会的历史背景，培养学生阅读史料和归纳概括的能力。

明晰党的十一届三中全会的基本史实，将其与"文革"时期的路线对比，理解"转折"的内涵，总结十一届三中全会的历史意义。

	"文化大革命"时期	十一届三中全会
思想路线	"左"倾思想 ——→	解放思想、实事求是
政治路线	"以阶级斗争为纲" ——→	① 以经济建设为中心 ② 改革开放
组织路线	严重偏差，遭到践踏	① 恢复党的民主集中制 ② 审查解决重大历史遗留问题

整理自教育部：《中外历史纲要（上）》，北京：人民教育出版社，2019年

设计意图 通过"转折"前后路线的对比，充分认识到十一届三中全会前后不同的社会面貌，加强对"转折"重要性的理解。

运用表格按时间线索提问：十一届三中全会后如何拨乱反正，调动社会各阶层人员的积极性？

时 间	成 就	意 义
十一届三中全会以后	平反冤假错案	正确处理党内和人民内部的一系列矛盾，迎来全面建设社会主义现代化的新局面。

（续表）

时　　间	成　　就	意　　义
1981年6月十一届六中全会	审议通过《关于建国以来党的若干历史问题的决议》	为统一全党思想，开展改革开放，打下重要的思想基础。
1982年全国人大五次会议	表决通过《中华人民共和国宪法》	标志着我国社会主义民主政治建设进入新的阶段。

整理自教育部：《中外历史纲要（上）》，北京：人民教育出版社，2019年

学生活动：根据课前预习与课本知识回答。

二、探索篇：内政

（一）经济体制改革

1. 农村经济体制改革

通过图文史料（图略），引导学生回忆农村经济改革的背景，对家庭联产承包责任制实施的必要性有充分了解。

> 时间：1978年12月
>
> 地点：严立华家
>
> "我们分田到户，每户户主签字盖章。如此后能干，每户保证完成每户全年上交（缴）的公粮，不在（再）向国家伸手要钱要粮。如不成，我们干部作（坐）牢杀头也干（甘）心，大家社员也保证把我们的孩子养活到18岁。"

教师提问：这是什么文件？为什么文件中说"如不成，我们干部坐牢杀头也甘心"？这反映了家庭联产承包责任制怎样的历史背景？

学生活动：结合所学，分析图文材料，回答——① 这是一份契约书。② 因为中国处于人民公社体制之下，不能分田到户。③ 农村生活贫困（预设）。

通过图表分析家庭联产承包责任制下土地所有权、经营权、使用权的归属问题，总结这一制度的实质。

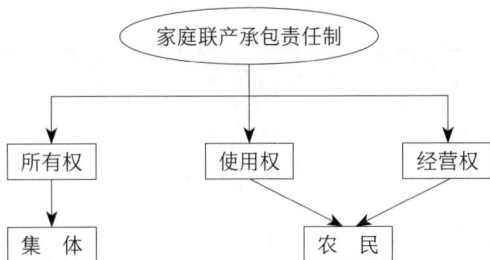

家庭联产承包责任制 → 所有权 / 使用权 / 经营权 → 集体 / 农民

> **设计意图**　培养学生阅读图文史料的能力，能将图片与所学联系，加深对教材的理解。通过图文史料展示家庭联产承包责任制从局部到推广的过程，表现农村经济体制改革的复杂性、曲折性。

2. 城市经济体制改革

阅读史料，思考如何才能改变经济管理体制的缺点，理解经济体制改革的中心环节和内容。

> 现在我国的经济管理体制权力过于集中，应该有计划地大胆下放……当前最迫切的是扩大厂矿企业和生产队的自主权，使每一个工厂和生产队能够千方百计地发挥主动创造精神。
>
> ——邓小平：《解放思想，实事求是，团结一致向前看》，1978年

通过课前预习和教师讲解，了解中国特色社会主义的理论突破以及社会主义市场经济体制建立的进程。

> **设计意图**　略讲，为中国特色社会主义理论体系的学习做铺垫。

（二）对外开放

梳理对外开放的过程。

项　目	表　现	特　点
创办经济特区	1980年5月，中央决定在深圳、珠海、汕头、厦门设立经济特区，采取多种形式吸引和利用外资，学习国外先进技术和经营管理方法。	从沿海到沿江，从沿边到内陆。

（续表）

项　目	表　现	特　点
沿海港口城市	1984年，中央进一步决定开放14个沿海港口城市。	多层次、多渠道、多种形式的全方位对外开放的新格局
经济技术区	建立起一批经济技术开发区和保税区。	
开放战略	2000年10月，中共十五届五中全会提出实施"走出去"战略，后来发展成为"引进来"和"走出去"相结合的开放战略。	
融入世界	2001年12月，中国正式加入世界贸易组织，使中国更深层地进入经济全球化进程，参与国际规则的制定。	

整理自教育部：《中外历史纲要（上）》，北京：人民教育出版社，2019年

教师出示"全方位、多层次、宽领域的开放格局"图片，并提问：你能结合教材，根据地图说一说对外开放呈现出怎样的特点吗？

学生活动：呈现出全方位、多层次、宽领域的特点。（预设）

> **设计意图**　按照时间顺序梳理，使学生对对外开放的进程有整体性的认识和把握，增强学生的时空观念。

教师提问：改革开放40余年，你的家庭有怎样的变化？你是否能够感受到改革开放为整个社会带来的变化？

学生活动：阅读教材，联系生活实际理解改革开放后中国经济的腾飞和社会生活的巨大变迁。

> **设计意图**　通过教师讲解联系实际，明晰我国综合国力和国际影响力不断提高的根本原因在于开辟了中国特色社会主义道路，从而增强道路自信、理论自信、制度自信和文化自信。

三、探索篇：祖国统一

观看视频《〈新中国·影像辞典〉：邓小平与撒切尔夫人谈香港问题》，回顾港澳台问题的渊源：

- 台湾问题：内政问题
- 香港问题：主权问题
- 澳门问题：主权问题

通过教师讲解，学生了解"一国两制"构想的提出、内涵与实践。

注意："一国两制"构想的提出最早是为解决台湾问题，但首先运用于解决香港问题和澳门问题。

设计意图　通过对港澳台问题不同性质的认识，联系当下国际局势，体悟霸权主义与强权政治的非正义性，培养学生对国家高度的认同感、归属感和使命感。

小组分享课前查阅的时政新闻，交流讨论"一国两制"构想的历史意义与现实价值，讲解当下海峡两岸关系的状况。

学生活动：学生以小组为单位分享所收集的时政新闻。

设计意图　通过小组讨论交流，增强学生对"一国两制"正确性与可行性的理解，引导学生反对分裂势力，坚定维护祖国统一与民族团结的信念。

环节3：课堂小结

本节课我们从中国特色社会主义道路的开辟与探索两个方面，由改革开放以来中国的内政与国家统一问题出发，重点学习了党的十一届三中全会、农村与城市的经济体制改革、对外开放和港澳台问题，希望大家认真完成课后作业，并结合课堂内容，用心体悟改革开放40年中国的巨大变迁与成就，发现"身边的小历史"。

七、作业设计

改革开放40余年来，你的家庭有怎样的变化？请选择一位家人进行口述访谈，从家庭收入与支出、饮食、娱乐等多方面了解改革开放以来家庭的变迁。

设计意图　引导学生参与公众历史实践，从"身边的小历史"出发，知行合一，成为改革开放40年来中国社会巨大变迁与成就的见证者。

八、板书设计

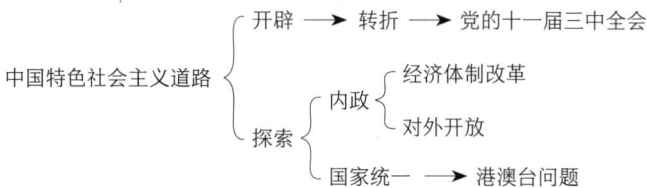

九、教学反思

本节课内容覆盖面广，知识零碎庞杂，不便于学生的理解与记忆。除此之外，中国特色社会主义道路的开辟与社会主义市场经济体制的确立涵盖的经济史内容较多，恰好是我的薄弱之处，这提醒我以后需要在经济史方向下功夫钻研，关注学术前沿成果，以便增强对于中国特色社会主义道路与制度的理解。

专家点评：本教学案例以破题法紧扣"特色""开辟""发展"等关键词把握本课内容的核心观点，具有"教有中心"的意识；以邓小平的生平经历作为基本线索，贯穿本课教学始终，体现了以人系事的观念；以多张表格和图示梳理本课教学内容的基本结构，勾勒整理历史知识的基本视角与方法，传达了历史学习的基本方法，这些特点在设计中体现得比较鲜明。将本课"改革开放进程""'一国两制'与祖国统一大业"两子目内容，简单归结为中国特色社会主义道路在"内政"与"国家统一"上的探索与实践，恐怕不够妥当；基于教师对本课内容核心观点的认识，教学的重点与难点尤其是重点的确定，似仍应围绕着"特色""开辟"，乃至"目"的标题中的"转折""进程"等定位；口述材料的运用，诸如个人的社会生活经历等，如何使其具有一个时代下的典型价值及普遍意义，立足于史料实证的学科核心素养培养，也应当有所引导及阐释。（点评人：於以传，上海市历史特级教师）

案例7
新时代下新材料的新解读
——《中国特色社会主义道路的开辟与发展》教学设计

扬州大学　皇甫英杰

一、教学设计思路

1978年5月11日，发表在《光明日报》上的《实践是检验真理的唯一标准》引发了一场关于真理标准问题的大讨论，成为十一届三中全会召开前的一声号角。1978年12月18日，十一届三中全会开幕，做出了改革开放的重大决策。在此之后，徘徊多年的中国经济开始迅速发展，40年间取得了一个又一个举世瞩目的成就。与此同时，我国积极推进统一事业，继香港、澳门回归祖国以来，大陆与台湾的两岸关系也走向新的节点。

二、教学情况分析

1. 学情分析

授课对象作为高一学生，经过了将近一学期的高中历史课程学习，思维方式由形象思维向抽象思维过渡，辩证逻辑思维逐步发展，对理论性、概念性知识的吸收优于初中生。故而本课授课方式以讲授法为主，辅以一至两次的小组讨论，加深学生对于各项政策的理解。

2. 课标分析

课标要求包括认识真理标准问题讨论和十一届三中全会的意义、认识"一国两制"对实现祖国完全统一的重大意义、认识中国特色社会主义进入新时代的重大意义等方面，在时间顺序上层层递进，故而讲授时也需着重把控时间线索。

3. 教材分析

本课内容较多，理论性较强，需要尽量减少抽象性的表达，搭配大量可信史料进行讲授，设置有梯度与层次的问题，以期在学生脑海中形成具体的印象。本课也包含了"'一国两制'与祖国统一大业"子目，一个能让学生与现今局势信息接轨的极佳章节，有利于切实深刻地培养学生的家国情怀。

三、教学目标

运用历史唯物主义，通过大量文字史料与历史图片的呈现，理解中国特色社会主义道路的开辟是中国建设社会主义过程中的必然要求。将历史置于特定的环境与条件下进行考察，理解改革开放与"一国两制"方针的制定是党和人民在具体时空背景下的正确选择。通过了解我国改革开放40年来取得的巨大成就，激发民族自豪感，树立"四个自信"；通过理解祖国统一的重要性与必要性，增强为国奋斗的信念。

四、教学重难点

重点：十一届三中全会的决策内容，改革开放的进程，"一国两制"方针与统一大业的推进。

难点：认识开辟中国特色社会主义道路的重要性。

五、教学资源与方法

以教材、课件、影视等为教学资源，多维一体；以讲授法为主要教学方法，辅以小组讨论等方法提升学生的辩证思维能力。

六、教学过程

环节1：导入

向学生展示由中央广播电视总台所制作的大型文博探索节目《国家宝藏》的海报图片。

讲述：同学们，海报中所言"开时代之生面"的"时代"是我们当今所生活的时代，是一个新的时代。而我们要概括与评价这样的一个时代，就要像节目中探索国宝一样，要从开端去寻找——40年前的中国。

设计意图　通过一档火爆节目导入，迅速拉近与学生间的距离，并在开篇就展示理论（"四个自信"）与现实（节目的推出）的一次优秀结合。同时，在新课讲授的过程中，每一个小标题都是该节目原声音乐的曲名，贯穿整个教学过程。

环节2：讲授新课

一、十一届三中全会的召开（一次会议）

展示美国《时代》杂志1976年与1978年的不同封面，封面人物是同一位：邓小平。

讲述：请同学们注意观察，两期封面上的邓小平是否存在微妙的不同之处？为什么美国人眼中的邓小平形象会在两年间发生如此大的变化？时间节点就在于十一届三中全会的召开。

设计意图　通过同一本知名杂志对同一人物不同的面部速写，引起学生兴趣并快速进入第一小节的学习内容。

（一）政治：十一届三中全会

向学生展示《学好文件抓住纲》与《实践是检验真理的唯一标准》报纸剪影。

讲述：接下来请大家结合前一课所学知识与本课教材内容，回答《实践是检验真理的唯一标准》出现的背景。

学生回答背景，教师整理：一、"文化大革命"产生了严重后果，人们期望解决这些问题；二、"左"的错误思想仍然影响着人们的精神生活；三、关于真理问题的大讨论解放了人们的思想。

再要求学生根据材料并结合教材内容，从思想、政治、组织三方面概括十一届三中全会的主要内容，并简述会议召开的意义。

设计意图　将十一届三中全会召开的背景、主要内容、意义设置为问题，交给学生自身解决，教师只进行材料引导，以学生为推动课堂进度的主体。

（二）思想：拨乱反正

引导学生看待"平反冤假错案"时不能够将其简单理解为仅仅是平反"文革"十年来的冤假错案，而是扩大到新中国成立以来冤假错案的纠正与社会关系的调整。

设计意图 纠正学生可能存在的认知错误，将"平反冤假错案"理解为党和国家无论时间跨度始终贯彻实事求是、有错必纠的原则。

（三）法制：1982年《宪法》的制定

向学生讲述1954年《宪法》与1982年《宪法》之间的主要区别，包括：确立了宪法的指导思想和国家的根本任务、在结构上将"公民的基本权利和义务"放在"国家机构"之前、进一步完善国家机构体系。

讲述：同学们，学习过政治与思想方面后，我们进一步学习法制方面的内容。

设计意图 通过具体讲授，使学生切实理解为什么1982年《宪法》是对1954年《宪法》的继承和发展。

二、中国特色社会主义道路的探索（一条道路）

（一）理论的构建

将1982、1987、1992等中国特色社会主义道路探索的多个标志性年份单列，以时间轴形式进行整理。

讲述：同学们，党和国家完成了对历史的拨乱反正后，我们接下来学习中国特色社会主义道路是如何实践的，请大家对照教材，将时间线整理出来。

设计意图 将时间轴整理的任务交给学生，培养其时空观念核心素养。

（二）理论的实践

教师直接讲授家庭联产承包责任制、经济特区的设立、沿海港口城市的开放、经济技术开发区和保税区的建立、加入世贸组织等五项具体的实践。

设计意图　以直观且短平快的表述向学生展示我国由点到线到面的对外开放格局，将理论化为实践，逐步形成了多层次、多渠道、多种形式的全方位开放新格局。

三、统一大业的推进（一个方针）

（一）伟大构想的提出

通过史料呈现，向学生明确"一国两制"的具体含义是"一个国家，两种制度"。

讲述：同学们，让我们进入本课最后一个子目，即统一大业的推进。"一国两制"大家都在初中有所学习，在此，老师还要重点强调，该方针的提出最早是针对台湾问题，但首先在香港与澳门的回归上实施了。

（二）香港与澳门的回归

将两个回归时间节点列出后，展示香港回归后，在经济、文化等多个领域取得的成就，引导学生进一步理解"一国两制"的伟大历史意义。

设计意图　通过具体数据，引导学生理解"一国两制"的深刻内涵和深远意义。

（三）台湾问题

教师首先讲述两岸关系的发展，再讲授阻碍祖国统一的"台独"势力的各种伎俩。

讲述：请同学们看材料，1997年，李登辉接受"德国之声"采访时公然鼓吹"两国论"，声称两岸关系是"国家与国家，至少是特殊的国与国的关系"。以及新冠疫情爆发以来，以蔡英文为首的台湾民进党当局不仅不积极抗疫，漠视台湾地区人民切身的生命健康权益，还频频利用疫情炒作"台独"话题。

设计意图　引导学生在历史的时空框架内理解祖国统一大业的推进是历史发展的必然趋势，激发学生为国奋斗的爱国之情。

环节3：课堂小结

当前中国处于近代以来最好的发展时期，世界处于百年未有之大变局，两者同步交织、相互激荡。

——习近平，2018年6月中央外事工作会议

```
会议：十一届三中全会  ┐
道路：中国特色社会主义  ├─  开辟与发展
方针："一国两制"      ┘
```

> **设计意图** 将中国特色社会主义道路的开辟和发展串成一条线，并将习近平总书记的重要论断与我国社会主义道路的发展史重叠，便于切实理解中国特色社会主义道路前进的正确性。

七、作业设计

思考教材中材料题部分，运用唯物史观阐述十一届三中全会的历史意义。

八、板书设计

```
十一届三中全会的召开
        ↓
中国特色社会主义道路的探索  ┐─ 中国特色社会主义道路的开辟和发展
        ↓
    统一大业的推进
```

> **设计意图** 以《国家宝藏》原声带曲名作为每一子目的标题，不仅与课堂导入相呼应，还能以较新颖的标题命名形式进行板书设计的创新，无形中培养学生的文化自信。

九、教学反思

收获方面，在比赛环节的实践中提升了对教学规范的认识，锻炼了讲课能力，尤其是面对摄像设备的教学，是一段宝贵的比赛经历。反思方面，本课教学内容较多，可以再多增加几个小组讨论问题，把课堂交给学生，更大程度上提升学生的个人能力，使学生能够做到理解性学习。

专家点评：本教学案例在教学设计上具有如下三个特点：（一）紧扣课文标题，把握"特色""开辟"定位教学核心观点，立意恰当；（二）以文博探索节目《国家宝藏》海报图片开篇，以该节目中原声音乐的曲名作为小标题，对应本课教学内容，并贯穿整个教学过程，别有情趣；（三）结合时政热点，深化对于"一国两制"的认识，学以致用。而本课教学如何基于"特色""开辟"等核心观点对课文三个"目"的内容作出整体架构，从而使教学的重点更为聚焦、凸显，尚需推敲；以《国家宝藏》海报开首，课末能否再回到《国家宝藏》，从而体现首尾呼应的教学艺术，也可斟酌。（点评人：於以传，上海市历史特级教师）

案例8
从蓝图到现实

——《"一国两制"的提出与实施》教学设计

江苏师范大学　杨郁璇

一、教学设计思路

本课的教学设计紧贴课程标准要求，以五大核心素养为指导，立足于"一国两制"这一方针的提出与实施。在教学过程中，沿着"一国两制"的提出、实施、意义展开教学，通过史料等解决问题，形成完整系统的知识线索和框架，引导学生理解港澳台问题的来源，了解"一国两制"提出的时代背景和具体内容，进而认识到"一国两制"对实现祖国完全统一的重大意义。

二、教学情况分析

1. 学情分析

本课授课对象是高中一年级学生。通过对高一学生进行的问卷调查得出其在初中阶段已经了解过"一国两制"的部分史实，但难以对"一国两制"提出的历史意义构建完整的知识体系，需要通过史料的深度挖掘和系统梳理进行反思总结。

2. 课标分析

认识"一国两制"对实现祖国完全统一的重大意义。

3. 教材分析

本课节选自统编版高中历史必修教材《中外历史纲要（上）》第十单元第28课《中国特色社会主义道路的开辟与发展》。教材编写体系清晰，逻辑分明，内容丰富，分为伟大的历史转折——十一届三中全会、改革开放进程、"一国两制"与祖国统一大业三个子目，讲述了中国特色社会主义道路的开辟与发展。"一国两制"的提出，更是为解决港澳问题、台湾问题提供了方向，对实现祖国完全统一有重大意义。因此，本课立足于社会主义发展史，凝炼出"'一国两制'的提出与实施"的主题。同时教材中的"学习聚焦"和"历史纵横"等小字部分也具有参考意义，整体难度适中。

三、教学目标

学习"一国两制"提出的历史进程，理解"一国两制"的含义，掌握"一国两制"的具体内容，从唯物史观的角度出发，用辩证的眼光看待构想提出的历史缘由；把握"一国两制"的时代背景，将这一构想的提出放在特定的时空背景下分析，培养时空观念；充分运用史料，提取史料中的有效信息，提升史料的分析、解读和运用能力；从图片与文字资料中提取有效信息，培养历史解释的核心素养；结合港澳回归和两岸关系的发展，从家国情怀角度认识"一国两制"对实现祖国完全统一的重大意义，培养家国情怀的核心素养。

四、教学重难点

重点："一国两制"的内容，"一国两制"的意义。
难点：实施"一国两制"的意义。

五、教学资源与方法

教学方法：讲授法、情景教学法、提问法、小组讨论法、史料分析法。
教学资源：教材、多媒体课件。

六、教学过程

环节1：导入

采用图文材料导入

粤港澳大湾区建设领导小组会议，研究推出一批惠港、惠澳政策措

施，部署下一阶段大湾区建设重点
工作。

——"学习强国"学习平台：
韩正主持召开粤港澳大湾区建设领
导小组会议

教师提问：为什么中央如此重
视惠港、惠澳的政策部署？为什么如此重视粤港澳大湾区的建设？

> **设计意图**　运用图片材料的方式导入，并让学生从中发现问题，从而进入新知识。可以让"一国两制"这样的抽象概念具体化、形象化，容易引起学生的学习兴趣，也可以培养学生的观察力；在图片材料中提出问题，为学生指明思考的方向，铺垫主题。

环节2：讲授新课

第一部分："一国两制"的提出

【教师活动】

教师提问：有哪位同学可以简单和我们分享一下对"一国两制"含义的理解呢？

学生回答："一国两制"是邓小平在20世纪80年代初提出的，意为"一个国家，两种制度"，就是在一个中国前提下，国家主体坚持社会主义制度，香港、澳门、台湾保持原有的资本主义制度长期不变。

教师补充：坚持"一个中国"，就是世界上只有一个中国，即中华人民共和国，港澳台都是中华人民共和国不可分割的组成部分。在"一国"的前提下，港澳台保持高度的自治权利。我们尽最大努力实现和平统一。

【课堂过渡】这一制度构想是怎样被提出来的呢？

> **设计意图**　开篇明确"一国两制"的概念和内涵，解决学生在文本解读中的困难，提升思考维度，加强历史解释核心素养的培养。同时，以自然过渡的方式引出"一国两制"的历史背景，为之后深化主题做好全局准备。

【教师讲授】

"一国两制"构想的形成过程：

萌芽："一国两制"构想最初主要是针对台湾问题提出来的。为早日实现祖国统一，1979年元旦，全国人大常委会发表《告台湾同胞书》，宣布采用和平方式统一祖国的方针。

酝酿：1981年9月，叶剑英发表《关于台湾回归祖国，实现和平统一的方针政策》的谈话。

形成：20世纪80年代，邓小平全面阐述。

1982年9月，邓小平在会见撒切尔夫人并谈及香港的前途问题时，提出中国收回香港后，保留香港现行政治经济制度，仍然实行资本主义。

1983年6月，邓小平会见美国新泽西州西东大学杨力宇教授，具体提出了和平统一台湾的设想。

1984年2月，邓小平第一次把解决中国统一问题的构想明确概括为"一个国家，两种制度"。

确立：1984年5月，六届全国人大二次会议通过的《政府工作报告》正式使用了"一个国家，两种制度"的表述。

1985年3月，六届全国人大三次会议正式把"一国两制"确定为中国的一项基本国策。

> 材料："一国两制"是从中国的实际提出的，中国面临一个香港问题，一个台湾问题……用和平谈判的方式来解决，总要各方都能接受。
> ——1984年10月22日在中顾委第三次全会上讲话，《邓小平文选》第三卷

设计意图 明确相关历史事件，加强唯物史观和时空观念的素养，提高学生梳理概括时间线的能力。结合教师的讲解，理解"一国两制"构想的提出过程。

第二部分："一国两制"的实施

【课堂过渡】"一国两制"首先在香港问题和澳门问题上得到成功实施，

请同学们展开合作探究，讨论香港和澳门历史遗留问题的由来。

【合作探究】

学生回答——

香港问题：

1842年《南京条约》，割让香港岛给英国；1860年《北京条约》，割让九龙半岛南端；1898年《展拓香港界址专条》，英国强租九龙半岛大片土地以及附近200多个岛屿，后统称新界，租期99年，至1997年6月30日期满。

澳门问题：

1887年，葡萄牙政府强迫清政府签订《中葡北京条约》，强占澳门；1974年，葡萄牙政府奉行非殖民化政策，宣称澳门是葡萄牙管理下的特殊地区。

> 设计意图 学生通过小组讨论学习，培养合作探究能力，共同整理相关史料，进行课堂展示，强化历史学习能力和语言表达能力，加强史料实证和时空观念等素养。

【教师讲授】1982年，中英两国政府开始就解决香港问题进行谈判。

1982年9月24日，邓小平与撒切尔夫人正式会面。

1984年，中英签署了关于香港问题的联合声明。

1997年7月1日，中国正式对香港恢复行使主权。

1999年12月20日，中葡两国政府在澳门举行政权交接仪式。

【课堂活动】播放中英香港政权交接仪式视频。

> 设计意图 学生通过视频中倒计时时刻的欢呼声与国旗的一升一降感受祖国收复香港的决心，感受港澳人民回到祖国怀抱的幸福之情，培养家国情怀的核心素养。

材料：2003年，中央政府先后与香港、澳门特别行政区政府签署内地与香港、澳门关于建立更紧密经贸关系的安排：实现货物贸易零关税；扩大服务贸易市场准入；实行贸易投资便利化。

——教育部：《中外历史纲要（上）》，北京：人民教育出版社，2019年教师提问：

这一系列协议的签署及实施，对深化内地和香港、澳门的交流合作起到怎样的作用？

学生回答：

① 体现了中央政府和内地人民对香港、澳门的关心和支持。

② 减少了内地与香港、澳门在经贸交流中的体制性障碍，提高了内地与香港、澳门经济交流合作的水平，对香港、澳门的经济发展起到了积极的促进作用，也推动了内地经济的进一步发展。

第三部分："一国两制"的意义

【课堂过渡】学习了"一国两制"的提出及实践，请同学们总结概括"一国两制"有什么伟大的历史意义。

学生回答：

①"一国两制"构想，是根据我国国情，实事求是地、科学地以和平方式解决祖国统一问题的成功尝试。

② 在维护国家的主权、统一和领土完整的原则方面毫不含糊，同时在具体政策和措施上又充分照顾实际情况和各方面的利益，完全符合港澳台地区和全国人民的根本利益，是具有中国特色的社会主义理论的重要组成部分。

③"一国两制"构想也提供了解决国际争端的新思路，对人类历史和世界和平做出了巨大贡献。

> 材料：回归以来，澳门交出一份漂亮答卷：GDP从回归初的518亿澳元增加到2018年的4 447亿澳元；人均GDP达8.2万美元；失业率从回归初的6.3%降至1.8%。骄人成绩的取得，离不开特区政府的施政以及中央政府的支持。
>
> ——"学习强国"学习平台：《上观直击澳门》

设计意图 引导学生放眼当今，通过数字的变化更加直观地感受到制度建设为经济建设带来的优势，感受"一国两制"的历史意义。

【教师讲授】"一国两制"与祖国统一大业

1979年元旦，全国人大常委会发表《告台湾同胞书》。

1992年11月，"九二共识"。

1993年4月，汪道涵与辜振甫在新加坡举行会谈。

2005年3月，十届全国人大三次会议通过《反分裂国家法》。

2015年11月7日，两岸领导人习近平、马英九在新加坡会面。

教师提问：当前解决台湾问题的有利因素有哪些？

学生回答：国家综合国力增强；"一国两制"方针指导；统一是大势所趋，人心所向。

> **设计意图** 引导学生注意时空观念在历史学习中的重要作用，从横向和纵向上把握知识主干。

环节3：课堂小结

这节课，我们从"一国两制"的提出背景、实施过程和历史意义出发，了解了这一构想提出与实践的历史脉络，又在最后回望了这段历史。综合评价这段历史，我们认识到了"一国两制"对实现祖国完全统一的重大意义。我希望各位同学经过本课的学习，能自觉地去维护国家的统一和民族的团结。

七、作业设计

你认为海峡两岸和平发展的关键是什么？请结合史实阐述自己的观点。

八、板书设计

"一国两制"的提出与实施

```
提出  ────────▶  实施  ────────▶  意义

针对台湾问题      香港问题  澳门问题      推进祖国统一大业
```

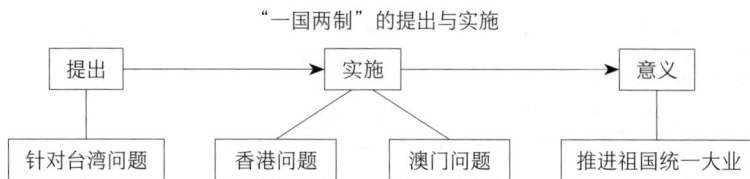

> **设计意图** 清晰列出本课发展脉络，逐条分析讲解，最后教师进行综合总结，教学内容层次脉络清晰，利于学生全面认识问题。

九、教学反思

对于这堂课的课堂反思，我认为学生的归纳总结和材料分析能力，以及小组合作探究能力得到了锻炼，本课重点培养了学生的唯物史观、时空观念和家国情怀的核心素养。但在课堂的生动性和趣味性上有所欠缺。在今后的教学中，我会丰富课堂活动，发挥学生主体作用，增强历史课堂生动性。

专家点评：本教学案例内容取自《中外历史纲要（上）》第28课中的一个目，以"一国两制"的提出、实施与意义为基本线索，运用教师讲授与学生探究相结合的方式组织教学，意在结合港澳回归和两岸关系的发展，从家国情怀角度认识"一国两制"对实现祖国完全统一的重大意义，培养家国情怀的核心素养，这种对于教学内容的处理及教学方式，比较平实，也是一种探索。全篇多处引用"学生回答""教师补充"的内容，所以这篇案例的形式相对地更偏重于实录。作为教学探索，似乎也应在如下三方面着力更多：（一）中学历史的教学，从学生的认知规律出发，如何尽量不用概念先行，而是借助历史过程的叙述展开自然地引入对于概念的诠释与理解？（二）学生的探究活动，如何基于不同类型的史料，基于创设的学习情境，更为准确地体现时空观念、史料实证和历史解释等学科核心素养的本意？（三）"纲要"的教学，与传统的通史体例内容的教学，究竟应该有何不同？（点评人：於以传，上海市历史特级教师）

案例9
回望改革开放先锋，溯源中国富强之路
——《改革开放以来的巨大成就》教学设计

华东师范大学　朱慧敏

一、教学设计思路

改革开放以来中国取得的成就是多层面的。国内方面，中国形成了以实践经验促进理论发展、以先进理论指导实践进步的良性循环；国际方面，伴随着综合国力的提升，中国国际影响力也进一步增强，而国际影响力的提升又促进了中国的进一步发展。

二、教学情况分析

1. 学情分析

经过近一个学期的历史学习，高一学生已经掌握了基本的历史学习方法和技能，知道要立足具体时空、利用史料分析历史问题，逻辑思维能力有所提升。但是理解跨越40多年的中国特色社会主义理论体系建设及其贡献，对于学生而言仍有些吃力，需要利用直观的图像史料、层层递推的设问及教师讲解帮助学生理解。对于中国综合国力提升、国际影响力扩大两方面，学生在日常生活中有直观感受，但学生对于改革开放以后中国迅速发展的原因的理解仍停留在浅层次，因而教师要引导学生理解，1978年以后中国的迅速腾飞有着中国特色社会主义道路、理论、制度、文化等内在支撑。

2. 课标分析

课标要求：认识邓小平理论对建设中国特色社会主义的重要指导意义；认识"三个代表"重要思想是加强和改进党的建设、推进我国社会主义自我

完善和发展的强大理论武器；认识科学发展观是马克思主义关于发展的世界观和方法论的集中体现；认识中国特色社会主义进入新时代的重大意义，认清我国发展新的历史方位；认识习近平新时代中国特色社会主义思想是全党全国人民为实现中华民族伟大复兴而奋斗的行动指南；形成对中国特色社会主义道路、理论体系、制度、文化的形成过程及意义的系统认识。

具体来看，课标中强调了中国特色社会主义理论体系对中国特色社会主义建设、发展的重要作用，反映了中国特色社会主义建设过程是从实践中吸取经验教训、提炼理论，再以理论指导实践的过程，是马克思主义中国化的又一创举，促进了中国综合国力和国际影响力的攀升。

3. 教材分析

本课是《中外历史纲要（上）》的最后一课，也是中国史内容的最后一课，可谓收官之作。本课隶属第十单元"改革开放与社会主义现代化建设新时期"，在内容上与第28课《中国特色社会主义道路的开辟与发展》相呼应。但第28课侧重梳理改革开放的基本历程，重点介绍改革开放以来的关键历史事件，而第29课画龙点睛，对中国特色社会主义建设过程中所形成的理论体系进行着重介绍，并以具体数据展示了改革开放以来中国所取得的巨大成就。

第29课共有三个子目：中国特色社会主义理论体系的形成与发展、综合国力不断提升以及国际影响力不断扩大。三个子目从理论与实践、国内与国外等角度展示了改革开放以来中国取得的巨大成就。第一子目与第二子目是"理论与实践"维度，展现了中国特色社会主义建设从实践提炼理论、再以理论指导实践的过程。而两者又是国内视角，与第三子目构成了"国内建设与国际影响"维度，展现了中国综合国力与国际影响力之间的相互促进作用。其中，第一子目为本课的重中之重，课标要求基本呈现在这一子目中。

三、教学目标

通过本课的学习，能够概述中国特色社会主义理论体系的组成，并能运用时空定位，选择恰当史料，分析中国特色社会主义理论不断发展的原因。善用身边的"活"史料，说明中国综合国力、国际影响力提升的具体表现，同时认识到中国特色社会主义发展道路是理论与实践相互促进的结果，感受到中国特色社会主义的优越性，增强承担建设祖国责任的动力与信心。

四、教学重难点

"中国特色社会主义理论体系的形成过程"既是本课的重点，也是本课的难点。

五、教学资源与方法

教学资源：史料。利用改革开放以来政府、媒体等发布的文章、图像、数据，直观地再现中国社会的发展历程；

教学方法：讲解法。对于中国特色社会主义理论体系形成过程等较难理解的内容，教师适当解释，帮助学生理解。

六、教学过程

环节1：导入

回顾第28课提及的"家庭联产承包责任制"，引出"家庭联产承包责任制"确立的艰难过程。

> **设计意图** 温故知新，从学生熟悉的内容入手，引导其在已有认知基础上进入新知学习，促进新旧认知衔接。

环节2：讲授新课

一、回望1978至1983年：小岗村的翻天覆地

（一）求生路，寻方向

阅读材料，回答问题。

> "文化大革命"时，安徽凤阳一段花鼓词道："凤阳地多不打粮，碜子一住就逃荒。只见凤阳女出嫁，不见新娘进凤阳。"
>
> 注：凤阳为小岗村所属县
>
> ——《黔东南州2009年毕业升学统一考试文科综合历史试卷》，第29题

小岗村 1966—1976 年粮食情况

年 份	人 口	全年总产（千克）	全年人均口粮（千克）	全年人均分配收入（元）	吃供应粮	
					时间(月)	数字（千克）
1966	103	11 000	55	16.50	7	7 500
1967	103	15 000	90	20	7	7 500
1968	105	10 000	52.5	15	7	7 500
1969	107	20 000	165	40	3	4 000
1970	107	17 500	115	30	5	7 500
1971	101	17 000	120	31	5	7 500
1972	101	14 500	95	25	7	10 000
1973	109	17 000	105	30	5	7 500
1974	109	14 500	75	24	6	10 000
1975	111	14 500	75	20	10	12 500
1976	111	17 500	115	32	5	7 500

——吴庭美：《一剂必不可少的补药》，载《农村工作通讯》，2003年第3期

设问：(1)请描述一下20世纪60至70年代小岗村的情况，并用一个词形容。

(2)结合所学谈谈，小岗村为何发展缓慢？

(3)如何才能让小岗村走出困局？

设计意图 利用图文展示小岗村在"文革"后仍极度贫穷的局面，引导学生思考小岗村贫穷的原因（平均主义、阶级斗争导致农民没有自己可以掌握生产经营的土地、缺乏生产积极性），进而得出小岗村实行"大包干"的紧迫性与必要性。

（二）大包干，引争议

阅读材料，回答问题。

1979年9月，十一届四中全会发布《中国共产党中央关于加快农业发展若干问题的决定》，明确："不许分田单干。除某些副业生产的特殊需要和边远山区、交通不便的单家独户外，也不要包产到户……"

——载《人民日报》，1979年10月6日

（十一届四中全会后，江苏）在两省接壤处的村口、路口、田头，竖起巨大的标牌语，上书："坚决抵制安徽单干风！"并装上高音喇叭，成天叫喊："反对倒退！反对复辟！"

——陈桂棣、春桃：《小岗村的故事》，北京：华文出版社，2009年

1979年12月，吴庭美向安徽省委书记万里呈送《一剂必不可少的补药——凤阳县梨园公社小岗生产队"包干到户"的调查》，指明："今年全队粮食总产量66 185千克，相当于1966～1970年5年粮食产量总合……全队农副业总收入47 000多元，平均每人400多元。最好的户总收入可达五六千元，平均每人可达700多元。最差的户平均每人收入也在250元左右。"

——载《农村工作通讯》，2003年第3期

按照马克思主义经典著作中所论述："无产阶级一旦掌握政权，立即实现共同占有生产资料，共同劳动，直接分配社会产品……"

——宋娟：《人民公社化运动兴起的原因再探》，载《经济研究导刊》，2014年第25期

设问：（1）结合材料说明，当时对"大包干"都有什么态度？

（2）这种态度对小岗村有什么影响？

（3）小岗村的民众愿意改变"大包干"吗？为什么？

设计意图　利用文献史料，使学生认识到小岗村"大包干"一开始并未得到广泛支持与认同，引导学生思考任何改革都不是一帆风顺的，理解改革的曲折性。

（三）见成效，广推行

阅读材料，回答问题。

1980年5月，邓小平与中央负责人谈话时，指出："'凤阳花鼓'中唱的那个凤阳县，绝大多数生产队搞了大包干，也是一年翻身，改变面貌。有的同志担心，这样搞会不会影响集体经济。我看这种担心是不必要的。我们总的方向是发展集体经济。实行包产到户的地方，经济的主体现在也还是生产队。"

——《邓小平文选》第二卷，北京：人民出版社，1994年，第315页

目前实行的各种责任制，包括小段包工定额计酬，专业承包联产计酬，联产到劳，包产到户、到组，包干到户、到组，等等，都是社会主义集体经济的生产责任制。不论采取什么形式，只要群众不要求改变，就不要变动。

——新华社：《中国共产党中央转发〈全国农村工作会议纪要〉》，载《人民日报》，1982年4月6日

（农村）联产承包制采取了统一经营与分散经营相结合的原则，使集体优越性和个人积极性同时得到发挥。这一制度的进一步完善和发展，必将使农业社会主义合作化的具体道路更加符合我国的实际……

——本报讯：《当前农村经济政策的若干问题》，载《人民日报》，1983年4月10日

正是有了稳定的土地使用权和经营自主权，农民才得以从土地上解放出来，进城务工，促进了我国工业经济的发展和城镇化。以家庭联产承包责任制为主要内容的农村改革极大地解放了农村的生产力，为此后工业经济领域的改革发展奠定了基础。中国以7%的土地养活了约占全世界1/5的人口，创造了世界减贫史上的奇迹。

——谢佼：《家庭联产承包责任制让亿万中国人告别饥饿（光辉历程）》，载《人民日报》，2016年7月16日

设问：（1）结合材料，中央对于"大包干"的态度发生了什么变化？

（2）为什么会有这种变化？

（3）这种变化说明了什么？又产生了什么影响？

设计意图　利用文献史料，使学生认识到中央对小岗村"大包干"的态度由反对转变成支持。引导学生认识到"大包干"带来了实实在在的丰收，实践带来了理论的突破，让人们从思想层面逐渐打破了教条主义、本本主义。而家庭联产承包责任制的确立又推动了农村的进一步发展。

二、回望1980至1984年：深圳的脱胎换骨

历程：谋发展，开特区；争性质，论本质；赞发展，勇奋进

阅读材料，结合所学，回答问题。

> 1979年4月，邓小平听取广东省委书记习仲勋汇报后说："还是办特区好，过去陕甘宁就是特区。中央没有钱，你们自己去搞，杀出一条血路来。"
>
> 1980年5月，中央决定在深圳设立经济特区。8月，深圳经济特区正式宣告成立。
>
> "没有钱，深圳人四处奔走，靠借贷，滚雪球似的支撑起一座座大厦，铺设成一条条马路……经过几年的建设，一座新兴的现代化城市的雏形已经形成。
>
> 深圳的名声大震，一方面引起了国内各方面人士的广泛关注和热情赞扬，另一方面也招来了党内外一些不同意见者对深圳改革开放的怀疑和指责。有的说，深圳已改变了颜色，走上了复辟资本主义的道路；有的说，特区已变成了新的'租界'；有的说，特区黑市货币流行，违纪违法活动横行，大搞倒卖'洋货'，'搞错了'……"
>
> 1984年1月，邓小平视察深圳，给深圳留下了"深圳的发展和经验证明，我们建立经济特区的政策是正确的"的题词。
>
> 1984年5月，中央进一步决定开放14个沿海港口城市。
>
> ——李新芝：《邓小平实录（1982—1997）》，北京：北京联合出版公司，2018年

设问：(1)深圳的建设发展过程与小岗村"大包干"的发展有什么异同点？

(2)两者的相似经历说明了什么？

设计意图 通过文献快速梳理深圳特区的建立以及发展过程中遇到的困境，让学生意识到不仅是农业改革受到了教条的束缚，工商业发展亦是如此。同时让学生认识到党中央在看到实践成就后，肯定功绩，总结新理论，再以理论指导实践，推动改革开放进一步发展的过程。

同时，通过前两个环节，说明党中央从一系列实践中吸取经验教训，提炼理论，逐渐形成了具有中国特色的社会主义理论，又以理论指导实践，推动了中国改革开放的深入。此后，党和国家从实践出发，实事求是，在解决一系列问题中，相继总结出邓小平理论、"三个代表"重要思想、科学发展观和习近平新时代中国特色社会主义思想。

三、2020年，让世界见证中国力量与中国担当

阅读图片和材料，回答问题。

军队抽组力量接管火神山医院

健康码被纳入国博藏品

【绿码】
凭码通行

【黄码】
实施7天内隔离，连续
(不超过)7天健康打卡正常
转为绿码

【红码】
实施14天隔离，连续14天
健康打卡正常转为绿码

当前，新冠肺炎疫情在多个国家出现，部分国家疫情加剧……（中国）已向巴基斯坦、日本、非盟等提供了检测试剂，向很多国家分享了诊疗方案。中国红十字会和有关企业也向伊朗和非洲国家提供了试剂，我们还向伊朗方面派遣了志愿专家团队。我们将视疫情的发展，在继续做好本国疫情防控的同时，继续与有关方面开展不同形式的合作，在力所能及的范围内向外方提供支持。

在中国全力抗击疫情的紧要关头，国际社会向中国提供了真诚、友善的帮助。中方深表感谢，铭记在心。我们完全有信心、有能力、有把

中国医疗队支援塞尔维亚

2020年第二季度部分国家GDP
增长率

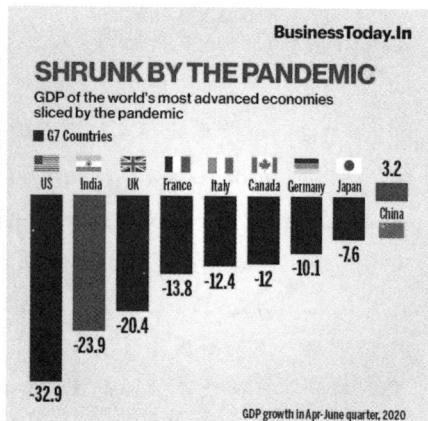

握早日战胜疫情。

　　根据我们从外交渠道掌握的信息，截至3月2日，共有62个国家和7个国际组织承诺向中国捐助疫情防控物资。其中，46个国家和6个国际组织的相关物资已经运抵中国，16个国家和1个国际组织宣布提供防控物资，12个国家和2个国际组织已经向我提供或宣布提供食品、现金等其他形式的物资支持。

　　——《世界卫生组织表示更担心中国以外疫情　赵立坚：感同身受》，载微信公众号"外交部发言人办公室"，2020年3月3日

设问：（1）结合材料及自身经历说说，中国为什么能战胜疫情？
（2）中国为世界抗疫做了什么？这体现了什么？

　　设计意图　利用学生亲自经历过的疫情，补充部分资料，让学生切实感悟中国抗疫成绩，引导学生理解这些成绩背后是中国特色社会主义道路、理论、制度、文化在支撑，同时中国秉持"人类命运共同体"的理念，肩负起大国责任，支援多国，展现大国担当。

环节3：课堂小结

　　这次新冠疫情让中国人民直观、切实地体会到了中国特色社会主义的优

势！从1949年至今这70多载，中国人民从站起来到富起来再到强起来。过去的艰辛已成历史，未来的奋斗路程仍需继续！大跨步，广开路，希望同学们能在这充满活力的旅途中为己、为家、为国做出一番成就！

七、作业设计

请同学们围绕"改革开放以来的巨大成就"这一主题，从衣、食、住、行等方面入手，任选一个角度，请祖辈、父辈等谈谈他们的经历及看法，如实记录，并形成研究报告。

八、板书设计

第29课　改革开放以来的巨大成就

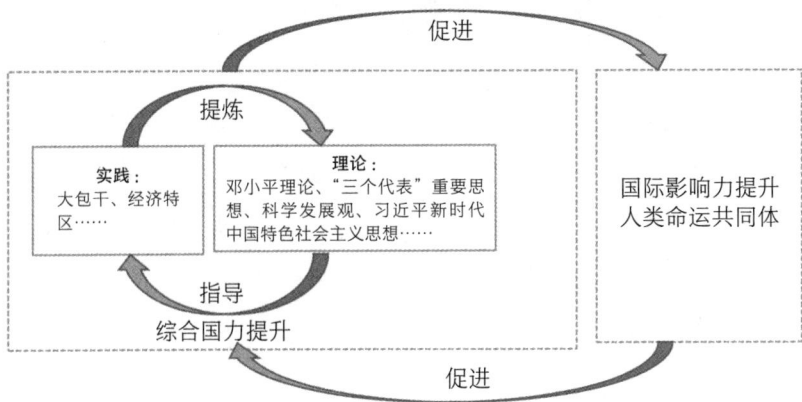

九、教学反思

这一课内容涵盖了中国特色社会主义理论，稍不注意，很容易上成政治课。在初次备课中，我将重心放在梳理中国特色社会主义理论体系的发展过程上，对各阶段的理论内容面面俱到，却忽视了实践才是推动理论建设的根本动力，也忽视了改革开放的实践开端是小岗村。在导师李月琴老师的指导下，我调整备课思路，抓住改革开放的起点小岗村，由点及面，充分利用史料，从小岗村的建设成就看全国改革开放的建设成就，以帮助学生理解中国特色社会主义理论从何而来。

专家点评：本教学案例从"理论与实践""国内与国外"两方面把握本

课三目内容的内在关联，教学重点与难点定位清晰，立意明确；确定以时代背景、实践探索揭示"理论体系"形成脉络的教学基本思路，有机地将三子目内容统整为一，确属巧思；材料类型颇为丰富，问题设计尚能循序渐进，对于中学历史教学中史料与问题之间关系的认识，也较到位。从目前的设计看，以"时代"与"实践"打通"理论"的教学实施仅覆盖到内容的一"头"一"尾"，过程性的观照似不能一以贯之，颇为遗憾；材料的运用尚缺乏精挑细选，有些篇幅实在过长，或会拖慢教学节奏；教学目标中对于学科核心素养关键能力的细化与凸显不够，或许是制约全课教学整体规划与推进的主要因素。（点评人：於以传，上海市历史特级教师）

案例10
在实践中探索人类发展道路
——《马克思主义的诞生与传播》教学设计

华东师范大学　梁爽

一、教学设计思路

随着资本主义大工业的飞速进步，社会矛盾不断激化，工人群体在不断的抗争中从自发走向自觉，逐渐成为一种新生的现实政治力量。马克思、恩格斯批判地继承了前人优秀文化成果，敏锐把握了无产阶级觉醒的时代动向，在实践中创立了马克思主义。此后国际工人运动的发展和实践不断丰富了马克思主义学说。马克思主义的诞生既是时代产物，也引领了时代的发展，并在实践中不断丰富发展。

二、教学情况分析

1. 学情分析

从知识层面而言，高一学生在初中已经学习过相关部分的内容，有一定的知识基础；从经验层面而言，学生在日常学习生活中经常可以听到马克思、恩格斯的名字。总之，学生对于马克思、恩格斯并非全然不知，这对于教师进行教学来说颇有助益。同时，绝大多数学生对马恩的认知浮于表面，对于马克思主义诞生的伟大意义缺乏深入的认识。如何在课堂中让学生切实体会到马克思主义的精深高远，是教师需要认真考虑的事情。

2. 课标分析

课标要求：通过了解马克思主义产生的时代背景以及马克思、恩格斯的理论探索与革命实践，了解《共产党宣言》的主要内容，从而理解马克思主义产生的世界意义。

课标在表述上存在着逻辑递进关系，要求教师在备课的过程中首先要自己清楚马克思主义诞生的历史情境，在之后的课堂讲授中能将学生带入当时的历史情境中去体会马克思、恩格斯当时的实践斗争，进而从情感上认同马克思主义诞生的伟大意义。

3. 教材分析

本单元为统编教材《中外历史纲要（下）》的第五单元中的第二课，上承工业革命：工业革命使得生产力飞速发展，但是却没有带来人们期待中的人人富足的社会。社会矛盾凸显，如何解决社会矛盾，成为当时的人们思考的问题。这就为社会主义思潮的诞生提供了土壤。下启20世纪上半叶国际秩序的重大变动：科学社会主义的诞生为世界的发展提供了更多的可能性，走怎样的道路成为各个国家需要思考的问题。

就本课具体内容而言，本课共三个子目，具有前后递进的逻辑关系：

第一子目"早期工人运动与社会主义思想的萌发"主要介绍工业社会的弊病以及人们对解决弊病的探索历程。人们在探索过程中积累了理论和实践经验，但是屡屡受挫的事实呼唤着新的解决方法。第二子目"马克思主义的诞生"则上承第一子目，在理论和实践的基础上马克思主义应运而生，这一子目介绍了马克思主义诞生的时间、标志、内容和影响。第三子目"国际工人运动的发展"则是马克思主义诞生之后产生的影响以及在实践中马克思主义不断得到丰富的史实。

三、教学目标

能够在准确的时间、空间框架下，对工人运动兴起、社会主义思潮的相关史实加以描述，客观评价两者各自的进步性和局限性；通过对地图、图片、文献等多种史料的解读分析，在比较分析中理解工人运动的发展变化，初步掌握证史的基本方法；通过了解马克思、恩格斯的理论与实践探索，了解马克思主义的诞生过程，认识社会发展程度与思想观念形成的双向互动关系，理解马克思主义是科学的、人民的、实践的、不断发展的、开放的。

四、教学重难点

重点：马克思主义诞生的背景、标志、主要内容。

难点：理解马克思主义诞生的世界意义。

五、教学资源与方法

教学资源：多媒体资源。

教学方法：讲授法、讨论法。

六、教学过程

环节1：导入

展现两组对比图：一组是充满现代气息、欣欣向荣的工业时代图景；另一组是工业革命之后贫苦的工人、巨大的贫富差距、严重的环境污染。

讲解：首先肯定工业革命带来的巨大社会进步，之后说出工业革命引发了尖锐的社会矛盾，进而提出问题——为什么工业革命没有带来人们向往中的美好富足的生活？如何解决这一问题？

设计意图　用已经学过的知识导入课堂，既帮助学生回顾以往知识，又在原有知识的基础上通过呈现冲突的方式提出新问题，以此激发学生进行深入的思考。

环节2：讲授新课

一、早期工人运动与社会主义思想的萌发

方案一：早期工人运动

1841年，棉纺织业中心曼彻斯特有大批的工人找不到工作，长期的失业使工人生活完全没有着落。有一个叫卡恩的人，一家5口包括3个孩子，全都失业了，卡恩生病，一个孩子也生病，病孩躺在地下室潮湿的角落里，身下只垫一些刨花，身上连遮体的破烂都没有。

——钱乘旦：《英国工业革命中的人文灾难及其解决》，载《中国与

世界观察》，2007年第1期

设问：以上材料反映了什么样的社会现象？当时的工人会有何反应？

材料：早期工人运动的绘画作品

讲解：分析早期工人运动的特点，及其失败的原因。

方案二：空想社会主义

我们需要泥瓦工、砌砖工、修车匠等工人来充实我们的工厂，但我们没有房子安排他们居住……我们必须自己生产所有的建筑材料，但我们抽不出人，否则一些业务活动就必须停止，整个团体也就难以为继了。
——陈雅珺：《罗伯特·欧文的美国社会主义实验活动初探》，南京大学硕士论文，2012年

这一变革将世界上那种旧的、不合适的，以及散播无知、贫穷、个人竞争，内讧和民族战争的丑恶制度连根铲除并彻底消灭。创立这一制度可以用说服的办法，使政府相信建立这一制度的原则完全是真理。
——罗伯特·欧文著，柯象峰等译：《欧文选集》，北京：商务印书馆，1981年

讲解：圣西门、傅立叶、欧文认为工人之所以贫困，是生产资料的私有制给了资本家霸占利润的特权。因此，他们主张财产公有，按劳分配。然而，这种设想最终只能是空想，这是为什么？以欧文的"新和谐公社"的建立到破产为例进行分析。

小结：从早期工人运动到空想社会主义，人们并没有揭示出资本主义的根本矛盾和发展规律，但他们留下强大的阶级基础和宝贵的思想遗产，成为马克思主义诞生的重要基础。

通过令学生了解从早期工人运动到早期社会主义思想的历程，欧文等人已经看到了问题的根源是——私有制，并且提出了带有社会主义色彩的解决方案，从而引导学生理解"社会主义"的含义。并通过探究新和谐公社实验失败的原因，引导学生辩证地认识空想社会主义思想的历史地位。

二、马克思主义的诞生

方案三：科学社会主义

讲解：马克思、恩格斯的早期经历。本可过着优渥富足生活的两人却抛弃安逸，投身于工人运动中。

设计意图 通过讲述马、恩早年间经历，在勾勒时代背景的同时凸显马克思和恩格斯心怀大爱的伟大情怀，从而引导学生体会追求公平正义、以人类社会进步为己任的使命感。

随着大工业的发展，资产阶级赖以生存和占有产品的基础本身也就从它的脚下被挖掉了。它首先生产的是它自身的掘墓人。资产阶级的灭亡和无产阶级的胜利是同样不可避免的。……

工人革命的第一步就是使无产阶级上升为统治阶级，争得民主。无产阶级将利用自己的政治统治……，尽可能快地增加生产力的总量。……

至今一切社会的历史都是阶级斗争的历史。……

全世界无产者，联合起来！

——马克思、恩格斯著，陈望道译：《共产党宣言》，上海：上海教育出版社，2020年

设问：

1. 资产阶级赖以生存和占有产品的基础是什么？
2. "掘墓人"指的是谁？
3. 怎样理解"资产阶级的灭亡和无产阶级的胜利是同样不可避免的"？
4. 马克思、恩格斯认为无产阶级应通过什么方式取得胜利？

小结：《共产党宣言》第一次较为完整系统地阐述了科学社会主义的基本原理，阐明了社会发展的客观规律，标志着马克思主义的诞生。

设计意图 引导学生认识到马克思、恩格斯在批判继承前人思想成果的基础上创立了科学社会主义。在解读史料的过程中，引导学生理解马克思主义的丰富内涵及其深远意义。

三、国际工人运动的发展

马克思提出了这样一句口号："全世界无产者，联合起来！"在这句口号的鼓舞下，1864年成立了"第一国际"。在1871年，法国巴黎爆发工人革命，起义者建立了巴黎公社。

> 公社的伟大社会措施就是它本身的存在和工作。它所采取的各项具体措施，只能显示出走向人民、由人民掌权的政府的趋势……
> ——马克思著，中央编译局译：《法兰西内战》，北京：人民出版社，2018年

设问：

1. 结合课本材料分析，巴黎公社赋予了工人哪些公正合理的政治、经济权利？
2. 巴黎公社是什么性质的政权？
3. 巴黎公社对马克思主义的发展有何影响？

小结：巴黎公社是无产阶级建立政权的第一次伟大尝试。它的实践，丰富了马克思主义关于无产阶级革命和无产阶级专政的学说，为世界社会主义运动提供了宝贵的经验和教训。

小结：马克思主义由理论到实践再到现实。在世界各国，马克思主义也一直引起关注。

设计意图 通过分析巴黎公社的相关措施，理解巴黎公社政权的性质，巴黎公社印证了科学社会主义的可行性，同时巴黎公社的经验教训也丰富和发展了马克思主义。为了建设一个公正合理的社会，马克思主义在世界范围内传播和影响着人类社会，推动人类文明的发展。其中也进一步凸显其科学性。

环节3：课程总结

马克思主义一问世，就在实践上推动了世界社会主义发展，深刻改变了人类历史进程。它指引了俄国十月革命的胜利，中国新民主主义革命的成功，使国际共产主义运动兴起新的高潮。面对日益高涨的社会主义思潮，资产阶级又将如何应对？社会主义思想又将怎样演变？这有待我们之后进一步探索。

设计意图 进一步凸显主旨，揭示马克思主义的时代价值，同时留下回味空间，用疑问收尾，激发学生对下一阶段历史的学习兴趣。

七、作业设计

查阅资料，谈谈你对"马克思、恩格斯的科学社会主义是时代的产物"这句话的理解。

八、板书设计

早期工人运动
社会主义思潮 → 未触及本质

工业社会弊病
阶级、思想基础

马克思主义 → 科学的、人民的、实践的、不断发展的、开放的

国际工人运动

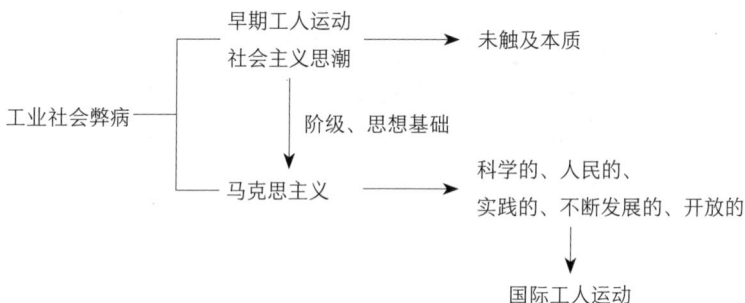

设计意图 以结构化的形式搭建知识框架，帮助学生理解知识之间的内在逻辑。

九、教学反思

本课内容理论性较强，马克思主义的内涵较为宏观。因此在教学设计过程中，指导教师建议我采用师生共同分析相关史料的方式来讲授马克思主义的丰富内涵，每则史料至少提三个层层深入的问题，用逐步深入的方式来

理解相关知识。在这个过程中我对史料设问有了更清晰的认知。赛后我经过反思意识到：能否得心应手地控制上课节奏取决于教师对所要讲授的知识的熟练程度。因此这就要求我在今后的教学中，把知识之间的内在逻辑理解透彻。在与学生互动时语言要具体，要有启发性，不能只是流于表面互动。最后，教师的表现力需要在不断的练习中反复打磨，这也激励我以后在实践中不断练习，踏实进步。

专家点评：这一教学案例关注到了工业革命与马克思主义诞生之间的关系，具有立足单元结构把握课文教学立意的意识；从教学过程看，重视史料实证、历史解释等学科核心素养的培养，尤其是作业设计，寻求基于时代特征突破本课重点，体现了"纲要"教学的诉求；结构板书更是点出了教学内容主旨，即马克思主义是"科学的、人民的、实践的、不断发展的"理论，这些都应当得到充分肯定。从设计看，教师的史学认识尚有待完善，教学由观念到实践的一致性也有待加强，前者如对工业革命与马克思主义诞生之间关系的认识，似乎不该仅是强调工业革命带来的社会弊端，也要看到其对于资本主义的历史进步作用，某种程度上是要揭示恩格斯定义"工业革命"的本意；后者如板书中已点到了马克思主义是"不断发展的"理论，却忽视了教科书原文中"不断发展的"后面还有"开放的"三字，因而对于本课教学的整体设计，也同样应该在"不断发展的开放的"上面做好文章。（点评人：於以传，上海市历史特级教师）

案例11
从伟大革命实践到艰辛探索建设
——《十月革命的胜利与苏联的社会主义实践》教学设计

安徽师范大学　张怡然

一、教学设计思路

苏联从十月革命到社会主义道路探索、经济建设的历史，在整个社会主义发展史上占有重要地位，也对我国的社会主义探索和建设提供了一定的经验。因此，在完成本课的课标要求的基础上，应特别加强对学生的爱国主义教育，激励学生坚定信念，不懈奋斗。

二、教学情况分析

1.学情分析

本课的授课对象为高一年级的学生，经过初中阶段的学习，学生已经对这一课的内容有了基础性认识，但对于苏联社会主义革命与建设的过程缺乏系统的、具体的认识，较难理解社会主义从理论到实践的飞跃和社会主义探索和建设的曲折性。学生的历史学科核心素养有待进一步提高，需要进行一定的引导。

学生已经学习了第14课的内容，初步认识了20世纪初国际格局的重大变化。俄国苏维埃政权建立后，资本主义制度与社会主义制度的并存、对立成了20世纪的一个非常重要的时代特征。因此，学习本课有利于学生加强对于本单元的主题——20世纪上半叶国际秩序的演变的认识。

2.课标分析

根据课标要求，学生要在知道十月革命的相关历史概念的基础上，深刻理解十月革命的世界意义。

3. 教材分析

　　本课的相关历史事件震撼了20世纪的世界，一战期间爆发在俄国的十月革命产生了广泛而深远的世界影响，是本单元学习内容的重点。

　　本课的三个子目之间存在着两层逻辑关系：第一是理论与实践的关系，即列宁主义和在其指导下的十月革命的胜利；第二是革命与建设的关系，即苏联在社会主义革命胜利后如何建设社会主义。在授课时，要帮助学生理解本课所隐含的逻辑关系，并以史料为依托，加强学生的历史核心素养。

三、教学目标

　　通过对苏联的社会主义从理论到实践、从革命到建设的相关史实的学习，深入理解苏联对于社会主义发展史所做出的贡献，以及对于马克思主义中国化所起到的助推作用；依托史料和文献，进一步在时空背景之下解读历史，强化从史料中分析历史的能力；总结、理解苏联建设社会主义实践的经验和教训，增强对我国社会主义现代化建设的自信心。

四、教学重难点

　　重点：十月革命爆发的原因、意义。

　　难点：1. 列宁主义的内容；2. 苏联建设社会主义的探索和实践。

五、教学资源与方法

　　教学资源：多媒体课件。

　　教学方法：1. 情景设置。2. 合作探究。运用史料分析、小组讨论的方式解决重难点问题。3. 分析比较法。在讲授难点问题时，设置表格进行对比，避免概念混淆，帮助学生对相关史实获得宏观且深刻的认识。

六、教学过程

环节1：导入

　　引导学生观看列宁墓的照片，进而提出问题：列宁身为无产阶级革命导师，为这个国家做了些什么？

教师：图中所展示的是列宁墓，它位于莫斯科红场西侧，庄严而肃穆，80多年来，这位伟人一直长眠于此，受到人民的爱戴与敬重。列宁给这个国家带来了什么呢？我们下面开始本节课的学习。

设计意图 列宁是俄国无产阶级革命的伟大导师，有着广泛的世界影响力，因此在导入环节展示列宁墓的图片，激发学生的学习兴趣。

环节2：正课讲授

一、列宁主义的形成

问题设计：列宁主义诞生的时代背景（多媒体课件展示史料）。

> 1861年农奴制改革……仍然保留着大量的农奴制残余，无法缓和国内的阶级矛盾。广大人民政治上无权，生活更加困苦……在沙皇制度统治下，广大人民遭受残暴的压迫和剥削。
>
> ……
>
> 俄国工业主要集中在几个资本主义"绿洲"，自然造成俄国工人阶级的集中……使他们有可能较早地联合起来，成为强大的力量。
>
> ……
>
> 1898年3月1—3日，在明斯克举行了俄国社会民主工党第一次代表大会……大会决定把所有的社会民主主义联盟和团体合并成为统一的马克思主义工人政党，定名为"俄国社会民主工党"……马克思主义与工人运动的结合进一步发展，全国各大城市都有社会民主工党的委员会和小组。
>
> ——陈之骅、吴恩远、马龙闪：《苏联兴亡史纲》，北京：中国社会科学出版社，2004年

学生活动：阅读史料，回答问题。

教师：从以上史料我们可以得出，列宁主义诞生于封建色彩浓厚且工人革命性较强的俄国；俄国社会民主工党的成立以及各地工人运动的发展，也是列宁主义形成的背景之一。

设计意图　运用史料帮助学生了解19世纪末20世纪初的俄国的时代背景，加深对列宁主义形成的时空背景的认识。

多媒体课件展示《火星报》的创办以及布尔什维克党建立的简要史实和相关图片。

学生活动：观看列宁像、《火星报》刊影。

教师：既然列宁主义的形成有着深刻的时代背景，那么列宁又为俄国的工人运动做了哪些主要的准备工作呢？我们一起来看一下。

设计意图　列宁像和《火星报》的刊影属于图像类史料，有利于加强学生对这一段史实的了解；布尔什维克党的建立是后来十月革命爆发的重要主观条件之一，因此需要指出并稍做强调。

问题设计：列宁主义的主要内容及意义。

教师：请同学们阅读课本，和老师一起总结列宁主义的主要内容，归纳其意义——列宁主义是帝国主义时代的马克思主义，它将马克思主义基本原理与俄国实际相结合，是俄国无产阶级同旧社会斗争的强大的思想武器。

设计意图 将主要内容和意义放在一张幻灯片中进行对应分析，加强知识间的联系，同时有利于学生开启下一部分的学习。

二、从理论到实践——十月革命的胜利

问题设计：十月革命爆发的原因和过程。

多媒体课件展示史料。以曲线图模型和时间轴的形式展示十月革命前爆发的一系列革命事件和十月革命的简要过程，展示油画《攻打冬宫》。

在战争问题上，临时政府从其成立一开始就明确表示要把世界大战进行到底……关于土地问题，临时政府虽然口头上承认这是当前的主要经济问题，但在实际行动上竭力拖延问题的解决。

——陈之骅：《历史唯物主义与俄国史研究》，北京：中国社会科学出版社，2014年

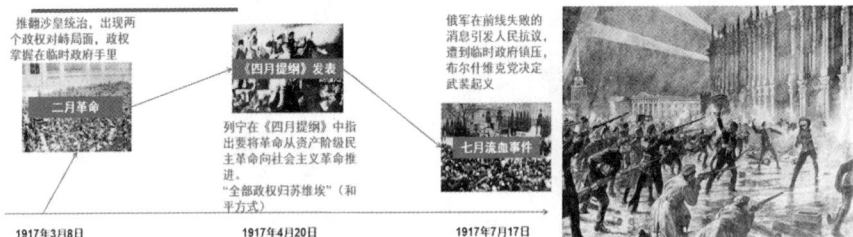

学生活动：阅读史料，归纳总结，回答问题。

教师：十月革命已经有了成熟的主客观条件，1917年俄国国内又爆发了一系列革命事件，加速了十月革命的到来。1917年11月7日彼得格勒武装起义胜利，这标志着人类历史上诞生了第一个社会主义国家。

设计意图 以曲线图模型与图片、史实相结合的方式来展示，意在帮助学生了解俄国革命的渐进性和曲折性。

问题设计：十月革命的意义（多媒体展示相关史料）。

……直到十月革命以前，社会主义始终只是作为一种意识形态和社

会运动而存在。十月革命的胜利和苏维埃政权的建立，是社会主义从理论变为了现实，是社会主义从一种运动变成了一种活生生的社会制度和政治实体。

——陈之骅：《历史唯物主义与俄国史研究》，北京：中国社会科学出版社，2014年

十月革命震撼了帝国主义在殖民地、半殖民地的统治，俄国境内的被压迫民族在无产阶级领导下摆脱了压迫，实现了民族民主革命，为全世界被压迫民族树立了榜样。

——陈之骅、吴恩远、马龙闪：《苏联兴亡史纲》，北京：中国社会科学出版社，2004年

如果法国革命是世界向资产阶级现代化转变的转折点，那么，俄国革命就预先决定了20世纪世界历史的发展进程。

——［俄］A.A.丹尼洛夫：《俄罗斯历史（1900—1945）》，北京：中国社会科学出版社，2014年

学生活动：阅读史料，归纳总结，回答问题。

教师：从以上史料中，我们不难看出，十月革命的胜利是人类历史上的大事件。它既震撼了20世纪的世界，也对中国产生了巨大的影响，它使马克思主义如春风一般吹进中国大地，推动了中国革命走向新的征程。

设计意图 采用史料分析法重点分析十月革命的意义，尤其注意十月革命对中国的影响，做到传授知识与思想引领相结合。

三、从革命到建设——苏联建设社会主义的实践

活动设计：苏联的社会主义实践。

学生活动：分组讨论，前后四人为一组；阅读课本内容，完成表格：

	背 景	目 的	主要内容	影 响
战时共产主义政策				
新经济政策				
斯大林模式（苏联模式）				

教师：阅读课本第91—93页，并以前后四人为一小组讨论，苏俄进行了哪些社会主义建设的实践呢？

> **设计意图** 采用学生合作讨论结合教师归纳的方式来完成这一部分的教学；三次主要实践都可以通过四个方面进行总结，设置表格可以更直观地呈现这一部分的内容。

活动设计：借助史料，理解苏联建设社会主义的探索（多媒体展示史料）。

我们计划（说我们计划欠周地设想也许较确切）用无产阶级国家直接下命令的办法在一个小农国家里按共产主义原则来调整国家的产品生产和分配。现实生活说明我们错了……

——列宁：《十月革命四周年》，载《真理报》，1921年10月18日

我们现在退却，好像是在向后退，但是我们这样做是为了先后退几步，然后再快跑，更有力地向前跳。仅仅是在这样一个条件下，我们才在施行我们的新经济政策时向后退却……以便在退却之后开始极顽强地向前进攻。

——中央编译局编译：《列宁全集》第43卷，北京：人民出版社，2017年

……苏联的生产增长速度达到了前所未有的程度……社会主义建设者的热情和苏联领导的计划令欧洲访问者惊叹不已，当时资本主义正经

历着最严重的制度性危机和经济萧条。

——［俄］A.A.丹尼洛夫：《俄罗斯历史（1900—1945）》，北京：中国社会科学出版社，2014年

首先，在集体农庄制度下，苏联的农业破产了，进而影响整个国民经济的正常发展和稳定……其次，工业部门间结构失衡的问题也很突出，这是斯大林式的现代化的又一个消极后果。

——左凤荣、沈志华：《俄国现代化的曲折历程（上）》，北京：社会科学文献出版社，2011年

学生活动：阅读史料，回答问题。

教师：前两则材料指出，列宁想要通过战时共产主义政策直接过渡到社会主义的想法破产了，后来他提出发展商品经济、运用市场机制来恢复经济的新经济政策，逐步过渡到社会主义；后两则材料指出了苏联模式虽然取得了巨大成就，但是也有弊端。

设计意图　这一部分内容是本课的难点，我运用史料来帮助学生理解。即通过具体数据来展示苏联模式的积极意义，同时也要指出它的消极影响。

环节3：课后思考

活动设计：引用《邓小平文选》中的话作为思考材料。并提出问题：苏联的社会主义建设有哪些值得我们借鉴？又有哪些值得我们反思？

社会主义究竟是个什么样子，苏联搞了很多年，也并没有完全搞清楚。可能列宁的思路比较好，搞了个新经济政策，但是后来苏联的模式僵化了。

——《邓小平文选》第三卷，北京：人民出版社，1993年

教师：本节课的内容到此就接近尾声了，最后请大家看上面的材料，根

据这段材料，大家思考一下，我们从苏联的社会主义实践中得出了哪些经验和教训呢？这个问题留作课下思考。

设计意图 在结课环节，给学生留下这样一个思考题，目的在于加强思想引领，增强学生对于中国特色社会主义道路的自信和民族自豪感。

七、作业设计

思考：苏联的社会主义建设为我国提供了哪些经验和教训？

八、板书设计

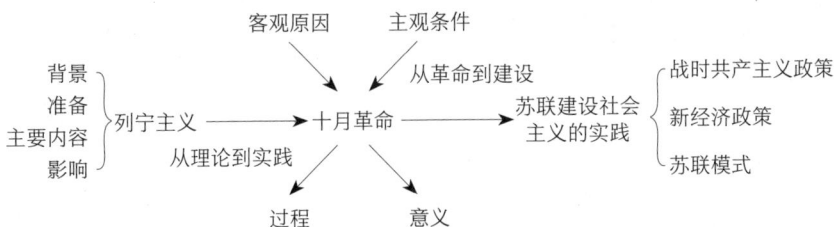

设计意图 本课内容较多，但线索明确，逻辑清晰，因此将纲要式板书和图示式板书相结合，既有利于学生巩固新知，了解知识结构，又方便学生深入理解本课各部分之间的内在关系。

九、教学反思

本次比赛的全过程从思想领域深化了我对"四史"的理解，进而从教育的角度把这些知识融进课堂教学，也进一步锻炼了我的教学能力。首先，我做到了知识的严密整合和梳理，保证授课过程的流畅和充实，但课程思政教育要求教学内容的科学性与思想性高度统一，而在这方面我有所欠缺，未能将思想引领与知识讲授紧密结合；其次，此次备赛我充分运用探究法、谈话法等教学方法和折线图模型、表格数据等演示手段，实现了教学方式从单一走向多元，但运用的时机和范围仍需斟酌；最后，我比以往更加自信，教态更加自然，教学语言既重严谨又重亲切感，这是一大进步，同时语言组织能力和板书的规划、书写还有待加强练习。

专家点评：本教学案例在立意上凸出"革命与建设""理论与实践""经验与教训"；在教法上以列宁主义诞生的时代背景开篇，聚焦十月革命爆发的原因和意义，进而采用表格形式，引导学生通过讨论方式学习苏联社会主义实践的内容，以此架构起这三者之间的关系，并在其纲要式板书中也得以反映，上述认识及设计均不乏可圈可点之处。在此基础上，本课教学似应更为关注单元视阈的整体把握，本课所属单元名为"两次世界大战、十月革命与国际秩序的演变"，因而对于本课教学而言，凸显"战争与革命""十月革命与国际格局"当是应有之义，即立足历史发展的大势揭示十月革命、苏联社会主义实践的时代意义和现实意义，从而更为完整地体现"纲要"教学的本意。（点评人：於以传，上海市历史特级教师）

案例12
在曲折前进中上下求索
——《社会主义国家的发展与变化》教学设计

华东师范大学　周沛鸣

一、教学设计思路

　　第二次世界大战后，苏联与东欧国家进行了社会主义建设与改革，但改革最终未能突破高度集中的政治经济体制，发生了根本的方向性错误，导致东欧剧变和苏联解体，社会主义遭到重大挫折。与此同时，中国也开展了社会主义建设的探索和改革，并结合中国国情和世界历史发展大势，开辟出一条中国特色社会主义道路，前途光明。中国特色社会主义具有深远的历史意义。

二、教学情况分析

1. 学情分析

　　（1）知识基础：本课授课对象为高二学生，他们在高一阶段已经学习过《中外历史纲要（上）》，认识了中国特色社会主义的建设与发展。经过本单元前两课的学习，学生也已了解了20世纪下半叶的冷战格局和资本主义国家的新发展。学生在初中阶段也学习过二战后苏联社会主义的发展与挫折，但对东欧国家的社会主义建设、改革与问题缺乏了解。因此，本课的教学可以基于初中和《中外历史纲要（上）》的知识基础进一步开展，特别是将苏联和东欧社会主义国家的社会主义建设、改革和问题作为重点进行讲解。

　　（2）能力基础：高二阶段的学生已处在逻辑思维和推理能力的进一步发展阶段。本课可以通过文献、图片等形式的史料来引导学生分析苏联和东欧社会主义国家进行社会主义建设中的成就和问题，形成对社会主义的科学认识，培养发现、理解、分析、解决问题的能力。

（3）非智力因素：学生在日常生活中会感受到中国特色社会主义建设和发展的成就，并且认识到习近平新时代中国特色社会主义思想对于社会主义发展的意义。在教学时，可以联系生活来引导学生认识社会主义建设发展进程中的成就。

2. 课标分析

课标要求：通过了解第二次世界大战后资本主义、社会主义与第三世界国家的变化，认识其发展中的成就与问题。

从课程标准来看，时间为第二次世界大战之后，社会主义的变化主要从苏联、东欧和中国三方面来具体探讨。认识到社会主义国家在20世纪下半叶的发展成就与问题，社会主义是社会历史发展的必然趋势，社会主义的发展是前进性和曲折性的统一。

3. 教材分析

（1）从整本教材来看，本课是《中外历史纲要（下）》第20课，上承20世纪下半叶资本主义国家的新变化，下接世界殖民体系的瓦解与新兴国家的发展，是二战之后社会主义国家发展的专题史，也是20世纪下半叶冷战格局中新变化的体现。本课展现了社会主义的发展是前进性和曲折性的统一，对于社会主义的建设发展具有重要意义。

（2）从单元编排来看，本课为第八单元的第三课，介绍了20世纪下半叶苏联和东欧社会主义国家的建设取得的成就和经历的艰难曲折，以及中国特色社会主义建设取得的举世瞩目的成就，证明了社会主义具有强大生机与活力。

（3）从内容上来看，本课一共有三目。第一目篇幅最多，第二目和第三目篇幅大致相当。第一目讲述了二战后斯大林、赫鲁晓夫、勃列日涅夫和戈尔巴乔夫四位领导人领导苏联进行社会主义建设的成就与问题，改革的失败与解体的结局。第二目讲述了东欧社会主义国家的建设与改革，以及东欧剧变。第三目简要讲述了中国社会主义建设与改革。

三、教学目标

了解第二次世界大战后苏联和东欧社会主义国家社会主义建设的成就与问题，掌握中国特色社会主义发展的历程。通过图表、文献、地图等史料的阅读，分析苏联和东欧社会主义国家的改革与存在的问题。在梳理和概括二战后社会主义国家的发展与变化等基本史实的基础上，认识社会主义的发展是前进性和曲折性的统一，理解中国特色社会主义的历史意义和优越性。

四、教学重难点

重点：苏联与东欧国家的社会主义建设和改革的成就与问题。

难点：中国特色社会主义建设取得巨大成就的原因。

五、教学资源与方法

教学资源：文献、图片、表格。

教学方法：讲授法、谈话法、讨论法。

六、教学过程

环节1：导入

教师出示"第二次世界大战后社会主义阵营示意图"，学生观察地图思考社会主义阵营的发展特征，引发学生思考二战后社会主义会经历怎样的发展变化。

通过上一节课的学习，我们了解到二战结束之后两极格局之下资本主义国家发展的新变化。那么社会主义国家在这个时期会出现哪些发展与变化呢？我们今天的课将一一探讨。首先请大家从地图上来宏观地了解社会主义国家，思考一下第二次世界大战结束后社会主义会有怎样的新发展。

设计意图 认识二战后社会主义国家在地缘上的发展特点，引出二战后社会主义建设与发展的问题，引起学习兴趣。

环节2：讲授新课

一、苏联的发展、改革与解体

（一）战后初期苏联的发展

教师讲述二战结束后苏联的经济恢复措施并展示苏联第四个五年计划的

材料。学生阅读材料，思考战后初期苏联发展中的成就和问题，并结合之前学习的内容来思考原因是什么。教师进行总结。

第二次世界大战结束后，苏联面临着百废待兴的局面，它要怎样恢复国民经济呢？选择实施国民经济第四个五年计划。请大家看材料，思考战后初期苏联发展中的成就和问题是什么。

> 到1950年，苏联的工业建设在重工业和军事领域取得令人瞩目的进展，建成了第一座原子能反应堆，进行了首次核武器试验，工业总产值比1940年增加73%，其中重工业产值增加一倍多。但是，国民经济各部门的发展很不平衡，轻工业产值只增加22%，农业产值未能完成计划指标，也没有恢复到战前水平。
>
> ——王斯德主编：《世界通史》第三编，上海：华东师范大学出版社，2009年

（二）赫鲁晓夫改革

1. 主要内容

教师介绍赫鲁晓夫上台后对苏联模式进行改革。学生阅读教材归纳改革的内容。教师进行补充。

苏联在20世纪二三十年代走上了苏联模式的道路。这种模式在经济上强调自上而下的计划经济体制，强调重工业和军工业的发展，在政治上权力高度集中。正是苏联模式的实施为四五计划的局限性埋下了伏笔。通过材料的阅读我们可以看到苏联在二战结束后的几年走的一直是苏联模式的道路，没有对这一模式的问题做出改变，这种情况一直延续到1953年赫鲁晓夫上台。赫鲁晓夫上台后，试图对苏联模式进行一定的改革。请大家阅读教材第二段内容，看看赫鲁晓夫是如何改革的。

2. 评价

教师展示关于赫鲁晓夫农业改革中玉米运动的图片和文献材料进行介绍。学生阅读材料思考改革的成效与问题。教师进行补充。

> 党中央委员会在几次全体会议上已经揭露了农业领导上的严重的缺

点和错误，并且制定了提高谷物和畜产品产量的大规模的计划。

——《赫鲁晓夫代表苏联共产党中央委员会向党的第二十次代表大会所作的总结报告》，1956年2月。见齐世荣总主编，张宏毅主编：《当代世界史资料选辑（第一分册）》，北京：北京师范大学出版社，1990年

　　1953年到1960年，玉米播种面积由580万公顷猛增到2 820万公顷，1962年又增加到3 700万公顷。

——人民教育出版社历史编辑室：《中外历史纲要（下）·教师教学用书》，北京：人民教育出版社，2019年

教师继续展示材料，体现改革没有突破计划经济体制，仍然以重工业为中心。国民经济比例仍然严重失调。

　　苏联共产党……一直关心重工业的优先发展，因为重工业是发展社会主义经济一切部门、加强我们祖国的边防，增进人民福利的基础。

　　这就是我们党的总路线，它经过苏维埃国家发展的一切经验的考验，符合人民的切身利益。苏联共产党今后也要十分坚定地贯彻这条总路线。

——《赫鲁晓夫代表苏联共产党中央委员会向党的第二十次代表大会所作的总结报告》，1956年2月。见齐世荣总主编，张宏毅主编：《当代世界史资料选辑（第一分册）》，北京：北京师范大学出版社，1990年

3. 秘密报告

教师展示秘密报告的相关材料，介绍秘密报告的内容并结合冷战的国际局势询问秘密报告的影响。学生思考回答。教师补充总结。

我们来总结一下。从好的方面来看，它有利于破除对斯大林的盲目崇拜。但是没有对斯大林的功过进行全面科学的分析。而且一旦结合当时的

国际环境，会发现这份报告必然给苏联和其他社会主义国家留下严重的后遗症。

> 秘密报告从破坏集体领导原则、破坏革命法制、破坏民族关系、导致苏德战争初期失利、制造个人崇拜等方面列举大量事实和案例对斯大林的错误和罪行进行了尖锐的揭露和批判。
>
> ——王斯德主编：《世界通史》第三编，上海：华东师范大学出版社，2009年

> **设计意图**　结合材料认识战后初期苏联发展的成就和问题，掌握赫鲁晓夫改革的内容，根据材料认识改革的成效和局限性。

（三）勃列日涅夫改革

教师展示勃列日涅夫新经济体制改革的材料。学生归纳改革的"新"体现在什么方面。教师补充讲述改革的局限性。

> 所谓新体制，就是试图在坚持中央计划经济框架的前提下，适度改变对企业管得过死的情况，使企业在产品的供、销和人员编制等方面获得一定的自主权。为了调动管理者和劳动者的积极性，还允许企业用利润留成设置奖励基金，强化经济刺激机制。
>
> ——王斯德主编：《世界通史》第三编，上海：华东师范大学出版社，2009年

教师出示1951—1980年苏联国民收入年均增长率的数据变化。学生观察变化发展趋势。教师补充原因。

1951—1980 年苏联国民收入年均增长率

1951—1960 年	1961—1970 年	1971—1980 年
10.25%	6.45%	4.95%

教育部：《中外历史纲要（下）》，北京：人民教育出版社，2019年

到了后期，勃列日涅夫个人的专断作风日趋严重，苏联的国家机构不断膨胀，各项国家机制缺乏活力，导致苏联经济持续低迷。从这张表格中我们可以看出苏联国民收入增长率逐步下降，经济发展趋于停滞。

（四）戈尔巴乔夫改革

教师简单介绍戈尔巴乔夫上台后的苏联状况和经济改革举措。学生阅读教材归纳政治改革内容，思考改革的影响。教师补充。

教师继续结合《苏联境内各独立国家》历史地图讲解苏联解体的结局；以及社会主义的建设需要坚持社会主义方向，结合时代和国情，探索出一条适合自身的发展道路。

紧接着，下面就是大家所熟悉的，在1991年的12月26日，苏联解体。地图展示了苏联解体之后的15个独立国家，其中俄罗斯继承了苏联大部分的领土和资源，亚欧地区的地缘政治格局也发生了重大变化，苏联的解体标志着冷战的结束。纵观苏联近40年的改革，难免令人唏嘘不已。在一个国家建设社会主义是没有先例可循的，需要坚定地坚持社会主义方向，同时充分结合时代和国情，以及其他文明成果不断改革，探索出一条适合自身的发展道路。

> **设计意图** 通过材料解读、文本释义、地图观察，学生可以较为直观地梳理出勃列日涅夫和戈尔巴乔夫改革的内容，思考改革的影响，从而较为深刻地理解苏联解体的原因。

二、东欧的社会主义建设、改革和剧变

（一）东欧的社会主义建设

教师讲述二战后东欧社会主义政权的建立和发展。学生听课思考。

在苏联改革的同时，东欧国家的社会主义建设和改革也颇具特色。第二次世界大战后，经过东欧人民的不懈斗争，在苏联的帮助下，不少东欧国家建立了人民民主政权。在经济上，它们沿袭了苏联模式，国民经济恢复的同时，经济发展也呈现出畸形的状态。

（二）东欧的社会主义改革

教师展示南斯拉夫和捷克斯洛伐克改革的图文材料。学生结合材料归

纳南斯拉夫和捷克斯洛伐克的社会主义改革内容，思考改革的进步性和局限性。教师进行补充。

> 社会主义自治制度的建立在一定程度上使企业享有自主管理的权力，同时也扩大了地方政府的权力，但是在中央计划经济体制没有根本改变的情况下，这种自主权是不充分的。从1965年起，南斯拉夫试图在自治制度的基础上实行市场经济原则，企业和政府权力进一步扩大，市场调节的比重明显上升。自治制度所包含的地方分权因素在中央调控能力弱化、市场体系尚不健全的过渡阶段容易助长地方分散主义和民族主义。
>
> ——王斯德主编：《世界通史》第三编，上海：华东师范大学出版社，2009年

> 1968年，捷克斯洛伐克共产党提出改革的《行动纲领》，主张发扬社会主义民主，改革党的领导体制，建设有计划的市场经济体制，独立制定对外政策等。这场改革运动被称为"布拉格之春"。
>
> ——教育部：《中外历史纲要（下）》，北京：人民教育出版社，2019年

（三）东欧剧变

教师结合《东欧剧变示意图（1989—1992年）》历史地图讲述东欧剧变的原因、时间、内容和案例。学生思考为什么称之为"剧变"。教师进行补充。

到了20世纪80年代，一方面，苏联减少了对东欧社会主义国家的控制力；另一方面，西方国家逐渐加强对东欧国家的"和平演变"。同时，东欧各国经济持续低迷。在种种因素的影响下，东欧各国进行改革，但是都偏离了社会主义方向，最终在20世纪80年代的中后期发生了东欧剧变。东欧的改革始终没有突破苏联模式，在改革过程中迷失了社会主义方向，最终造成1989—1992年的东欧剧变。请大家思考一下，为什么称之为"剧变"？

学生思考回答：

这是因为东欧剧变的时间短且烈度大，许多东欧国家在短短三年之内从社会主义制度变为资本主义制度。

教师继续出示邓小平在苏联解体不久后发表的南方谈话内容节选。学生根据材料归纳：邓小平认为社会历史的发展趋势和社会主义的发展道路是怎样的。

> 封建社会代替奴隶社会，资本主义代替封建主义，社会主义经历一个长过程发展以后必然代替资本主义。这是社会历史发展不可逆转的总趋势，但道路是曲折的。资本主义代替封建主义的几百年间，发生过多少次王朝复辟？所以，从一定意义上说，某种暂时复辟也是难以完全避免的规律性现象。一些国家出现严重曲折，社会主义好像被削弱了，但人民经受锻炼，从中吸取教训，将促使社会主义向着更加健康的方向发展。
>
> ——邓小平：《在武昌、深圳、珠海、上海等地的谈话要点》，《邓小平文选》第三卷，1993年

设计意图 通过图文材料和文本解读，配合教师讲解与师生互动，了解东欧社会主义国家改革的内容、影响和局限性，认识社会主义发展是前进性和曲折性的统一。

三、中国社会主义的发展

（一）新中国的成立和社会主义建设（1949年至1978年）

教师从苏联和东欧的社会主义建设与改革，引入中国的社会主义建设探索（1954年《中华人民共和国宪法》；1956年三大改造完成；"两弹一星"）。学生听课思考。

（二）中国特色社会主义（1978年至今）

教师结合文本材料和图片讲述中国特色社会主义道路的开拓与发展。

　　2010年，中国的国内生产总值已居世界第二位。到2018年，中国的国内生产总值突破90万亿元，稳居世界第二位，对世界经济增长贡献率接近30%，外汇储备稳居世界前列。高铁、公路、桥梁、港口、机场等基础设施建设快速突进。农业现代化稳步推进，粮食总产量达到6 579亿千克。创新型国家建设成果丰硕。

　　——教育部：《中外历史纲要（下）》，北京：人民教育出版社，2019年

| "和谐号"高铁 | 袁隆平与杂交水稻 | C919大型客机 |

　　根据学生的中国史知识基础，引导学生思考：为什么相比苏联和东欧，中国的社会主义建设能取得很大的成就？学生开展讨论交流。教师在学生回答的基础上进行总结，展示意大利记者法拉奇在1980年采访邓小平的材料，体现中国共产党的正确领导是中国社会主义建设与改革取得巨大成就的关键原因。

　　法拉奇：几年前我到北京来，到处可以看到毛主席的像，今天我从饭店到这里，只看到一幅，挂在紫禁城（故宫）入口处。以后你们还会保留毛主席像吗？

　　邓小平：永远要保留下去！从我们中国人民的感情来说，我们永远把他作为我们党和国家的缔造者来纪念。

　　——施燕华：《我的外交翻译生涯》，北京：中国青年出版社，2013年

教师展示邓小平和习近平对社会主义建设的认识，学生朗读材料，体会

中国共产党的领导在中国特色社会主义建设中的重要作用。

> 社会主义的本质，是解放生产力，发展生产力，消灭剥削，消除两极分化，最终达到共同富裕。
>
> ——邓小平：《在武昌、深圳、珠海、上海等地的谈话要点》，《邓小平文选》第三卷，1993年

> 人民对美好生活的向往，就是我们的奋斗目标。
>
> ——习近平：《十八大以来重要文献选编（上）》，北京：中央文献出版社，2014年

设计意图 通过文本解读和图文材料掌握中国的社会主义发展经历的不同阶段，了解中国特色社会主义建设取得的巨大成就，感受中国特色社会主义建设的历史意义。

环节3：课堂小结

教师展示本节课的思维导图，对本节课加以回顾与总结。

二战后，社会主义国家进行了轰轰烈烈的建设与改革，取得了举世瞩目的成就。但是，也遇到了苏联模式弊端的阻碍。苏联和东欧各国进行了多种改革，但始终未能取得有效突破，一定程度上导致了东欧剧变和苏联解体。而与此同时，中国立足本国国情，把握世界趋势，探索出了中国特色社会主义道路，深化了对人类社会发展规律的认识，也为世界社会主义理论做出了重要贡献。

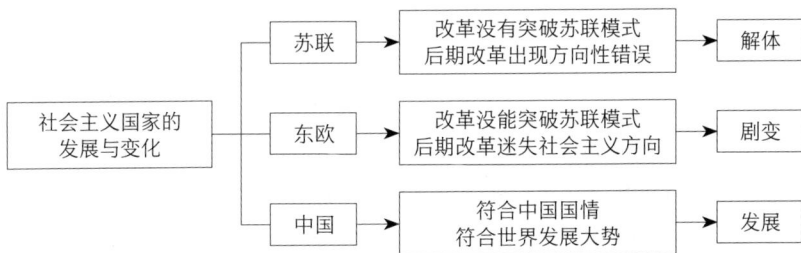

社会主义国家的发展与变化

- 苏联 → 改革没有突破苏联模式 后期改革出现方向性错误 → 解体
- 东欧 → 改革没能突破苏联模式 后期改革迷失社会主义方向 → 剧变
- 中国 → 符合中国国情 符合世界发展大势 → 发展

设计意图　总结和归纳本节课的学习内容，从整体上帮助学生构建本课的知识体系。认识社会主义的发展是前进性和曲折性的统一，理解中国特色社会主义的意义和优越性。

七、作业设计

在梳理苏联、东欧和中国的社会主义建设与改革等基本史实的基础上，以"社会主义的发展是前进性和曲折性的统一"为主题，完成一篇700字左右的历史小论文。要求：史论结合，逻辑清晰，表达流畅。

设计意图　复习巩固本节课学习内容，建构知识体系，运用所学历史知识形成历史解释，在实践中培养历史学科核心素养。

八、板书设计

社会主义国家的发展与变化
- 苏联：发展→改革→解体
- 东欧：建设→改革→剧变
- 中国：探索→改革→成就

设计意图　归纳苏联、东欧和中国的社会主义建设发展过程中的主要阶段，明确时空脉络，从整体上认识社会主义国家的发展与变化。

九、教学反思

这节课是我在比赛期间的教育实习中的试讲课，授课年级为高二年级，主要内容是苏联、东欧和中国的社会主义建设与不同的结果。苏联、东欧国家的社会主义建设和改革的成就与问题是本节课的重点，中国社会主义建设取得巨大成就的原因是本节课的难点，需要结合上册中国史的相关内容加以探讨。在教学实践过程中，提问互动的设计是我可以继续改进和努力的地方。在课堂提问的设计上，还可以加入一些开放性的问题来引发学生的探讨和思考（比如这样值得思考的问题：勃列日涅夫改革的"新经济体制"称得上完全"新"吗？）。高中生的课堂表现相对初中学生而言比较不活跃，集体互动往往难以展开。在高中历史教学中，课堂互动形式可以通过点对点式的提问交流展开。如果学生在被点到之后无法回答的话，教师需要进行适当的引导，帮助学生形成自己对于历史问题的看法。本次长三角"四史"教学技能大赛和教育实习，在教学设计和课堂教学实践方面令我受益匪浅，我在学科教学方面都得到了极大的锻炼和成长，将促进自己在未来的教师生涯中不断前进，熟练完成各项工作，成为一名出色的历史教师。

专家点评：这一教学案例关注了本课三个目之间的内在关系，即以战后苏联、东欧社会主义建设的成就与挫折为时代大背景，以此考察中华人民共和国建立后尤其是改革开放后中国特色社会主义的发展历程，从而提升对于道路自信、理论自信、制度自信、文化自信的认识；具有对教材文本的解读意识，诸如扣住"新""发展""剧变"等关键词梳理设计线索；在材料的运用上也有多样化的思考，借此加强史料实证、历史解释等学科核心素养的培养力度。为进一步提高教学实效，本课设计当强化单元立意，厘清单元下各课之间的逻辑关系，以"冷战与国际格局的演变"这一课所确立的时代大势准确定位本课所要阐释的内容结构，并在纲要式板书上有所反映；材料的运用上，也要厘清证明"是什么"的原始史料，与证明"是怎样""怎么看"的名家史论之间的区别，从而更为准确地定义史料实证的培养目标与方向。（点评人：於以传，上海市历史特级教师）

案例总评

这一章的案例，总体上具有如下五大特点：

（一）基于课程标准。绝大多数的案例都能从"课程标准"的要求出发，把握本课教学的目标，甚至能从单元的视角综合设定一课教学的基本方向，并在教学过程的各个环节（包括作业设计环节）有意识地落实。

（二）关注核心素养。半数以上的案例，关注唯物史观、时空观念、史料实证、历史解释和家国情怀的学科核心素养培育，尤其在史料的选取及运用上，具有实证意识；在历史解释的视角与视野上，能遵循《中外历史纲要》的教学特点，从时代特征、发展大势等审视历史的进程、变迁。

（三）聚焦课程思政。几乎所有的案例，均能结合中学历史教学实际，聚焦课程思政教育的诉求，依托教学目标的设定及教学实践的推进，在家国情怀核心素养的进一步诠释与达成上，传递出鉴往知来的历史智慧，映照着共产党人的初心使命。

（四）重视文本解读。近一半的案例，教师具有解读教材文本的意识，能立足单元、课文、目的标题，乃至正文中段与句的关键词把握教学内容的核心观点，进而借助纲要、结构式板书勾勒全课教学内容的内在逻辑关系，教学内容的结构化在一定程度上丰富了历史立意，也提高了教学实效。

（五）体现以生为本。绝大多数的案例，在教学过程的设计上重视从学情出发，或以表格形式梳理知识，或以学生生活经历、社会热点创设学史情境，或以合作交流探究等完善学生的学史方式，心中有学生，本质上是把人作为历史学习（创造与认识）的主体，这不仅符合当下课程改革的方向，也是与历史的本体认识完全一致的。

从这些案例看，进一步分解、细化学科核心素养的目标化要求，并脚踏实地、循序渐进地践行；进一步借助统编教材的文本解读把握教学立意，彰显"教有灵魂"的历史教学诉求；进一步遵照"课程标准"对于《中外历史纲要》的教学要求，从趋势、核心、整合、情境等丰富学史经历；进一步开展基于立意和目标的选材与设问策略研究，提升历史认识及历史教学的逻辑能力——这些或许是提高教学品质，达成"纲要"教学本意的关键所在。

（点评人：於以传，上海市历史特级教师）

后记

中共中央总书记、国家主席、中央军委主席习近平给复旦大学《共产党宣言》展示馆党员志愿服务队全体队员回信中强调："希望广大党员特别是青年党员认真学习马克思主义理论，结合学习党史、新中国史、改革开放史、社会主义发展史，在学思践悟中坚定理想信念，在奋发有为中践行初心使命。"可见，新时代背景下的历史专业师范生课程思政教育，并非一种简单的历史回顾，重要的是要将历史与理论、历史与现实相结合，在历史教育中达到立德树人的目标。而历史专业师范生作为未来的历史教育工作者，需肩负起立德树人的根本任务。为发挥历史学科特色，更好地推进"四史"教育，结合疫情背景下线上教育的特点，探索教育的多种可能性，提升历史学科师范生教书育人的能力，发挥长三角高校在卓越教师培养中的引领和示范优势，华东师范大学教务处、历史学系、课程思政研究中心、国际历史教育比较研究中心、教师教育学院历史教育研究所联合推出了历史学科师范生线上教学技能展示项目。本项目由时任华东师范大学历史学系主任、现为华东师范大学教务处长的孟钟捷教授策划、发起、组织，是华东师范大学的上海市重点教改项目——"大中小学课程思政一体化"的组成部分，将在每年推出一个活动主题。

第一届展示活动于2020年下半年举行，以"点亮历史的明灯"为主题，分别围绕展示活动的各个板块开展教学设计，教学设计依据是《普通高中历史课程标准（2020年修订版）》，教学设计内容以普通高中历史教科书《中外历史纲要（上、下）》（必修）相关专题为主，活动的目标是让未来教师在历史教育中理清"四史"教育的内在逻辑、引导青年学生深刻理解与把握历史规律和历史趋势，铭记光辉历史和传承红色基因，培养青年学生正确的历史观，实现历史教育以史鉴今、资政育人的作用，落实好立德树人的根本任务。本次展示活动参加对象包括上海市、江苏省、浙江省、安徽省高校师范专业全日制在籍历史学科本科生、硕士研究生。最终，主办方共收到了来自14所学校的100余份历史学科教学设计案例和微课视频，邀请了15位高校历史学科专家对案例进行了专业指导，经每个案例作者几易其稿，最终形成了这份案例集。本次展示活动得到了华东师范大学、苏州大学、南京师范大学、扬州大学、南通大学、上海师范大学、苏州科技大学、安徽师范大学、浙江师范大学、江苏师范大学、杭州师范大学、安庆师范大学、淮阴师范学院、湖州师范学院等高等院校历史学系负责人及历史学科老师的大力支持，在这里我们要表示诚挚的谢意。特别感谢上海市的四位历史特级教师李惠军、刘晓兵、付文治和於以传，这几位专家分别对案例集的每个案例进行了适度、精彩、全面的点评，贡献了众多理论实践智慧，在此谨致以诚挚的敬意。感谢所有参与活动、提供精致教学案例的未来历史教师们，是你们的坚持和智慧成就了这样一份精彩，相信你们朝着成长为卓越教师迈出了坚实的一步。感谢参与整个展示活动筹备和组织工作的老师和同学们。感谢东方出版中心的刘鑫编辑为本案例集的出版，付出了高标准、高质量的审校和编辑工作。

本书出版之际，在此谨代表所有作者，对所有帮助过我们的史学专家、历史学科负责人、教学专家、历史教研员致以衷心的感谢。作品中的缺憾在所难免，诚恳期望历史教学研究专家不吝指正。

徐继玲

2022 年 9 月 1 日